公判手続の流れ

- 公判請求 256
  ↓ 裁判所受理
- 公判前整理手続
- 第1回公判期日の指定など 273〜276
  （第1回公判期日）

冒頭手続
- 人定質問 規196
- 起訴状朗読 291Ⅰ
- 黙秘権等の告知 291Ⅱ前・規197
- 被告人・弁護人の起訴事実に対する認否 291Ⅱ後
  ⇒ 簡易公判手続 291の2・307の2・規197の2

証拠調べ手続
- 検察官の冒頭陳述 296
  ⇒ 被告人・弁護人の冒頭陳述 規198
- （検察官の立証）
  - 証拠調請求 298Ⅰ・規189
    ↓
  - 被告人・弁護人の意見 326・規190Ⅱ
    ↓
  - 証拠決定 規190Ⅰ
    ↓
  - 証拠調べの実施⇒証人等 304, 証拠書類 305, 証拠物 306
    ↓
  - 証拠書類等の提出 310
- 被告人調書などの請求・取調べ 301
- 被告人・弁護人の立証
- 被告人質問 311

弁論手続
- 論告・求刑 293Ⅰ
- 弁論 293Ⅱ
- 被告人の最終陳述 規211, 被害者の意見陳述 292の2
  （結審）
- 判決宣告 431Ⅰ・342・規34・規35

ブリッジブック

刑事裁判法

Bridgebook

椎橋隆幸 編

大澤　裕　小木曽綾
洲見光男　寺崎嘉博　著

信山社

Shinzansha

はしがき

　刑事裁判をめぐる制度と学問は，いま大きな変動のなかにある。平成21 (2009) 年までに，重大な犯罪に関する刑事裁判——「裁判員制度」——がはじまり，一般市民が刑事裁判に参加する途が開かれる予定であり，犯罪被害者の裁判参加の方法も検討されている。さらには，最近の刑事事件では，従来予想されていなかった事態が頻繁に起こり，それらに対処するため研究者・実務家によってさまざまな手法が開発されつつある。

　平成18 (2006) 年には法科大学院卒業生の第1回目の司法試験があった。法科大学院教育は，従来の刑事訴訟法学習にも変容を迫りつつある。

　本書は，そういう時代に刑事訴訟法を学ぶ読者を対象にした入門書である。刑事訴訟法に限ったことではないが，ある法律や制度を学ぶためにはその法律・制度を構成する基本的な概念を理解することが不可欠である。と同時に，それが応用力を発揮するための前提となる。そこで，刑事訴訟法についての基礎的学力を涵養するために，本書ではいくつかの工夫をした。本書の特徴といってよい。

　第1に，刑事裁判法という書名はやや広い意味で用いている。刑事訴訟法の最近の改正をはじめとして，社会の安全問題や少年事件への対処，さらには刑の執行，受刑者の処遇などに関する社会安全政策など，広く犯罪現象を扱う学問で刑事訴訟法に密接に関連する領域をもカバーして，社会の中の刑事裁判制度をより大きな視点から捉えられるように内容を構成した。

　第2に，刑事裁判をめぐる先進諸国の制度や試みを適宜とりあげて，わが国の制度の特徴を広い視野から眺める〈column〉や，重要項目をより詳しく解説する〈note〉によって，刑事訴訟法の制度

や概念の意味を明確に理解できるように配慮した。

　第3に，読者の刑事裁判のイメージを喚起するために，導入部〈lead〉に，具体的な事例等をおいて，本文で論じられる内容をより立体的・具体的にとらえ，理解を容易に出来るように工夫した。刑事事件の解決を指導する原理を理解するためには，具体的なケースを思い浮かべながら読み，考えることが有益だからである。

　第4に，裁判員制度が平成21（2009）年までにははじまる。選挙権を有する国民が裁判員として刑事裁判に参加することは，国民の権利でもあり義務でもある。学生は学業を理由に辞退することもできるが，辞退せずに参加することもできる。裁判員は社会の関心をひく重大な犯罪に関して，裁判官とともに，事実の認定，法令の適用，刑の量定という重要な仕事をおこなうことになるので，刑事裁判の基礎知識はすべての国民が知っていることが望ましい。本書は，読者が刑事裁判の基礎的な知識を確実なものとして，刑事裁判に関連する事象につき自分で考えるきっかけをつかむことができるように具体的なイメージを持てるような解説を心がけた。

　第5に，本書は，法科大学院を目指す学生の入門書になるように，必須の事項はもらさないように配慮している。そのため，執筆者は各自の草稿を持ち寄って時間をかけお互いに十分な検討を重ねて記述内容を吟味した。これにより，本書が，本格的体系書・授業に立ち向かうための準備運動に十分な内容をもちえたと考えている。

　このようにして出来上がった本書が当初の狙い通りになっているかは読者諸氏の判断にゆだねるほかにないが，本書の企画の段階から，有益な助言，叱咤激励を含めて，ねばり強く見守って下さった信山社の渡辺左近氏をはじめ，編集部の横内豪，鳥本裕子両氏の献身的なご協力に感謝申し上げたい。

　平成19年2月

　　　　　　　　　　　執筆者を代表して　　椎橋　隆幸

ブリッジブック刑事裁判法　Bridge book

目　次

I　刑事裁判の「人」と「理念」

はじめに　刑事裁判が直面する問題から考えよう
　　——刑事裁判の理念と現実 …………………………………2
　1　刑事裁判の目的は何か (3)
　2　刑事裁判の構造 (3)
　　　糾問主義と弾劾主義 (3)　　職権主義と当事者主義 (4)
　　　わが国の刑事裁判の特徴 (5)
　3　わが国の刑事裁判の特色と課題 (7)
　　　精密司法の評価 (7)　　新立法の動向 (8)

CHAPTER 1　犯罪当事者双方の権利を守る制度——被害者と被告人 ………………………………………………10
　1　被告人と被害者 (10)
　2　被疑者・被告人の権利はどのように保障されているか (12)
　　　個人の権利・自由と適正手続の保障 (12)　　事後法と二重の危険の禁止 (13)　　公平・迅速な公開裁判を受ける権利 (13)　　被疑者の権利 (14)
　3　被害者はなぜ疎外され，そして見直されたのか (16)
　　　刑事手続での被害者の位置づけ (16)　　被害者への情報提供 (17)　　証人尋問の多様な形態 (18)　　被害者の財産的損害の回復 (19)　　その他の被害者への対応 (19)
　4　被告人と被害者の訴訟における位置 (20)

　column①犯罪による経済的損害の回復 (22)

CHAPTER 2　刑事裁判を支える専門家と組織——登場人物・機関 ……………………………………………………24
　1　裁　判　所 (24)
　　　裁判所の種類と役割 (24)　　裁判所とはなにか (25)

　　　　裁判所の構成（26）　　受命裁判官・受託裁判官（27）
　　　　「請求をうけた裁判官」など（27）
　2　検　察　官（28）
　　　　検察官は検察庁に属する（28）　　検察官同一体の原則（29）
　　　　捜査機関としての検察官（29）
　3　警　察　官（30）
　　　　警察官と警察の組織（30）　　司法警察職員と特別司法
　　　　警察職員（31）　　司法警察員と司法巡査（31）
　4　弁　護　人（32）
　　　　弁護士と弁護人（32）　　被告人と国選弁護人（32）
　　　　被疑者と国選弁護人（33）　　弁護人の数（34）　　弁護
　　　　人の活動（35）

　　　　column②スコットランド・ヤード（Scotland Yard）　（36）

CHAPTER 3　社会の安全と市民——犯罪防止と治安維持 …38
　1　多様化する犯罪とその把握（39）
　　　　新しい犯罪の発生（39）　　犯罪統計（42）
　2　地域社会と犯罪防止（44）
　　　　行政警察と司法（刑事）警察（44）　　ポリス
　　　　（police）の由来（45）　　地域社会との連携による犯罪
　　　　予防（47）

　　　　column③性犯罪者情報公開制度　　（51）

II　捜　査——公訴提起，公判維持に向けて

CHAPTER 4　事件発生と捜査の始まり——捜査総論 ………54
　1　さまざまな捜査の端緒（54）
　　　　捜査のきっかけ（54）　　告訴・告発・請求（55）　　親
　　　　告罪と告訴（56）　　告発と請求（57）　　職務質問（58）
　2　職務質問に伴うさまざまな問題（59）
　　　　実力の行使（有形力の行使）はできるか（59）　　所持
　　　　品の検査はできるか（60）　　自動車の検問はできるか（61）
　3　警察活動の必要性と権利保障とのバランス（62）
　　　　警察比例の原則（62）　　任意捜査の原則と強制処分法
　　　　定主義（62）　　令状主義（63）　　任意捜査の許される
　　　　限界（63）

column④停止と捜検（stop and frisk）の法理　(65)

CHAPTER 5　犯人の身柄の確保——逮捕と勾留 …………67

1　逃亡・証拠隠滅を防ぐための身柄拘束(67)
逮捕とは(67)　　通常逮捕(68)　　現行犯逮捕(70)
緊急逮捕(71)　　逮捕後の手続(72)

2　逮捕より長い身柄拘束——勾留(73)
勾留の実体要件(74)　　勾留の手続要件(74)　　勾留
の期間と場所(75)　　勾留からの救済(75)

3　逮捕・勾留に伴う諸問題(77)
事件単位の原則(77)　　再逮捕・再勾留はできるか(77)
別件逮捕・勾留は適法か(78)

column⑤保釈屋（bondsperson）(80)

CHAPTER 6　犯罪の証拠を集める方法——証拠収集 ………83

1　証拠の収集はどのようになされるか(83)
令状による捜索・差押え・検証(83)　　「正当な理由」(85)
犯罪の嫌疑(86)　　令状における対象の明示・特定要
求(86)　　捜索の許される範囲(87)
差押えの許される物(87)
note 1　関連性の程度(88)
令状の執行(88)　　捜索・差押え・検証実施後の措置(89)
差押えに対する不服申立て(89)

2　逮捕に伴う捜索・差押え・検証(90)
令状によらない捜索・差押え等(90)　　根拠(90)
時間的・場所的範囲(91)　　判例の考え方(91)　　令
状によらない差押えが許される物(92)

3　新たな証拠収集方法の展開(92)
強制採尿・採血(93)
note 2　鑑　定(93)
写真・ビデオ撮影(94)　　通信傍受(95)
note 3　通信傍受の要件・手続(95)

column⑥ＤＮＡデータベース(99)

CHAPTER 7　被疑者取調べと弁護活動——被疑者の防御
方法 ……………………………………………………102

1 被疑者取調べ（102）
　被疑者の取調べと黙秘権（103）　身柄拘束被疑者は取調べを受けなければならないか（104）　余罪の取調べ（105）　任意取調べの限界は何か（106）　取調べの適正化・可視化（107）

2 被疑者の防御活動―弁護人の活動（108）
　弁護士依頼（選任）権（108）　捜査段階における弁護（109）　防御の相談――接見（面会）（109）　接見指定規定とその合憲性（110）　接見自由の原則と接見指定要件（110）　接見指定の方法（111）　任意同行後取調べ中の被疑者との面会（112）
　note 4　不服申立手段（112）
　被疑者側の証拠の収集・保全（112）

　column⑦弁護人の立会いは被疑者の権利（114）

III　公訴，そして公判へ

CHAPTER 8　訴訟の始まり―公訴の提起 …… 118

1 公訴は検察官が行う――公訴提起の諸原則（119）
　糾問主義から弾劾主義へ（119）　犯罪の犯人を訴追するのは誰か（119）
　note 5　各国における私人訴追の制度（120）
　検察官は訴追に際しどのような権限を持つか（121）

2 検察官は起訴・不起訴をどのように選別しているか（122）
　検察官による起訴・不起訴の緻密な選別（122）
　note 6　少年の刑事事件（124）
　note 7　略式命令（124）
　起訴事件の厳密な選別の意義（125）

3 不当な起訴・不起訴は是正できるか（125）
　不当な不起訴に備える（126）
　不当な起訴に備える――公訴権濫用論（127）
　note 8　チッソ水俣病川本事件（128）

4 公訴提起の手続（129）
　起訴状の提出（129）　起訴状の記載事項（129）
　note 9　覚せい剤使用罪の公訴事実（130）

起訴状一本主義（130）
note 10 起訴状における文書の引用（131）

column⑧起訴法定主義（133）

CHAPTER 9　訴訟の進行——公判手続と裁判員制度 ………136
note 11 第1審の裁判所（137）
1　公判手続の流れとその特色（138）
公判手続の流れ（138）　　旧法下の公判手続と職権主義（139）　　現行法の公判手続と当事者主義（141）
2　迅速な裁判（142）
刑事裁判の審理期間（142）　　迅速な裁判を受ける権利（143）
note 12 迅速な裁判を受ける権利と高田事件（143）
刑罰権の実現と迅速な裁判（144）　　迅速な裁判をめぐる課題（145）
note 13 刑事裁判迅速化の試み（146）
note 14 公判前整理手続（146）
note 15 迅速な裁判と防御の準備（147）
note 16 迅速な裁判と弁護士の体制（148）
3　裁判員制度（148）
国民の司法参加（148）　　裁判員制度の概要（149）
裁判員制度と公判手続（150）

column⑨陪審制度・参審制度・裁判員制度（153）

CHAPTER 10　審判の対象——公訴事実と訴因 ……………155
1　審判の対象は何か（155）
「公訴事実」と「訴因」（155）　　審判対象論の背景——旧法と現行法（156）　　職権主義と公訴事実対象説（157）　　当事者主義と訴因対象説（158）
note 17 訴因対象説と訴因変更制度（159）
note 18 訴因対象説と公訴事実（160）
2　どのような場合に訴因の変更が必要か（160）
訴因変更の要否（160）　　法的評価か事実か（161）
訴因の機能と訴因変更の要否（161）
note 19 訴因変更の要否に関する最高裁判例（162）
note 20 縮小認定（163）
note 21 訴因を逸脱した認定と控訴理由（163）

note 22　訴因変更命令（164）
　3　どのような範囲で訴因の変更が可能か（165）
　　　訴因変更の可否と公訴事実の同一性（165）
　　　note 23　公訴事実の同一性の機能（165）
　　　公訴事実の同一性はどのようにして判断されるか（166）
　　　note 24　公訴事実の同一性の判断基準（167）
　　　note 25　単一性による同一性（168）

　　　column⑩ 職権主義・実体的真実主義（169）

Ⅳ　証拠法——証拠に基づく事実認定の過程

CHAPTER 11　証拠調べの原則と証拠法の基礎——立証・心証形成 ……………………………………………174

　1　証拠の分類（176）
　　　証拠とはなにか（176）　　直接証拠と間接証拠（176）
　　　供述証拠と非供述証拠（177）　　証人，証拠書類，証拠物（177）
　2　証拠裁判主義（179）
　　　心証（179）　　証明と疎明（179）　　証拠裁判主義（179）
　　　証拠能力（180）　　証明力と自由心証主義（180）
　3　厳格な証明と自由な証明（181）
　　　証明力と提示方法（181）
　4　証明の必要のないもの（182）
　5　挙証責任と証明の程度（183）
　　　形式的挙証責任と実質的挙証責任（183）　　「疑わしいときは被告人の利益に」（184）　　「合理的な疑いを容れる余地のない」証明（185）　　挙証責任の転換（185）

CHAPTER 12　自白を証拠とすることができるか——自白排除法則 ……………………………………………188

　1　自白の証拠能力（188）
　　　自白排除法則とは何か（188）　　自白とは何か（189）
　　　自白排除法則の法的根拠——憲法38条と刑訴法319条（191）　　自白獲得手段の違法——違法排除説の誕生（192）　　自白排除法則をどう見るのが妥当か（193）
　　　自白が排除される例（195）

2 自白には補強証拠が必要である (196)
    自由心証主義の例外 (196)　　補強証拠が必要な事実 (197)　　補強証拠の程度 (197)　　補強証拠の取調べ時期 (198)

　　column⑪違法収集証拠排除法則 (199)

CHAPTER 13　供述証拠と伝聞法則——伝聞証拠 ……………201
1 伝聞証拠とは何か——伝聞証拠の意義と根拠 (201)
    伝聞証拠の3種類 (201)
2 伝聞証拠が使えない理由 (202)
    伝聞証拠＝「また聞き」(202)
    反対尋問の機会が与えられるか (203)
3 わが国における伝聞法則の考え方 (204)
    通説の考え方 (204)　　通説で説明出来ない場合 (204)
    通説と異なる考え方 (206)
4 伝聞証拠と非伝聞証拠の判断基準 (206)
    要証事実との関係 (206)　　心理状態と要証事実の関係 (207)
5 伝聞法則の例外——伝聞証拠に証拠能力を与える場合 (208)
    必要性と特信状況 (208)　　供述不能を理由とするもの (209)　　相反性を理由とするもの (209)　　その他の例外 (210)

　　column⑫アメリカの証拠規則 (212)

Ⅴ　裁判から執行に至るまで

CHAPTER 14　事実認定と裁判の効力——実体裁判と形式裁判 ……………………………………………………………216
1 事実認定はどのように行われるのだろうか (216)
    密行する覚せい剤使用 (216)　　裁判官は神様ではない (217)　　検察官の証明責任と無罪推定の原則 (218)
2 有罪判決と概括的認定・択一的認定 (219)
    概括的認定・択一的認定とはなにか (219)　　犯罪の成立要件と概括的認定・択一的認定 (220)

3 裁判の種類と効力にはどのようなものがあるか（221）
    実体裁判と形式裁判（221）　　裁判の効力（222）
    再訴遮断の効力（223）

4 一事不再理と二重危険禁止（224）
    一事不再理（224）　　二重危険の禁止（226）

    column⑬無罪判決に対する上訴・再訴追の禁止（230）

CHAPTER 15　裁判の誤りを正す手段——上訴と再審 ……232

1 上訴とはなにか（232）
    裁判と自然科学や歴史学・考古学の違い（232）
    裁判によって発見される「真実」とは（233）

2 誤りの種類（234）
    事実問題に関するもの（234）　　法律問題に関するもの（235）

3 上訴の種類・ルールと上訴審の役割（236）
    上訴の種類（236）　　上訴のルール（237）　　控訴・上告の理由はどのように認められるか（237）　　上訴審の役割（239）

4 再審とはどのようなものだろうか（240）
    誤りのある裁判をやり直す方法（240）　　再審の手続（240）　　どのような再審理由が認められるのか（241）
    新規性・明白性の要件（241）　　新規性・明白性の判断をめぐって（242）

CHAPTER 16　裁判の執行と受刑者の処遇——刑罰制度…245

1 刑罰は何のために科されるのか（246）
    「悪い人」は必ず「処罰」されるのか（246）　　刑罰の目的——民事責任と刑事責任の違い（247）　　刑罰の種類と執行手続（249）　　刑罰の目的はどこにあるか（250）
    note 26　功利主義（250）

2 受刑者の処遇（253）
    医療モデルと公正モデル（253）　　自由刑のあり方（253）

3 死刑制度（256）
    死刑選択の基準はどのようなものか（256）　　死刑存廃論の根拠（257）

column⑭民営刑務所（260）

CHAPTER 17　少年審判手続──少年法の考え方 …………262
1 成人事件と少年事件との違い（263）
　　少年事件の処理手続（263）
2 少年法の基本的性格──昭和23年少年法から平成12年改正へ（265）
　　昭和23年少年法の性格（265）　　昭和23年少年法の運用（266）　　少年犯罪をめぐる最近の情勢（266）　　昭和23年少年法の評価と問題点（267）
3 平成12年の少年法改正（267）
　　少年事件の処分のあり方の見直し（267）　　少年審判の事実認定手続の適正化（269）　　被害者への配慮の充実（270）　　少年法改正の動向（271）

　　column⑮少年犯罪対策チーム（Young Offending Team）（273）

おわりに　刑事裁判を学ぶ意義 ……………………………275

略語一覧

〈法令〉

(文中, 刑事訴訟法は条数のみ示し, 刑事訴訟規則は「規」と略記した。)

覚せい剤 覚せい剤取締法
規 刑事訴訟規則
旧 旧刑事訴訟法（大正11年法75）
警 警察法
刑 刑法
刑事収容 刑事収容施設及び被収容者等の処置に関する法律
警職 警察官職務執行法
刑訴施 刑事訴訟法施行法
刑訴に基づく司警職員規 刑事訴訟法第八十九条第一項および第百九十九条第二項の規定に基づく司法警察員等の指定に関する規則
刑訴費 刑事訴訟費用等に関する法律
刑法草案 改正刑法草案
刑補 刑事補償法
検審 検察審査会法
検察 検察庁法

憲 憲法
公害犯罪 人の健康に係る公害犯罪の処罰に関する法律
公選 公職選挙法
裁 裁判所法
裁判員 裁判員の参加する刑事裁判に関する法律
児福 児童福祉法
銃刀所持 銃砲刀剣類所持等取締法
少 少年法
通信傍受 犯罪捜査のための通信傍受に関する規則
独禁 私的独占の禁止及び公正取引の確保に関する法律
破防 破壊活動防止法
犯罪被害保護 犯罪被害者等の保護を図るための刑事手続に付随する措置に関する法律
無差別殺人団規 無差別大量殺人行為を行った団体の規則に関する法律

〈判例〉

刑集 最高裁判所（大審院）判例集
民集 最高裁判所（大審院）判例集
最判（決） 最高裁判所判決（決定）
高判 高等裁判所判決
地判 地方裁判所判決
刑月 刑事裁判月報

〈雑誌〉

ジュリ ジュリスト
判時 判例時報
判タ 判例タイムズ
警研 警察研究

刑雑 刑法雑誌 **法教** 法学教室

〈文献〉

百選（8版） 井上正仁編・刑事訴訟法判例百選〔第8版〕(2005年)

百選（7版） 松尾浩也・井上正仁編・刑事訴訟法判例百選〔第7版〕(1998年)

少年百選 田宮裕編・少年法判例百選 (1998年)

刑法百選（5版）Ⅰ・Ⅱ 芝原邦爾・西田典之・山口厚編・刑法判例百選〔第5版〕(2003年)

争点（新版） 松尾浩也・井上正仁編・刑事訴訟法の争点〔新版〕(1991年)

争点（3版） 松尾浩也・井上正仁編・刑事訴訟法の争点〔第3版〕(2002年)

渥美 渥美東洋『刑事訴訟法〔全訂版〕』(2006年)

池田＝前田 池田修・前田雅英著『刑事訴訟法講義〔第2版〕』(2006年)

田口 田口守一『刑事訴訟法〔第4版補正版〕』(2006年)

田宮 田宮裕『刑事訴訟法〔新版〕』(1996年)

平野 平野龍一『刑事訴訟法』(1958年)

松尾・上・下 松尾浩也『刑事訴訟法上・下〔新版・新版補正第2版〕』(1999年)

執筆者紹介

椎橋　隆幸（しいばし・たかゆき）

1969年中央大学法学部卒業。現在，中央大学法学部・法科大学院教授。主要著作として『プライマリー刑事訴訟法』（編著，不磨書房，2005年），『わかりやすい犯罪被害者保護制度』（共著，有斐閣，2001年），『基本問題刑事訴訟法』（編著，酒井書店，2000年），『刑事弁護・捜査の理論』（信山社，1993年）など。

(はじめに，chapter 1, 17, column15, おわりに)

大澤　　裕（おおさわ・ゆたか）

1987年東京大学法学部卒業。現在，名古屋大学大学院法学研究科教授。主要著作として，「刑事訴訟における『択一的認定』(一)〜(四・完)」法学協会雑誌109巻6号 (1992年)，111巻6号 (1994年)，112巻7号 (1995年)，113巻5号 (1996年)，『ケースブック刑事訴訟法〔第2版〕』（共著，有斐閣，2006年）など。

(chapter 8, 9, 10, column 8, 9, 10)

小木曽　綾（おぎそ・りょう）

1984年中央大学法学部卒業。現在，中央大学法科大学院教授。主要著作として，「強制処分法定主義の現代的意義」駒澤大学法学論集58号 (1999年)，「EUの警察政策」『宮澤浩一先生古稀祝賀論文集第3巻』（成文堂，2000年），「新たな刑事手続と警察捜査」『警察行政の新たなる展開（下）』（東京法令出版，2001年），「国際捜査共助・司法共助」現代刑事法3巻9号 (2001年)，「『任意』同行の限界・適法性」現代刑事法5巻2号 (2003年) など。

(chapter 3, 14, 15, 16, column 1, 2, 3, 13, 14)

洲見　光男（しゅうみ・みつお）

1979年中央大学法学部卒業。現在，明治大学大学院法務研究科教授。主要論文として，「行政捜索と修正4条」『西原春夫先生古稀祝賀論文集

第4巻』(成文堂, 1998年),「修正4条による裁量統制手法」『光藤景皎先生古稀祝賀論文集上巻』(成文堂, 2001年),「薬物検査の合憲性―連邦最高裁判例理論の検討」法律論叢76巻2＝3号(2004年)など。

(chapter 4, 5, 6, 7, column 4, 5, 6, 7)

寺崎　嘉博（てらさき・よしひろ）

1976年北海道大学法学部卒業。現在, 早稲田大学大学院法務研究科教授。主要著作として,『訴訟条件論の再構成』(成文堂, 1994年),『判例演習刑事訴訟法』(共編著, 成文堂, 2004年),『刑事訴訟法(有斐閣アルマ)〔第2版〕』(共著, 有斐閣, 2005年),『刑事訴訟法』(成文堂, 2006年)など。

(chapter 2, 11, 12, 13, column 11, 12)

I 刑事裁判の「人」と「理念」

はじめに	刑事裁判が直面する問題から考えよう
	——刑事裁判の理念と現実
CHAPTER 1	犯罪当事者双方の権利を守る制度
	——被害者と被告人
CHAPTER 2	刑事裁判を支える専門家と組織
	——登場人物・機関
CHAPTER 3	社会の安全と市民——犯罪防止と治安維持
column①	犯罪による経済的損害の回復
column②	スコットランド・ヤード（Scotland Yard）
column③	性犯罪者情報公開制度

はじめに

刑事裁判が直面する問題から考えよう

刑事裁判の理念と現実

lead　松本・地下鉄両サリン事件，弁護士一家殺害事件等多数の死傷者を出したオウム真理教関連事件は，刑事裁判に対する国民の信頼を揺るがせたといわれる。たとえば，地下鉄サリン事件は平成 7 年 3 月 20 日に発生し，12 人が殺害され，5000 人以上が重軽傷を負ったが，10 年以上経った現在でも，なお，裁判が係属中の事件もある。このうち主犯の松本智津夫被告人の裁判は長期間かかった第 1 審の死刑判決後に，弁護人が提出期間内に控訴趣旨書を提出しなかったために控訴棄却となり，この決定を最高裁が支持したため，その結果松本被告人は控訴審の裁判が受けられないまま裁判が終了・確定するという異例の経過を辿った。その他，オウム真理教関連事件において刑事手続上問題にされたこととして，教団施設への捜索・押収の適否，教団側弁護士の信者との接見交通の適否，国選弁護人の弁護戦術の是非，フロッピーディスクの包括的差押えの適否，住居侵入罪，私文書偽造・行使での逮捕の適否，迅速な裁判を実現するための多数の被告に対する公訴事実の取下げの是非，捜査に協力した被告人を量刑上有利に扱うことの是非などが指摘できる。もちろん，地下鉄サリン事件は無差別テロの実体を持つ特異な事件である。特異な事件は特別な手続で処理するのが合理的な考え方であるが，わが国では特別な手続は認められておらず，通常の刑事事件と同じ手続で処理されなければならない。

　現代社会が直面している問題は地下鉄サリン事件のような特異な事件だけではない。組織犯罪，ハイテク犯罪等，捜査・立証が困難な事件，また，自白等の直接証拠がなくしかも物証も乏しいため事

> 実認定に困難が生じる事件など立法上・解釈上解決を迫られている事件は少なくないのである。

1　刑事裁判の目的は何か

　刑訴法は，刑事事件につき，公共の福祉の維持と個人の基本的人権の保障とを全うしつつ，事案の真相を明らかにし，刑罰法令を適正且つ迅速に適用実現することを目的とすると規定している（1条）。一言で表現すれば，基本的人権の尊重と実体的真実発見の調和的実現が刑事裁判の目的である。両者の調和の基本原理と要件・手続が憲法31条から40条，そしてそれらを受けた刑訴法などに規定されている。つまり，捜査，公判などを通じて，憲法・刑訴法などで規定されている基本的人権の保障を中核とした適正な手続に従って，事案の真相を解明し，確定された事実に刑罰法令をあてはめて，犯人に間違いないと裁判官が確信した者に有罪判決を下し，もって犯罪によって乱された社会秩序を回復することが刑事裁判の目的だといえよう。法的平和の回復が目的であるとの見解も有力に主張されている。さらには，犯人が罪を反省して被害者に謝罪し，一定の被害回復を約束し，被害者が一定程度これを受け入れ，地域社会の代表者がこの過程に参加し，被害者の立直りと加害者の更生に協力することで犯罪の問題を解決しようとの **修復（回復）的司法（正義）** という考え方も主張され，一部が実践されている。

2　刑事裁判の構造

糾問主義と弾劾主義

　刑事裁判の歴史をみるとその典型的な形態は糾問主義と弾劾主

義（ch.8参照）である。糾問主義の特徴はつぎの点にある。糾問官（裁判所）自らが刑事手続を開始することができ，裁量の幅も大きい。手続の目的は真実の発見にあり，そのためには一定の要件の下に拷問も認められる。捜査する機関は独立しておらず，裁判所の命令の下に活動する。裁判所は階層的に構成され，最上級の裁判所の権威ある判断が最終的となり，そこで裁判は確定する。裁判は非公開で行われる。

　これに対して，弾劾主義の特徴はつぎの点にある。被害者等の告発があって初めて裁判が開始される。告発者が犯罪立証の責任を負い，被告発者は真実発見に協力する義務を負わない。被告発者には告発事実が告知される。裁判は公開で行われる。被告発者には迅速な裁判を受ける権利が保障され，また，一度裁判が終了したら，二度と同じ事件について訴追されない地位が保障される。

　この糾問主義と弾劾主義の2つの型は理念型であり，純粋な形で存在したわけではないが，刑事裁判の特徴を理解する上で有益である。

職権主義と当事者主義

　近代になると糾問主義が大幅に修正され，また弾劾主義も変容を受けた。文明国といわれる国ぐにおいて刑事裁判は，共通する特徴を持っている。捜査機関の独立と捜査への規律，不告不理の原則（訴追がなければ裁判は開始されない），被疑者・被告人の基本権の保障（ch.1），審判対象の限定（ch.10），供述証拠の証拠能力の制限（自白法則，伝聞法則，直接主義）（ch.12,13参照），非供述証拠の証拠能力の制限（違法収集証拠排除法則，証拠禁止）（ch.11～13,column⑪参照），迅速・公平・公開裁判の保障（ch.9），上訴権の保障など（ch.15参照）である。このように近代的刑事訴訟法典といわれるための共通の要素を持ちながらも，なお原理的には異なった一対の概念がある。ヨーロッパ大陸法系の職権主義と英米法系の当事者主義

である。職権主義はかつて改革された糾問主義とも呼ばれたが，職権主義と当事者主義の一番大きな違いは，公判における中心的な役割を裁判所が果たすのかそれとも訴追者（多くは検察官）と被疑者・被告人（これに弁護人が保護者として付く）が果たすのかである。

わが国の刑事裁判の特徴

わが国は大宝律令（702年），養老律令（718年）以来，糾問主義の裁判制度を採っていたが，明治13（1880）年の治罪法において初めて近代的な刑事訴訟法典を持った。それは基本的に職権主義的色彩の強いものであった。明治刑訴法（1890年），大正刑訴法（1923年）も基本的には同じ性格を維持していた。ところが，第2次世界大戦後，アメリカ法の強い影響の下に日本国憲法が制定されたため，刑事裁判の特徴も英米法流の当事者主義に大きく転換した。

日本国憲法は自由主義，民主主義，個人主義を基本的原理としているが，権力の分立と基本的人権の保障は重要な構成部分である。日本国憲法が弾劾主義・当事者主義の刑事裁判の形態を採用していることを示すものとしてつぎの点を指摘することができる。

憲法は刑事手続における基本的人権の保障として，適正手続の保障（憲31条），裁判を受ける権利（憲32条），正当な理由と裁判官の審査がなければ身柄拘束されない権利（憲33条），一般令状と不合理な捜索・押収を禁止して個人のプライバシーを保障し（憲35条），公務員による拷問および残虐な刑罰を禁止し（憲36条），さらに，身柄を拘束された後無罪とされた者に刑事補償を受ける権利を認める（憲40条）など，世界でも例をみないほど刑事手続における基本権を保障している。とくに，弾劾主義・当事者主義の刑事裁判を採用していることをよく表す権利としてつぎの権利がある。

憲法38条1項は「何人も，自己に不利益な供述を強要されない」と規定し，自己負罪拒否特権を保障した。被疑者・被告人は一切の供述を拒否することができる。訴追者たる検察官が犯罪事実を主

張・立証する責任を負い，被疑者・被告人は立証に協力する義務を課されていない。そこで，この規定は弾劾主義の典型的表現だといわれるのである。そして，このことから検察官の主張する事実に審判対象が限定されること，検察官に挙証責任があることも導かれるのである（ch.11参照）。

つぎに，憲法37条は被告人に，迅速・公開・公平な裁判を受ける権利，証人審問・喚問権，私選・国選の弁護権を保障している。これらは当事者主義の刑事裁判における必須の要素を，被告人の権利保障という形で規定したものである。

つまり，不当なことが行われれば批判し正される公開の法廷において，不必要な遅滞なく，予断や偏見のない構成の裁判所の下で，検察官の主張に対して，被告人側に有利な証人がいれば強制的にでも出頭してもらい，また，証人が自己に不利益な証言をした場合には反対尋問によってその正確性をチェックするなどし，検察官の主張に対して徹底的に批判・吟味してもなおその主張が合理的な疑いを超えて証明されていると判断されたときに初めて被告人に有罪認定を下すことが出来るとの訴訟構造を憲法は予定しているのである。

検察官の主張・立証を十分に批判・吟味することは法律の素人である被告人にはできないため，法律の専門家で被告人の利益を代弁してくれる弁護人の存在が必須となるので，私選のみならず，国選弁護権が保障されているのである。

検察官の主張・立証を批判・吟味するための準備活動に必要な証拠開示，また，被告人側の反対尋問の機会がなかった供述証拠は原則として採用されないとの伝聞法則は，このような理由から基礎付けられるのである。

さらに，両当事者に各々の利益があり，その利益の調整が裁判の役割であると考えれば，検察官に一度主張・立証の機会が与えられると，被告人は一度で裁判を終えてもらう貴重な権利が発生すると

考え，一度訴追・立証の危険にさらされた場合，再度同じ危険にさらされない権利を被告人に保障する（憲39条）ことも当事者主義の帰結とされるのである。

3　わが国の刑事裁判の特色と課題

精密司法の評価

　当事者主義を基調とするわが国の刑事裁判は，近代的刑事訴訟法によっている他の国ぐにの刑事裁判と共通性を有しながらも，特色のある刑事裁判を創造してきた。戦後30～40年を経て形成されたわが国の刑事裁判の特徴を一言で表現すると「**精密司法**」であるといわれる。

　精密司法は，取調べを中心とする綿密な捜査，幅広い訴追裁量権を背景に，高度の嫌疑があり訴追の必要性の高い事件のみを検察官が起訴する訴追のあり方，その結果としての高い有罪率，第1審中心主義を採りつつも証拠の採用を広く認める公判・上訴審の在り方，書証の多用，断続的（五月雨的）な公判期日の設定，などをその重要な構成内容としている。ほとんど全ての裁判関係者が実体的真実への追求に強い関心を寄せ，事案の争いかたも，基本的人権の侵害や適正手続違反を理由とするよりも，事実誤認を理由に争う傾向が強いといわれてきた。

　精密司法は多くの裁判関係者の要望に後押しされて形成されたものであるため，その基盤は強固である。精密司法の構成要素である綿密な捜査，徹底的に絞り込んだ起訴，書証の多用，控訴審での証拠調べの認容などは批判もされるが，他面からみれば肯定的に評価されることでもある。とくに，事実を徹底的に争う姿勢は比較法的にみて，誤判を少なくした要因であるといってよいのではなかろうか。

新立法の動向

　昭和24（1949）年から施行された現行刑訴法は，昭和28年のやや大幅な改正を中心とした十数回の改正を経ながらも，その基本的構造を変えることなく半世紀を超えた。その理由として，刑訴法自体が起訴便宜（裁量訴追）主義を典型とする柔構造の法律であり，その中で判例による法創造がなされてきたからであろう。これまでにも，昭和20年代に発生し長期裁判となったメーデー事件，大須事件，高田事件など，また，荒れた法廷といわれた昭和40年代の学生・労働者による集団事件，さらに，体液の採取，訴因の特定などが問題となった覚せい剤事件などの試練に耐えてきた。

　ところが，施行後半世紀を経て，判例や捜査実務による法創造だけでは対処が不可能な事態に直面することになった。近年，認知犯罪件数の増加と検挙率の低下，体感治安への不安が増大する中で，一部の凶悪犯罪の増加，薬物犯罪，外国人犯罪，銃器犯罪の憂慮すべき状況，さらにはサイバー犯罪の増加等の状況がある。これらの犯罪は，従来の捜査手法では摘発が困難な事案が少なくない。そして，基本権の保障，令状主義の尊重，適正手続の保障という重要な価値を守りながらこれらの犯罪を摘発していくためには，従来のような捜査実務と判例による法創造では，限界があることは明らかである。

　そこで，平成11（1999）年には組織犯罪対策関連三法が制定されて，通信傍受が強制処分として認められる等の組織犯罪対策が整備され，また，平成12（2000）年には犯罪被害者保護関連二法が制定された。被害者は被害を受けた者として保護・支援されるべきとの考えが広がると同時に，犯罪被害者の協力が得られなければ刑事司法も十分適切には機能しえないという認識があり，その意味でこれらの二群の法律は密接な関連をもっているのである。

　さらに最近では，平成16（2004）年に一連の刑事司法制度改革関

連法が制定されたが,これは戦後の最も大きな刑事司法制度の改革といえるものである。国民が裁判員として重大な事件に参加し,裁判官とともに事実認定と量刑を行う裁判員裁判を内容とする「裁判員の参加する刑事裁判に関する法律」,被疑者にも重大事件において国選弁護を認める制度,検察審査会の議決に法的拘束力を認める制度,迅速かつ充実した裁判を実現する前提となる公判前整理手続制度,争いのない事件を迅速・簡易に処理する即決裁判手続制度等を内容とする「刑事訴訟法等の一部を改正する法律」,被疑者の国選弁護制度の運用を支えるセンターの業務等を規定する「総合法律支援法」などが刑事手続関係の主要な新立法である。

　これらの新立法は一定期間後に施行される。新法律がその狙い通りに機能するかは,いかにその前提条件を整備するかにも関わっている。同時に,ある法律の妥当性はその運用によって検証されることになるので,今後の前提条件の整備と運用の状況を見守っていくことが重要である。

〈参考文献〉

① 渥美東洋『レッスン刑事訴訟法〔上〕〔中〕〔下〕』（中央大学出版部,1985〜7年）

② 椎橋隆幸編『プライマリー刑事訴訟法』（不磨書房,2005年）第1〜3章

③ 松尾浩也・井上正仁編『刑事訴訟法の争点〔第3版〕』（有斐閣,2002年）Ⅰ総論の各解説

CHAPTER 1

犯罪当事者双方の権利を守る制度

被害者と被告人

> **lead** 　15歳の弟は18歳の兄から日常的に暴行を受けていた。事件直前には弟は兄から殴られ，ノコギリで切られそうになった。弟はこのままではいつか自分が殺されると思い，ある日包丁で兄を刺し殺した。暴行・傷害の被害者だった弟が殺人の加害者となったのである。
>
> 　また，多くの調査研究によって，児童虐待の加害者はかつて被害者であった者が相当の比率で含まれていることが判明している。この虐待の連鎖をいかに断ち切るかが，児童虐待問題の解決にとって重要な点である。
>
> 　極端な言いかたをすれば，かつては刑事裁判においては加害者をいかに扱うかを考えればよかったが，現在では，被害者をどう位置づけるか，さらには，加害者と被害者との関係をどうするかをも考えなければ問題の解決は図れなくなってきているのである。

1　被告人と被害者

　犯罪の当事者は加害者と被害者である。加害者は捜査の対象となると被疑者と呼ばれる。捜査機関（警察官，検察官等）が証拠を収集・保全するなどして捜査を遂げて，有罪の見込みが高くなったと判断したときに（ch.4,5,6参照）検察官は被疑者を起訴するが（ch.8参照），被疑者はこの時点から被告人と呼ばれる。被告人は公判廷において，弁護人の助力を受けながら十分な防御活動を展開するこ

とが保障され（ch.7参照），それでもなお，検察官の主張が合理的な疑いを超えるまで証明されていると裁判所が判断した場合に，有罪認定が下されるのである。人間の営みである刑事裁判に誤りが絶対にないとはいえない。そこで，有罪とされた被告人には事実認定の誤りや重大な手続上の瑕疵を理由に，上訴審において争うことが認められている。そして，法で認められた争う手段・方法が使い尽くされた時に裁判は確定し，判決の内容通りの刑が執行されるのである。このときから被告人は受刑者と呼ばれる（ch.16参照）。

　被疑者・被告人・受刑者には関係者の不断の努力を背景に，さまざまな権利が保障され，拡充されてきた。この権利保障の進展には理由がある。被告人が有罪と認定されれば，制裁の中でも最も過酷な「刑罰」が科されるからである。刑罰の内容としては財産や自由，場合によっては生命まで奪われる場合がある。このような重大な不利益である刑罰は，誤って科されるようなことがあってはならない。そこで，事実認定が適正に行われるように，事実認定を誤らせるおそれのある証拠は法廷に提出されることがないように制限したり，証拠調べにも適切な方法が定められているのである。なによりも被告人が弁護人の助力を受けて訴追側の主張・立証に十分挑戦し，防御する機会を与えられることが重要である。また，被疑者は捜査の過程で自由やプライバシーを制限されることがあるので，その制限が違法・不当なものにならないように限界を設定することが是非とも必要である。さらに，受刑者となっても，刑罰の目的に適合した権利の剥奪以外は正当化されないのである。

　加えて，被疑者・被告人の権利保障は，国民一般の他の領域における権利保障の度合いとも関連しているともいわれている。

　このように，被疑者・被告人・受刑者の権利が十分に保障されているかは民主的で自由な社会にとっては重要なことなのである。

2 被疑者・被告人の権利はどのように保障されているか

個人の権利・自由と適正手続の保障

　犯人と疑われ，犯人と断定され，犯罪に対応する刑罰が科される各段階において手続的規制が働かないと，個人が間違って犯人とされたり，犯人といえども必要以上に自由を奪われたり，ひいては国民一般の自由が不当に侵害されるおそれがある。刑事法の運用に対する手続的規制，言葉をかえれば，被疑者・被告人の権利保障と適正手続の保障は当の被疑者・被告人のためだけではなく，国民一般の権利・自由の保障のためにも必要なのである。

　かつて「自由の歴史は，主として手続的保障の遵守の歴史であった」（フランクファータ判事）といわれたように，個人の権利・自由が十分に保障されるためには，個人に手続的保障が与えられることが重要である。憲法 31 条は「何人も，法律の定める手続によらなければ，その生命若しくは自由を奪はれ，又はその他の刑罰を科せられない」と定め，個人の権利・自由を保障する総則的規定を置いた。

　(1)　憲法 31 条はその成立の経緯と目的に照らせば，国家が個人に刑罰を科すには，法律の定める手続によることが必要なだけではなく，その手続の内容も適正でなければならないと解される。判例は，第三者所有物の没収に関する事件において，告知・弁解・防御の機会を与えることなく第三者の所有物を没収することは，憲法 31 条の適正な手続によらないで財産権を侵害する制裁を科するにほかならないとして，告知・聴聞を受ける権利が憲法 31 条の適正手続の内容をなすと判示している（判例①）。

　(2)　憲法 31 条はまた，手続のみならずその前提となる実体法の要件，すなわち，いかなる行為が犯罪となり，それにはいかなる刑罰が科せられるかをあらかじめ法律によって定めていなければなら

ず，また，その内容が適正でなければならないことを要求していると解される。前者は 罪刑法定主義 といわれ，後者は 実体的デュー・プロセス の要請である。実体法の内容が適正といえるためには，刑罰を定める法規があいまい不明確であってはならない。

(3) 憲法31条は刑事手続のみならず行政手続にも適用されるが，今日では行政が個人の生活に及ぼす影響は大きく，その領域も拡大しており，現実に行政作用によって個人の権利・自由が制約される事態が生じている。そこで，刑罰でなくても，実質的に個人の権利・自由を制約する行政作用については，原則として憲法31条が適用されるべきである（判例は憲法31条のみならず，35条，38条の適用も認めていると解される。判例②）。

事後法と二重の危険の禁止

憲法39条は「実行の時に適法であった行為は……刑事上の責任を問はれない」とし，刑罰不遡及または事後立法の禁止を規定する。行為時に適法であった行為を事後の立法で処罰することはもちろん，行為時に違法であったが，罰則がなかった行為を事後の立法で処罰したり，行為時の刑罰より重く処罰することも許されない。

憲法39条はまた「何人も……既に無罪とされた行為については，刑事上の責任を問はれない。又，同一の犯罪について，重ねて刑事上の責任を問はれない」と規定する。犯罪があれば，それに対応する処罰の要求は正当であり法も認めるところであるが，同一の犯罪については一度の訴追・処罰で十分であるとするのが憲法39条の趣旨だと解される（ch.14参照）。

公平・迅速な公開裁判を受ける権利

かつて一部の国や地域においては，地域の住民によって犯人と断定されただちに制裁が加えられること（リンチ，私刑）があった。私刑は住民の処罰感情が昂っている中で，場合によっては思い込みによって判断がなされ，しかも苛酷な制裁が科されるおそれが強か

った。思い込みによる誤りを正し，本人および多くの人びとに納得のいく形で制裁を加えるためには「裁判」という「儀式」が必要である。犯人と疑われたものを間違いなく犯人であると認定して，犯罪にふさわしい刑罰を科すためにはまず，裁判を受ける権利を保障することが欠かせない。

　つぎに，裁判は迅速かつ公平でなければならない。かつて国によっては多くの被告人は巡回裁判を待つ間に環境の悪い場所に拘束され，裁判が始まるころには健康を害していたということも稀ではなかった。また，政敵を倒すために刑事裁判が用いられたり，裁判が利害関係者によって運営されたりすることがあり，そのような場合，公平な審判・結果を期待することは困難であったといえる。

　(1)　日本国憲法は国民に公平・迅速な公開裁判を受ける権利を保障した（憲32条・37条1項）。公平な裁判を実現するために刑訴法上，構成その他に偏頗のおそれのない裁判所によること（除斥，忌避，回避の制度。20条以下，規13条）および裁判官が事件について予断をいだかないで第1回公判期日に臨むことが求められている（起訴状一本主義。256条6項）。

　また，現在，刑事裁判はおおむね遅滞なく運用されているが，時として長期化する裁判があり，それが国民の信頼を損ねている場合がある。遅延の原因が被告人にある場合はある程度やむを得ないともいえるが（限界は当然あるが），遅延の原因が主として国家機関の側にある場合（たとえば，裁判所の過失，裁判官の不足，捜査機関のずさんな捜査など）には被告人の迅速な裁判を受ける権利が侵害されたとして被告人を救済しなければならない場合もある（判例③）。なお，平成15（2003）年には裁判の迅速化に関する法律が制定され，第1審の訴訟手続は2年以内に終局させることが目標とされた。

被疑者の権利

　捜査は事件の真相を解明するために行われるが，弾力性，合目的

性，機動性，密行性などが要請され，対象者の権利・自由を制約することがある。逮捕・勾留，捜索・押収などの強制捜査の場合はとくにそう言える。ところが捜査に行き過ぎがあるとそのやり方自体が国民から支持されないし，また，誤った裁判の原因になったりもする。そして刑事裁判の帰趨はほぼ捜査の段階で決まってしまうといわれるため，捜査手続を適正に規律すること，被疑者の諸権利を保障することが重要なのである。

(1) 憲法33条は，被疑者を逮捕する場合に犯罪を犯したことを疑う相当な理由と逃亡または罪障隠滅のおそれの存在（実体要件）およびその実体要件が存在することを公平・中立な裁判官が確認して令状を発布するという要件（手続要件）を要求している。個人の人身の自由は重要であるので，不当な逮捕がなされないようにするためである (ch.5参照)。また，憲法34条は逮捕・勾留された被疑者に弁護人依頼権を保障し，身柄拘束に伴う不利益から被疑者を保護することを内容としている。弁護人依頼権は弁護人選任権と接見交通権が主な内容であるが，弁護人は被疑者の利益を守る法律家として被疑者に権利の告知，捜査機関の違法活動の監視，公判へ向けての準備活動を行う。接見交通権等の弁護人依頼権の保障は着実に拡大してきているといえよう (ch.7参照)。

さらに，憲法34条後段は，被疑者の要求があれば身柄拘束の理由を公開の法廷で示すべきことを定めた。正当な理由のない身柄拘束から被疑者を守ることがその狙いである。この規定を受けて刑訴法は勾留理由開示の制度を設けている（82条以下）。

(2) 憲法38条1項は自己負罪拒否特権，黙秘権を保障する。また，同条2項は強制，拷問，脅迫などの違法・不当な方法で採られた自白の証拠能力を否定する。捜査の方法として取調べは現在でも重要性を失っていないが，黙秘権を侵害したり，強制や拷問を用いるような取調方法を禁止しているのである。また，自己負罪拒否特

権は弾劾主義の典型的表現といわれ，検察官に挙証責任があること，被告人に無罪推定の地位があることの根拠となる規定である。

(3) プライバシーの権利は自己の情報をコントロールする権利などさまざまな定義付けが試みられているが，近年その重要性が広く認められ，また，その内容も豊富なものとなっている。主として刑事手続との関係において個人のプライバシーの権利を保障したのが憲法 35 条である（ch.6参照）。同条は人の住居，書類および所持品に対する侵入，捜索，押収をするためにはそれらを正当化する理由（実体要件）と裁判官の事前に発する令状（手続要件）を必要としている。令状には捜索する場所と押収する物を明示しなければならない。一般的・探索的捜索・押収を禁ずる趣旨である。最近はプライバシー概念の拡大と，科学技術の進展に伴って憲法 35 条の保護する領域は広がっており，有体物に対する物理的侵入のみならず，広く人のプライバシーに対する有形・無形の侵害をも範囲に含めて考えられている。

3 被害者はなぜ疎外され，そして見直されたのか

刑事手続での被害者の位置づけ

被害者の権利（位置づけ）は時代により，国により消長があった。かつては被害者が刑事手続において重要かつ主体的な役割を担い，経済的にも被害回復を得られることもあった。しかし，近代法の発展とともに被害者の役割は縮小し，ついには，目撃証人・参考人として参加するだけとなり，その存在は無視ないし軽視されるものとなった。その背景には捜査・訴追機関の創設・発展があり，それらの機関が被害者の利益を代表するものと考えられたのである。しかし，警察や検察は被害者の利益を代表して活動する場面も見られるものの，場合によっては被害者の利益よりも，行政上の目的達成を

優先せざるを得ないことも少なくないのである。

　また，民事と刑事を分離すべきとの考え方がヨーロッパにおいて19世紀にほぼ完成した。民刑分離の思想はそれなりに理由のあるものであるが，通常は先行する刑事裁判において加害者が有罪と認定されても，民事裁判を別に起こして勝訴しない限り被害者が経済的損失を回復することはできないという不都合が生じたのである。さらに，被害者は犯罪直後に医療や心理そして経済的な支援を必要としているし，また，事件の推移について情報を知りたいと切望している。

　このような被害者のニーズ自体が正当なものといえるし，その認識は犯罪や不安感の増加に伴って多くの人びとに共有されるようになってきた。それだけでなく，被害者は目撃者であり重要な参考人・証人となることも珍しくない。この重要な証人の協力なくしては刑事裁判がもはや十分に適切に機能することが難しくなってきているとの認識も広まったのである。このような認識は先進諸国で共有され，1960年代から被害者の要求を権利として法律上保障する国ぐにが増加し，わが国も先進国に20年くらい遅れる形で被害者保護・支援の取組みがなされ，最近はその遅れを取り戻す勢いで立法化がなされる流れがある。その主なものを紹介しよう。

被害者への情報提供

　かつて被害者は，犯罪の直接の当事者あるいは利害関係者であるにもかかわらず，必要な情報を得ることが難しかった。必要な情報が得られないと被害者は不安が解消されず，また，刑事手続への関わりもできず，さらには損害回復のために必要な行動をとることもできなかった。とくに遺族は真相を知りたいという思いが強いのに，それがままならなかった。しかし，近年では関係機関の実務の改善と法律の制定などにより，被害者はさまざまな情報提供を受けることができるようになった。たとえば警察の「被害者対策要綱」に基

づく「被害者の手引き」の作成・配布，捜査状況，加害者の検挙・処分状況を知らせる被害者連絡制度の実施があり，また，検察庁の「被害者等通知制度」により被害者等には事件の処理結果，公判期日，刑事裁判の結果，公訴事実の要旨，不起訴裁定の主文・理由の骨子，勾留および保釈等の身柄の状況ならびに公判状況など手続の進行の全体について，遺漏なく通知がされるように配慮されている。そして平成12（2000）年に制定された「犯罪被害者保護法」によれば，損害賠償請求をしたり，保険金を請求したり，意見陳述の資料にするためにも公判記録の閲覧・謄写が認められることになった（3条）。

証人尋問の多様な形態

被害者は犯罪の当事者で事件の目撃者であることもあり，重要な証人として裁判への協力を求められることが多くあるが，その際，とくに性犯罪被害者の場合は証言をする場合，強い精神的圧迫があり，これが第2次被害になることがあった。この事態に対して従来は，裁判の公開停止，被害者や傍聴人の退廷，期日外尋問の実施などの措置がとり得たが，被害者たる証人の保護策としては十分なものとは言えなかった。そこで，刑訴法の改正により，証人尋問の際に証人と被害者または傍聴人との間についたてを置くなどの措置をとったり（157条の3），証人を法廷外の別室に在廷させ，法廷にいる裁判官や検察官，被告人・弁護人がテレビモニターを通じて，証人の姿を見て，音声を聴きながら証人尋問をすることができるようにした（157条の4）。これらの措置は，被告人を前にして強い精神的圧迫を受けながら被害者たる証人が証言をするか，それができない場合には以前にとられた検面調書や警察官調書を伝聞証拠の例外として提出するかという従来の実務に比べて，被害者たる証人の精神的圧迫を軽減しつつ，被告人側の反対尋問も行使できるという優れた制度だと言われている。

被害者の財産的損害の回復

昭和55（1980）年に犯罪被害者の精神的・経済的打撃の緩和を図るために国が給付金を支給する「犯罪被害者給付金制度」が創設された。通り魔殺人等の故意の犯罪により不慮の死亡，または重傷害という重大な被害を受けた者がその対象であったが，平成13（2001）年に改正され，重傷病給付金が創設されたり，遺族給付金に死亡前の療養費も併せて支給されるようになるなど，支給範囲が広がり，また，支給額も増額されている。この給付金は見舞金的性格を持ったものとはいえ，給付を受ける被害者にとっては大きな助けになるものであり，高く評価されている。

ところで，刑事裁判の過程で，被告人と被害者との間で示談が成立し，示談書が裁判所に提出されることがある。この示談書は被告人に有利に働くことは多い。しかし，裁判終了後，被告人が約束を果たさない場合，あらためて民事訴訟により確定判決を得て強制執行するしかなかった。そこで，被告人と被害者との間で，被告事件に係わる民事上の争いについて合意が成立した場合，両者が共同して和解の申立てをし，裁判所がその内容を公判調書に記載したときは，その記載は裁判上の和解と同一の効力を有するものとされた（犯罪被害保護4条）。つまり，公判調書に民事執行法上の債務名義性が与えられ，強制執行が可能とされ，これにより損害回復の実現が図られるのである。

その他の被害者への対応

結果的に性犯罪者を利する機能を果たしていた性犯罪の告訴期間が撤廃されたり（235条1項1号），被害者等が優先的に傍聴できるように配慮されたり（犯罪被害保護2条），被害者に主体的に被害感情や被告人に対する処罰感情を述べることが認められたり（292条の2），被害者の遺族が不起訴処分になった事件の当否の審査を申し立てることを認める（検審2条・30条）など被害者の保護を強め

る改正がなされている。

4 被告人と被害者の訴訟における位置

　被告人は刑事裁判の当事者であるから，被告人の権利を保障しながら適正な刑事裁判を実現するということが刑事裁判の中心的課題であることに変わりがない。しかし，被害者を無視ないし軽視したままでは刑事裁判が適切に運用できない事態になっている現実を直視しなければならないし，また，裁判の歴史を概観してみれば，糾問主義から当事者主義への移行の中で，刑事裁判に利害関係のある者の利害をいかに裁判の中に的確に反映させてきたかが重要なポイントであることも判明するのである。糾問官の権限・あり方を中心とする制度から，訴追者（その典型が検察官）が独立し，また，被告人はただ糾問されるだけの対象ではなく訴訟の主体と認められ，さらには被告人に弁護人という強力な保護者がつけられるようになるなど，裁判における利害関係人がいかにそれぞれの利害を訴訟の場において表現し，いかにそれらを適切に調整するかが，刑事裁判制度を進展させてきた重要な要素だったのである。被告人と被害者との関係も以上の考察を踏まえながら位置付けられていくことになるであろう。

〈参照判例〉

① 　最大判昭和 37 年 11 月 28 日刑集 16 巻 11 号 1593 頁〔第三者所有物没収事件〕憲法判例百選Ⅱ（4 版）115 事件
② 　最大判昭和 47 年 11 月 22 日刑集 26 巻 9 号 554 頁〔川崎民商事件〕憲法判例百選Ⅱ（4 版）122 事件
③ 　最大判昭和 47 年 12 月 20 日刑集 26 巻 10 号 631 頁〔高田事件〕憲法判例百選Ⅱ（4 版）124 事件

〈参考文献〉
① 椎橋隆幸・高橋則夫・川出敏裕『わかりやすい犯罪被害者保護制度』(有斐閣, 2001年)
② 松尾浩也・井上正仁編『刑事訴訟法の争点〔第3版〕』(有斐閣, 2002年)

column①

犯罪による経済的損害の回復

民刑の分離　フランスの重罪裁判所での審理には，裁判官・参審員，検察官，被告人・弁護人，の他にもう1組の関与者がいる。その犯罪の被害者と弁護人である。

刑事裁判は，犯罪の解明と行為者の処罰を目的とした手続だが，窃盗や強盗，殺人といった犯罪には必ず被害者がいる。被害者にとって犯罪は，家に侵入されて財産を奪われ，傷つけられ，命を奪われるという現実のできごとである。なくなった品物の財産的価値はもちろん，けがをすれば苦痛を受けるうえに治療費がかかるし，一家の稼ぎ手の命が奪われれば，すぐにも生活に深刻な不安が生じる。

法的には，犯罪は民法上の不法行為だから，加害者は損害賠償責任を負う。しかし，これは民事上の責任なので，日本の現行制度では，被害者が賠償金を得ようとするなら，自ら損害賠償訴訟を提起して証拠を提出し，賠償金の支払いを命ずる判決を勝ち取らなければならない。しかし，訴訟をするには費用もエネルギーもかかるので，これは被害者にとって容易なことではない。刑事裁判では，被害者が黙っていても捜査機関が証拠を収集し，検察官が公訴提起して被告人の有罪を立証してくれるのと大きな違いである。

犯罪は，刑事事件であると同時に民事事件でもあるのだから，いっそ1つの裁判で犯人処罰と損害賠償支払命令ができれば，被害者のためにも裁判所の効率のためにもプラスなのではないだろうか。

付帯私訴制度　これが「付帯私訴（action civile）」という制度である。フランスの刑事裁判所にいる被害者は「私訴原告」と呼ばれ，被害を受けた事件の刑事裁判に，損害賠償を請求するため参加しているのである。私訴原告には，捜査記録の閲覧権や証拠調べの請求権，弁護権，民事の争点についての上訴権などが与えられたうえ，証人として喚問されることもないなど，民事訴訟の当事者としての地位が保障される。被告人に有罪の言渡しがあったときには，裁判所が賠償額

を算定してその支払いを言い渡すので、被害者は別に民事訴訟を提起する必要はない。

ただし、フランスでも日本でも同じことだが、仮に被害者が民事訴訟で加害者に勝訴したとしても、相手に資力があるとは限らないので、実際に被害者が経済的な損失を補填できる保証はない。しかし、フランスではむしろ、被害者が上述の権利を通じて犯罪の真相を知ることができるという点が重視される。被害者は、なぜその事件がおきたのか、加害者がどのような責任を問われるのか、さらには、加害者の責任を自ら問いたいと欲する。損害賠償を理由にして刑事裁判に参加することで、そのような被害者の希望がかなえられるのである。

実は、フランス法を継受した日本でも旧法まではこの制度があったのだが、昭和23（1948）年の刑事訴訟法の全面改正に伴って廃止された経緯がある。けれども、近年の被害者支援への意識の高まりで、この制度は再び注目を集めている。刑事裁判所で同時に民事訴訟を行ったり、刑事裁判に被害者を当事者として参加させたりするには、解決しなければならない難しい問題も多いが、政府が平成17（2005）年にまとめた「犯罪被害者等基本計画」には、付帯私訴も含めた損害補填制度の検討が盛り込まれている。

国家補償制度の必要性　　また、犯罪による経済的損失の回復は、上述のように民事裁判では実効性が低い。そこで、多くの国が損害補償制度をもっている。日本では、犯罪被害者等給付金という制度があって、死亡した被害者の遺族や重い障害が残った被害者に国から見舞金が支給されており、警察庁のホームページによると、平成16（2004）年には、447人の被害者に合計で11億900万円が給付されている。日本では国家の一般財源、つまり税金をこれに当てているが、国によっては、没収された薬物犯罪などの収益を用いたり、損害保険契約に目的税を課して基金を作ったりして財源を確保している。一般的な税収は、予算配分政策や景気動向の影響を受け、十分な損失補填ができないおそれが強いので、日本でもさらなる工夫が求められている。

CHAPTER 2

刑事裁判を支える専門家と組織

登場人物・機関

> **lead**
>
> 大学生Q子「先生,質問があるんですが。」
> 講師A「はい,なんでしょう。」
> 　Q子「私,さっき学校に来る前に,おばあさんから『裁判所はどこでしょう?』って聞かれて,『この道を左に曲がってまっすぐ行けばいいですよ』って教えてあげたんです。」
> A「それは良いことをしましたね。お年寄りには親切にしなければいけません。」
> Q子「そうゆーことじゃなくってぇ。先生,さっきの授業で『裁判所とは,審理をし判決を言い渡す裁判機関だ』って,おっしゃってたでしょ。私,裁判所って建物だと思ってたんですね。だけど,『裁判所は…検証をすることができる』(128条)って書いてあるしぃ。裁判所って人なんですかぁ?」

1 裁 判 所

裁判所の種類と役割

　裁判所には,最高裁判所,高等裁判所(全国に8本庁,6支部),地方裁判所(全国に50本庁,約200の支部),家庭裁判所(地方裁判所と同じ数の本庁・支部のほか,約80の出張所),簡易裁判所(全国に約440庁)がある(高等裁判所以下の裁判所を,下級裁判所と呼ぶ)。

　これらの裁判所の区別は,①第1審裁判所として,どのような事

件を扱うことができるか（事物管轄），②第1審裁判所の裁判に不服がある場合に，どの裁判所に訴えればよいか（審級管轄），にかかわる。

　事物管轄から説明すると，地方裁判所が第1審裁判所となるのが原則である。殺人や強盗など，われわれが日常よく耳にする犯罪の多くは地方裁判所で審判される（ただし，道路交通法違反や軽微な窃盗などはその大半が簡易裁判所に起訴されるため，処理人員数でいうと，総数の85％ほどが簡易裁判所で審判される）。家庭裁判所は少年事件などを扱い，簡易裁判所が主として審判するのは，罰金以下の刑にあたる罪である。高等裁判所は原則として第1審裁判所とならないが，内乱に関する罪（刑77〜79条）や独占禁止法違反について特別に事物管轄を持つ。

　審級管轄についていうと，地方裁判所，家庭裁判所，簡易裁判所の判決に対する控訴，または決定・命令に対する抗告は，高等裁判所に対してなされる（高等裁判所に 審級管轄 がある）。上告や特別抗告は，最高裁判所に審級管轄がある。

裁判所とはなにか

　日常用語で「**裁判所**」（たとえば東京地方裁判所とか，最高裁判所とか）と言うとき，主に裁判所の建物のことを指している。刑事訴訟法でも，これに似た用語の使い方をする場合がある。つまり，裁判官だけでなく，その他の職員（裁判所書記官・事務官・速記官・技官，廷吏など。裁53〜63条）をも含み，ときには庁舎（裁判所の建物）をもあわせて，「裁判所」と呼ぶことがある（これを官署〔＝役所〕としての裁判所 という）。官署としての裁判所は，司法行政の単位ではあるが，特別の権限があるわけではない。

　また，裁判機関を構成する裁判官の集合体を「裁判所」（官庁としての裁判所）と呼ぶこともある（23条1項，規187条1項など）。官庁としての裁判所には司法行政上の権能が与えられている。

刑訴法で「裁判所」というとき，多くの場合は，具体的に事件を審理し裁判する裁判機関を指す。つまり，裁判長と複数の陪席裁判官とのグループ（合議体）または単独の裁判官が裁判機関を構成して，具体的に審理をし裁判をするが，この裁判機関を裁判所と呼んでいるのである。

裁判所の構成

　検察官がある事件を起訴する場合，起訴状を官署としての裁判所（たとえば，東京地方裁判所）に提出する。裁判所では，事件配分の定めに従って，たとえば刑事第1部に事件を配点する（割り振る）のが一般である（小規模の裁判所では，直接，裁判官に配点することがある）。刑事第1部には，部総括判事を筆頭に，複数の裁判官が属している。その中の，たとえば，A，B，Cの3名の裁判官によって構成される裁判機関（「裁判所」）が当該事件を審理することになるわけである（事件の起訴を受けたという意味で，受訴裁判所と呼ぶことがある）。

　いま，「A，B，Cの3名によって構成される裁判機関」と書いたが，複数の裁判官によって構成される裁判機関を合議体と呼ぶ。合議体によって審判をおこなう体制を，**合議制**と言い，1人の裁判官によって事件を取り扱うことを**単独制**と呼んでいる。

　①卓越した識見をもつ裁判官の全人格的な表現こそが裁判だと考えれば，単独の裁判官の責任において裁判がなされることが望ましい。また，②単独の方が事件を迅速に処理することができる。他方で，③単独制では，裁判官の主観が強く出る懸念もあるから，複数の裁判官が議論を通じて合意を形成してゆく合議制の方が客観的な判断になると期待できるし，④事件が複雑で困難な場合には，合議制であれば，複数の裁判官がそれぞれの知識を出し合い，分担して調査することもできる。このように，おおむね，単独制は裁判の迅速性という側面で評価でき，合議制は裁判の適正の面で優れている。

最高裁判所と高等裁判所では，つねに合議体で事件を取り扱う（裁9条・18条）。これに対して，簡易裁判所では，つねに1人の裁判官が事件を担当する（裁35条）。地方裁判所および家庭裁判所では，原則として，1人の裁判官が事件を取り扱い，例外的に合議体で事件を審判する。地方裁判所，家庭裁判所における合議体は，裁判長と陪席裁判官2名，合計3名の裁判官で構成される。

　地方裁判所が合議体で審判する事件には，裁定合議事件（合議体で審判する，と合議体が決定した事件）と法定合議事件とがある（裁26条）。法定合議事件には，①死刑，無期もしくは短期1年以上の懲役・禁錮にあたる罪に係る事件（裁26条2項2号），②簡易裁判所の判決に対する控訴事件など（同3号），③法律によって合議体で審判すべきと定められている事件（同4号），たとえば「裁判員の参加する合議体」（裁判員2条1項）など，の3種がある。

受命裁判官・受託裁判官

　裁判所がする取調べや処分（たとえば，検証をするとか，証人が病気で公判に出廷できないので，公判廷外で尋問するとか）の中には，合議体の構成員が全員参加するまでもない職務がある。そのような職務を合議体の構成員の1人に命じて行わせることができる。この命じられた裁判官を **受命裁判官** という。また，公判期日外に証人を尋問する場合には，証人が遠隔地にいることもある。そのような場合に合議体の構成員が出張するよりも，証人が在住する地方裁判所などの裁判官に嘱託する方がよい。そこで，「証人の現在地の地方裁判所，家庭裁判所若しくは簡易裁判所の裁判官にこれを嘱託することができる」（163条1項）と定められている。この嘱託を受けた裁判官を **受託裁判官** と呼ぶ。受命裁判官または受託裁判官は，証人の尋問に関し，裁判所または裁判長に属する処分をすることができる（163条4項）。

「請求を受けた裁判官」など

受訴裁判所は，公訴提起の後に構成されるから，捜査の段階では存在しない。しかし，「権限を有する司法官憲が発する」令状（憲33条・35条）がなければ，捜査に必要な逮捕，捜索，差押えなどの強制処分ができない。そこで，検察官・検察事務官，司法警察職員は，その所属する官公署（検察庁や警察）の所在地を管轄する地方裁判所または簡易裁判所の裁判官に対して，令状の請求などができる（規299条1項）。

　公訴が提起された後は，受訴裁判所が存在する。しかし，第1回公判期日までは，受訴裁判所に予断を抱かせないために，裁判官が処分などを行う。被告人または弁護人は，あらかじめ証拠を保全しておかなければその証拠を使用することが困難な事情があるとき，第1回公判期日前に限り，裁判官に押収，検証，証人の尋問または鑑定の処分を請求することができる（179条・228条1項など）。

2　検察官

検察官は検察庁に属する

　検察官は，①犯罪の捜査を行い，②公訴を提起し，③公判を維持する（公判に立ち会い，証拠調べを請求し，証人に尋問するなどの訴訟行為をする）。また，④裁判所に正当な法の適用を要求し，あるいは意見を述べるなどし，⑤裁判の執行を指揮する，など刑事手続全般にわたって公益の代表者としての役割を果たす。

　検察官とは，5つの官名（検事総長，次長検事，検事長，検事，副検事）の総称である。検察官は各検察庁のどれかに属している。

　各裁判所に対応して（庁数や置かれる地域も各裁判所に対応する），最高裁判所に対応する最高検察庁（検事総長を長とする），高等裁判所に対応する高等検察庁（検事長を長とする），地方・家庭裁判所に対応する地方検察庁（検事正〔職名〕を長とする），簡易裁判所に対

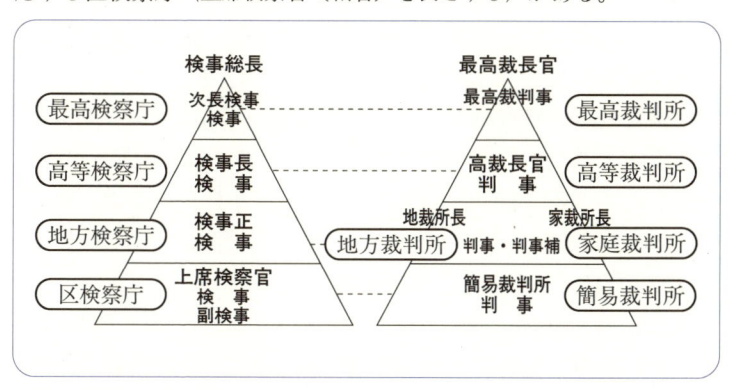

応する区検察庁（上席検察官〔職名〕を長とする）がある。

```
最高検察庁 ── 検事総長／次長検事／検事    最高裁長官／最高裁判事 ── 最高裁判所
高等検察庁 ── 検事長／検事              高裁長官／判事        ── 高等裁判所
地方検察庁 ── 検事正／検事              地裁所長／家裁所長     ── 地方裁判所／家庭裁判所
                                        判事・判事補
区検察庁  ── 上席検察官／検事／副検事    簡易裁判所判事         ── 簡易裁判所
```

検察官同一体の原則

　検察官は，一人ひとりが独立して検察権を行使する１つの行政庁（これを独任制の官庁と呼ぶ）である。もっとも，各検察官の検察権行使がそれぞれ異なっていては，統一が保たれない。そこで，検事総長，検事長，検事正は，検察官たちを指揮監督する権限を持ち（検察7～9条），検察官の事務を引き取り，または他の検察官に取り扱わせることができる（検察11条）。上司の指揮監督権を前提にして，検察官が適正に意思決定できるよう，上司が審査と助言，承認を行う慣行になっている（これを上司の決裁と呼んでいる）。

　検事総長たちが持つ事務の引き取り・移転権と上司の決裁とを通じて，検察事務は全国的に統一したものになっている。このようにして，個々別々の検察庁の各検察官が検察事務を取り扱っているにもかかわらず，外見上は，１つの官庁が処理したと同様の統一した法的効果を生んでいる。このように検察官が一体となって機能しているかのような外観を指して，**検察官同一体の原則**と呼ぶのである。

捜査機関としての検察官

　検察官，検察事務官，司法警察職員をまとめて捜査機関と呼ぶ（189条・191条）。第１次的捜査権は司法警察職員にある。検察官は，

必要と認めるとき,犯罪を自ら捜査することができる(191条1項)。検察事務官は,検察官直属の部下である。検察官を補佐し,検察官の指揮に従って捜査をおこなう(191条2項)。

検察官と司法警察職員とは,捜査に関して相互に協力しあう(192条)。ただし,捜査とは起訴をするための準備活動であり,検察官だけが公訴を提起できることを考慮して,検察官には,その管轄区域内の司法警察職員に対する,一般的指示権,一般的指揮権,具体的指揮権が与えられている(193条)。

検察官は,(1)捜査に関し,一般的指示(たとえば,捜査書類の作成や,証拠の収集・保全についての一般的指示など)を与えることができる。また,検察官が自ら捜査をする場合に,(2)協力を求めるため,一般的指揮(たとえば,検察官が立てた捜査の方針や計画に沿って捜査に協力するよう求める,など)をし,(3)個々の司法警察職員を指揮して捜査の補助をさせる(具体的に指揮する)ことができる。司法警察職員は,検察官の指示または指揮に従わなければならない。

3 警察官

警察官と警察の組織

警察にはたくさんの人が働いている。このうち,警察法で定める警察官の身分をもつものを警察官と呼んでいる(警34条・55条・56条)。警察官には,①警視総監,②警視監,③警視長,④警視正,⑤警視,⑥警部,⑦警部補,⑧巡査部長,⑨巡査の9階級がある。

犯罪があると考えるとき,警察官は,司法警察職員として犯人および証拠を捜査する(189条)。

警察は,警察庁と都道府県警察とに分かれる。第2次世界大戦後,警察の民主化のためにいくつかの方策がとられた。(旧)警察法が戦前の中央集権的な警察制度を抜本的に変革し,国家警察と自治体

警察との2本立てにしたのも、そのひとつである。(旧) 警察法は昭和27年に改正された。国家地方警察と市町村自治体警察の2本立てが廃され、一元化された都道府県警察が捜査を担うことになった。

警察庁は、国家全体の見地から公安にかかわる警察運営にあたり、警察行政の調整などを行う。内閣総理大臣の所轄のもと、(国務大臣を長とし、5名の委員からなる) 国家公安委員会が警察庁を管理する。

都道府県警察は、各区域で犯罪の予防・鎮圧、捜査にあたる。各都道府県知事の所轄のもと、(3～5名の委員からなる) 各都道府県公安委員会が都道府県警察を管理する。東京都では警視庁を置き、各道府県には各警察本部が置かれている。

司法警察職員と特別司法警察職員

たとえば刑務所や船舶などのように、特別の施設内で犯罪が起こったとき、一般の司法警察職員では捜査がやりにくい。また森林窃盗や麻薬事犯など、特別の分野の専門家に捜査を任せる方がよい場合もある。そこで、特殊な場所、特殊な事件・分野に限って、警察官でない行政職員 (刑務所長や船長、営林署職員、麻薬取締官など) にも捜査権を与えた。これら捜査権を持つ行政職員を特別司法警察職員と呼ぶ (190条)。

司法警察員と司法巡査

刑訴法は司法警察職員を、**司法警察員** (原則として、巡査部長以上の階級にある警察官) と **司法巡査** (巡査の階級にある警察官) とに分けている (199条2項参照)。このような区分をするのは、重要な権限については、司法警察員には与えるが司法巡査には与えないという区別をするためである。司法巡査は、「司法警察員が…」(203条・218条3項・4項・229条2項・246条など) と規定されている行為をすることができない。「司法警察職員が…」(210条1項・218条

1項・220条など),「司法巡査が…」(202条・215条など) と規定してある場合には, 司法巡査もその行為ができる。

なお, 逮捕は身体の自由を奪う重大な処分であるので, 逮捕状の請求ができるのは, 指定司法警察員 (警部以上の者で, 国家公安委員会または都道府県公安委員会が指定した者) に限られる (199条2項)。

4　弁　護　人

弁護士と弁護人

弁護士となる資格を持ち, 日本弁護士連合会の弁護士名簿に登録されている者が, 弁護士である。弁護人とは, 被疑者や被告人の弁護を行う訴訟代理人のことである。つまり, 弁護士とは職業の名称であり, 弁護人は訴訟上の地位を指す。

弁護人としての役割を果たすためには, 法律の専門的知識が欠かせないから, 原則として「弁護人は, 弁護士の中からこれを選任しなければならない」(31条1項)。しかし, 簡易裁判所, 家庭裁判所, 地方裁判所の審理では, 裁判所の許可を得て, 弁護士でない者を弁護人に選ぶことができる (31条2項。ただし, 地方裁判所では, ほかに弁護士の中から選任された弁護人がいる場合に限る)。弁護士でない弁護人を特別弁護人と呼ぶ。もっとも, この制度は, 最近ではほとんど使われていない。

被疑者・被告人だけでなく, その配偶者や兄弟姉妹なども弁護人を選任することができる (30条)。これらの人たちを弁護人の選任権者と呼ぶが, 選任権者が選任する弁護人は私選弁護人と呼ばれる。私選弁護人に対し, 裁判所が選任する弁護人を国選弁護人と呼ぶ。

被告人と国選弁護人

被告人に付される国選弁護人には, (1)被告人の請求によって選任されるもの (36条) と, (2)裁判所が職権で選任するもの (37条・

289条2項・3項）とがある。

(1) 請求による選任

被告人が貧困で私選弁護人に委任できなかったり，その他の理由（社会的に非難を浴びた事件のため，弁護人のなり手がない場合など）で弁護人を選任できないとき，裁判所は，被告人の請求によって，国選弁護人を付さなければならない（被告人以外の者が，すでに私選弁護人を選任している場合は，国選弁護人を付さない）。

ただし，必要的弁護（289条・316条の29）の場合を除き，①資力申告書（現金，預金その他の資産の合計額とその内訳を申告する書面）の提出と，②弁護士会への私選弁護人選任の申出が前提条件となる。

被告人の資力が「基準額」（36条の3第1項。預貯金・現金あわせて50万円）以上の場合，被告人は，あらかじめ（請求する裁判所の所在地を管轄する地方裁判所の管轄区域内にある）弁護士会に私選弁護人の選任申出をしておく必要がある（36条の3第1項）。被告人の資力が基準額以上であるから，「貧困」を理由として国選弁護人が付されることはないが，その他の理由（弁護士会が弁護士を紹介することができなかった場合など。このときは，弁護士会が裁判所に通知する〔同条2項〕）があれば，国選弁護人が選任される。

被告人の資力が基準額未満のときは，「貧困」を理由に，裁判所が国選弁護人を選任する。

(2) 職権による選任

被告人が未成年者，70歳以上の者，耳が聞こえない・口がきけない者であるなどの場合には，裁判所は，職権で弁護人を選任する（37条）。

被疑者と国選弁護人

これまでは，被告人でなければ国選弁護人を付けることができなかった。法律が改正され，被疑者にも国選弁護人を選任できるようになった（37条の2）。

被疑者に付される国選弁護人もまた、(1)被疑者の請求によって選任されるもの（37条の2）と、(2)裁判所が職権で選任するもの（37条の4）とがある。

(1) 請求による選任

重大な事件について勾留が請求された被疑者、または勾留されている被疑者が、貧困その他の理由により弁護人を選任することができない場合に、被疑者から請求があれば、裁判所は国選弁護人を付さなければならない（37条の2第1項・2項。被疑者以外の者が、すでに私選弁護人を選任している場合、または被疑者が釈放された場合は、国選弁護人を付さない）。

ただし、①資力申告書の提出と、②弁護士会への私選弁護人選任の申出が前提条件となる（37条の3第1項・2項）。

被疑者の資力が基準額以上の場合、被疑者は、あらかじめ弁護士会に私選弁護人の選任申出をしておかなければならない（37条の3第2項）。被告人の資力が基準額以上であるから、「貧困」を理由として国選弁護人が付されることはないが、その他の理由（弁護士会が弁護士を紹介することができなかった場合など。このときは、弁護士会が裁判所に通知する〔37条の3第3項〕）があれば、国選弁護人が選任される。

(2) 職権による選任

精神障害などの理由で弁護人を必要とするかどうかの判断が困難であると疑われる被疑者について、必要があると認めるとき、裁判所は職権で弁護人を付することができる（37条の4。ただし、被疑者が釈放された場合は、弁護人を付さない）。

弁護人の数

被疑者・被告人は、複数の弁護人を選任することができる（ただし、被疑者国選弁護人は、原則として1人である。裁判所が「特に必要と認めるときは、職権で更に弁護人1人を付することができる」。37条

の5）。しかし，弁護人を無制限に認めると，訴訟上の支障がある。そこで，弁護人の数を制限できることとした（35条）。①裁判所は，「特別の事情があるとき」に限って，被告人の弁護人の数を制限できるが，その場合でも，被告人1名につき2人以下に制限することはできない（規26条1項）。また，②被疑者の弁護人の数は，原則として，被疑者1名につき3人を超えることができない（規27条1項）。

被告人に複数の弁護人がいるときは，主任弁護人を定めなければならない（33条）。主任弁護人を置くのは，窓口を主任弁護人1人にまとめて，手続を簡明にするためである。

弁護人の活動

弁護人は，被疑者・被告人を援助するため，①被疑者・被告人と接見し，法的なアドバイスなどを行う。②訴訟に関する書類や証拠物を閲覧し，または謄写する。③捜索・差押え，検証，証人尋問などに立ち会う。④各種の通知を受け取る。⑤保釈を請求する。⑥公判において証人を尋問する，などさまざまな活動をする。

〈参考文献〉

① 寺崎嘉博「刑事手続の基礎11講・公訴の提起(2)」現代刑事法6巻4号107〜112頁

column② スコットランド・ヤード (Scotland Yard)

名探偵ホームズと刑事たち　「『グレグソンはね，スコットランド・ヤードでも指折りの切れ者だよ。』とホームズが教えてくれた。彼は続けて，『彼ともうひとり，レストレイドは選り抜きだ。2人とも機敏でエネルギッシュだ。ただ，どうにも頭が固い……ひどくね。そのうえ，お互いにライバル意識むき出しで，いつも角突き合せているのさ。』」(Arthur Conan Doyle, A Study in Scarlet〔1887〕より)

ロンドン警視庁のはじまり　コナン・ドイルがシャーロック・ホームズの引き立て役として登場させた刑事たちは，「スコットランド・ヤード」の通称をもつロンドン警視庁 (Metropolitan Police Service) に所属する。

19世紀初頭までのイングランドの警察活動は地域住民の手にゆだねられており，17, 18世紀には，地方では各教区で1名，1年ごとに選ばれる住民が無給で地域の治安維持にあたり，都市では，ギルドの構成員や，後には"The Watch"と呼ばれる有給の住民グループがパトロールや夜警にあたっていた。しかし，こうした警察活動では，産業革命に伴う都市への人口集中による社会的変化・治安悪化に対応することはできなくなったため，組織化された警察力が必要とされて，1829年に当時の内務大臣ロバート・ピール (Robert Peel) が提出した Metropolitan Police Act によりイングランド最初の近代警察が誕生した。当時，200万人弱だった人口をカバーするのに巡査895人，巡査部長88人，警部20人，警視8人の陣容でその歴史の幕を開けたロンドン警視庁は，2003年8月現在で，2万9,278人の職員を擁する組織となった（受け持ち人口は約720万人）。英語で「ピーラー (Peeler)」とか「ボビー (Bobby)」と言う警察官の俗称は，その直属組織として警察を創った創始者の名に由来する。

スコットランド・ヤードの由来　イングランドにあるロンドン警視庁がなぜ「スコットランド・ヤード」と呼ばれるのかは必ずしも定

かではない。ただ，当時この新たな警察の具体的な立案を任されたチャールズ・ローワン（Charles Rowan）とリチャード・メイン（Richard Mayne）が執務していた建物（Whitehall Place 4番地）の裏手の中庭がスコットランド・ヤードと呼ばれており，そこに初期のロンドン警視庁本部がおかれたのである。その地がスコットランド・ヤードと呼ばれるに至ったのは，そこに連合以前のスコットランド王やその駐イングランド大使の住居があったためであるという説と，その中庭が，そのあたりの土地を中世に所有していた"Scot"という人物の名を冠した"Scotland Yard"という道路に面していたため"Great Scotland Yard"と呼ばれていたからだ，という説がある。

ともあれ，その後警視庁本部は1890年にテムズ川沿いのビクトリア・エンバンクメント（Victoria Embankment）に移されて"New Scotland Yard"と呼ばれるようになり，さらに1967年にはウェストミンスター寺院近くに移り現在に至っている。

地域社会との連携による警察活動　ところで，リチャード・メインが1829年に残したつぎの記述は，現代における警察の役割を考えるうえでもきわめて意義深い。

「警察の第一の任務は犯罪予防であり，次いで，犯罪の摘発である。人々の生命および財産が保護され，市民生活の平穏が維持され，犯罪のない街が実現されているかどうかが，警察活動の成功の指標である。」

現在，イギリス警察の活動指針のひとつは，「地域住民との協力による警察活動」であり，「警察が地域社会の一員であること」であるとされている。（Metropolitan Police ServiceのHPはhttp://www.met.police.uk/。歴史についてはhttp://www.met.police.uk/history/を参照。）

column②スコットランド・ヤード（Scotland Yard）

CHAPTER 3

社会の安全と市民

犯罪防止と治安維持

lead

体感治安の悪化

2003年には，日本各地で小学児童の連れ去り事件が多発した。警察庁の調べによると，同年1月1日から10月15日までの間に発生した15歳未満の子供を対象とする連れ去り事件（未遂を含む）は126件で，既遂87件のうち約半数は，暴行・脅迫が用いられたり，いきなり車などに引きずり込まれたりするといった手口によるものであった。発生から被害者が保護されるまでの時間と，発生地点から保護された地点までの距離は，これも半数近くが1時間未満・500m未満であり，登下校途中や遊んでいる間に被害にあうケースが多いことともあわせて，子供の日常生活圏で事件が起こっていることがうかがわれた。また，平成16年版警察白書によれば，住宅への侵入を伴う強盗や窃盗の認知件数は，平成11年（13万5,908件）から15年（19万3,274件）の間増加の一途をたどっており，こうした事件を背景に各種調査で治安の不安を感じていると答える国民が増加していると報じられている。

Gated Community

アメリカには，居住地域全体をセンサーのついた塀や柵で囲み，居住者がロックを解除しないと中に入ることはできず，監視カメラと警備員が24時間管理するGated Communityという街が2万以上あり，850万人が住んでいるといわれる。そして，生活の安全を危惧する人々の増加に伴って，これにならったセキュリティータウンと呼ばれる街が日本にも登場しつつある。一方で，生活圏の安全に気を配るため，住民自身が近隣の子供の登下校を見守ったり，ペット

の犬を連れて近所を見回ったりするという取組みをしている地域もあり，警察はこうした住民の活動に協力し，地域社会との連携を強化する方針を示している。

　もはや「ただ」ではなくなったかに思われる人々の暮らしの安全を守るために，われわれは今，何をなすべきなのだろうか。

1　多様化する犯罪とその把握

新しい犯罪の発生

　安土桃山時代の大盗賊で数かずの歌舞伎などで取りあげられた石川五右衛門は，「浜の真砂は尽きるとも，世に盗人の種は尽きまじ」と辞世を詠んだとされている。歴史的な真偽はともかくこの洞察は誠に慧眼というべきで，数百年を経た現代社会での犯罪は，数も手口も増えこそすれ減ってはいないようである。

　刑事法の目的は，市井の人びとの日常生活の安全を保障することにある。犯罪の実態が変化すれば，それに応じた法律や法執行の方法を新たに設けなければ社会生活の安全を守ることはむずかしくなるが，それには犯罪動向をできる限り正確に把握することが前提となる（ちなみに，ある法律を必要とする根拠となる社会的な事実を「立法事実」という）。

　そこでまず，近年になってはじめて人びとが接することになったと思われる犯罪の素描から始めることにしよう。

　①　児童が犠牲になる事件

　2001 年 6 月，大阪のある小学校に不審者が侵入し，児童 8 人を殺害，15 人に重軽傷を負わせた痛ましい事件は今も記憶に新しい。その後も全国で小学校への部外不審者の侵入事件が相次いだことや，冒頭に記したように児童等の連れ去り事件が連続したことから，学校に警備員や防犯カメラを配置・設置したり，児童・生徒に防犯ブ

ザーを持たせたりする地域が増えている。自分よりも体力的に弱い者を襲う犯罪としては，自宅で児童を9年間にわたって監禁し，著しい運動能力の減退を生じさせて傷害罪にとわれたといった特異な事件も発生したし，性犯罪の前歴のある者が児童を連れ去ったうえ，被害者を殺害する事件も起こった。

② 振り込め詐欺

ある日，家に電話がかかり，警察官を名乗る男が「あなたの息子さんが交通事故を起こして人にけがをさせてしまった。示談に必要だから200万円を指定する銀行口座に振り込んでください。」と言う。電話を受けて動転した被害者は，貴重な蓄えから言われたとおりに振込みをした後で，われに返って息子に電話をかけると，彼はいつもと同じように働いており，振り込んだ口座は既に閉じられている。当初，息子や孫を装って「俺だよ，俺」と言ってお年寄りに電話をかけた手口から，「オレオレ詐欺」と呼ばれたこのような詐欺は，後には相手を選ばず警察官などを騙るようになったことから「振り込め詐欺」と呼ばれた。

そのような電話が詐欺であることが報じられて，人びとが容易には騙されなくなり，振り込め詐欺が下火になると，今度は，やはりお年寄りの家にやってきて，家の状態を鑑定すると言って上がりこみ，屋根裏や床下を見たうえで「この家の屋根は腐りかけている。今直さないと屋根が落ちる」とか「シロアリにやられている」などと偽って修理請負契約を結んだうえ，ずさんな工事をして法外な代金を請求する，という手口が各地で流行った。

③ ピッキング

テレビや映画で，ヘアピンなどを使ってドアの鍵を開けるシーンを見ることがあるが，特殊な道具を鍵穴から差し込んで開錠するピッキング，ドアにドリルで穴を開けて鍵の開閉つまみ（サムターン）を回してドアを開けるサムターン回しによる住居侵入窃盗が，外国

人グループなどによって頻繁に実行された時期もある。このため，政府は「特殊開錠用具の所持の禁止等に関する法律」（平成15〔2003〕年）を制定して，そのような開錠用具の所持・携帯自体を禁止する法律を制定した。

④ ATMをめぐる犯罪

パワーショベルを使って，ATMの設置されているキャッシュコーナーを破壊し，中のATM装置ごと盗み出す手荒な犯行も一時期相次いだ。また，キャッシュコーナーで入出金操作中の人の背後から暗証番号を盗み見たうえ，後をつけてカードをすり取ったり，キャッシュコーナーでわざと小銭をばら撒いたり，お金が落ちたと言ったりして注意をそらせ，その間にカードを盗んですぐに別のキャッシュコーナーで現金を引き出す手口が流行ったかと思うと，今度はATMに発信機つきの小型カメラを取り付けて，暗証番号の操作やカード番号の映った映像を受信するという行為や，カード情報を電子的に読み取る機器をキャッシュカードの挿入口に取り付けて情報を読み取る，スキミングという行為が行われていたことも報道されている。こうした情報がカードの偽造や本人のなりすましに用いられると，カードは手元にあるのに，知らない間に口座から預金が引き出されるといった大変不安な事態が生じる。

⑤ 組織犯罪

経済発展が途上で十分な仕事がなく貨幣価値の低い国や地域からの外国人の密航や不法就労も多い。その中には売春をさせられる女性・子供や，劣悪な環境で働くことを余儀なくされる人びとがいる。密航の斡旋は，現地で人を集める者，輸送手段を整える者，日本での働き先や居住先を用意する者などに分かれて，計画に従い組織的に繰り返し実行されるところが，単発の粗暴犯や財産犯と異なる。このような組織犯罪としては，このほかにも薬物や銃器，盗難車の取引などがある。こうした犯罪は，銃器を用いた犯罪や暴力団の抗

争などに一般市民が巻き添えになる危険の増加，中毒者の増加による公衆衛生の悪化，中毒者の治療にかかるコストの増加，中毒を原因とする犯罪の発生といった損害を社会に与えるうえ，取引による不正な経済的利益の獲得を目的として行われる。

ヤミ金融で得られた何十億円という収益が外国銀行に預金されていたことも明らかになったが，組織犯罪からあがる莫大な収益を通常の経済活動に投入したりして，その違法な出所をごまかす行為を**資金洗浄**（money laundering）といい，これは健全な経済活動にも大きな影響を及ぼす。人びとの社会生活を維持するために用意されているさまざまな公共の制度やインフラ維持の費用を，他の人びとに押し付けたり，公共制度を破壊したりするのが組織犯罪の特徴である。

最後に，1995年前後には，日本でそれまで例のなかった宗教集団による計画的な殺人等が複数実行されて，罪のない人びとが犠牲になり，今なお後遺症に悩んでいる被害者も多くいることや，インターネットに関連した犯罪が重大な関心事であることも指摘しておかなければならないだろう。

犯罪統計

犯罪情勢は，上述のような犯罪の態様や質の変化だけではなく，量的にも把握される。これが犯罪白書や警察白書の犯罪統計である。犯罪白書の刑法犯の**認知件数**という項目を見ると，平成10年ごろから認知件数が急激に増加していることが示されている。認知件数とは，捜査機関が把握した犯罪件数のことだが，実は統計が犯罪情勢の実態を示しているかどうかについては注意しなければならないことがある。

まず「暗数」である。認知件数は捜査機関が把握した事件数だから，実際には発生したが捜査機関に通報されなかった事件はこの中に含まれていない。もともと犯罪は人目につかず実行されるものだ

し，犯罪があれば必ず通報があるとは限らない。犯罪の実数を正確に把握することは実は困難なのである。

つぎに，統計の作り方とその見方である。一般的にいって，人口が増加すれば紛争も増えることが予想されるから，ある社会で人口の増加に比例して犯罪が増える分には，その社会の治安が特に悪化したことにはならない。そこで，治安状況の変化を見るには単位人口当たりの犯罪発生件数に着目しなければならないが，その発生件数で見ても平成になってからの一般刑法犯（刑法上の犯罪から交通事故による業務上過失事件を除いたもの）の発生率（犯罪白書では10万人あたりの認知件数）は増加傾向にあり，日本で犯罪が増加しているという結論を導くことができそうに思われる。しかし，これについても，たとえば，それまで捜査機関が公式に認知してこなかった事件を，さまざまな理由で認知するように方針転換すれば，統計上の犯罪件数が増え，その分，逆に検挙率は低下する。このことから，統計の見かけ上の数値から「犯罪の増加と検挙率の低下，ひいては日本社会全体の治安悪化」という結論は導き出せないとも指摘されることがある（**検挙**とは捜査機関が証拠をある程度集め，犯人を特定した段階をさす用語である）。

このように考えると，新たな犯罪傾向として先に述べた犯罪も，「実は従来から起こっていたのに報道されなかっただけかもしれない」，「犯罪増加や治安の悪化というのはマスメディアや統計による虚像ではないか」，という疑念がわいてくる。ただし，ここで重要なことは，犯罪自体の研究をする場合は別として，犯罪情勢を統計的に把握するのは人びとが安心して生活するためになにが必要かを考える際の資料が必要だからで，精密な犯罪の実態把握それ自体が目的ではないということである。

精密な数量的把握ができるにこしたことはないが，明らかに不正確な数値が現れているとか，不当な操作が加えられているといった

事情がないのであれば，現状で一番適当と考えられる資料を用いて政策を立案することは間違いではない。そして，そのような前提に立つと，警察の統計では，とりわけひったくりや強制わいせつなどの街頭で行われる犯罪や窃盗目的の住居侵入がかつてより高い水準にあり，そのことが人々に不安を与えていることがうかがわれるのである。

2　地域社会と犯罪防止

行政警察と司法（刑事）警察

かつて捜査機関は，「検挙に勝る予防なし」といって，確実な犯人検挙により「罪を犯せば捕まる」という意識を社会に浸透させることが犯罪予防にもつながると考えてきた。しかし，警察の人的・物的資源には限りがあるし，ひったくりや住居侵入窃盗をすべて検挙することはおよそ不可能である。もともと犯罪が起こって被害者が出てから検挙するより，発生前に犯罪を防止できればそれにこしたことはないのは明らかである。そして，たとえば少年非行の防止に家庭や学校の果たすべき役割が大きいと思われることでもわかるように，警察ばかりに犯罪防止を頼っても効果はあがりにくい。

「警察」というと「犯罪」や「捜査」を連想する人が多いだろうが，警察活動は「行政警察」活動と「司法（刑事）警察」活動に分類され，後者が犯罪捜査に関わる活動を指す。では，前者の行政警察というのは何だろうか。

街角にある交番のお巡りさんに道を聞いたり，落し物を届けたりしたことがある人は珍しくないだろう。交番では財布を落としたときなどに帰りの電車賃すら貸してくれる。迷子の世話もする。交通整理にもあたる。こうした，犯罪摘発とは直接の関わりがない市民生活の安全確保や，個人ではできない，いわば市民生活の「世話」

に地域住民と協働であたるのが行政警察活動である。これは地味だが、人びとの安心・安全な暮らしを縁の下で支える重要な警察の仕事のひとつなのである。

ポリス（police）の由来

ところで、行政警察にも上述のような「市民生活の世話・協働型」と「国家秩序の維持型」という傾向の異なる2つのタイプがある。

ギリシア語の politeia およびラテン語の politia に由来する police という言葉が意味するのは、元来、犯罪の予防・摘発だけではなく、より広範な社会の福祉や人びとの生活環境を維持・促進・改善するための活動であった。かつては、交通・街路網の整備、防火・防災、市場管理、物資の流通確保なども重要な警察活動であったが、行政機構の発達に伴ってそうした機能は他の機関にゆだねられることになり、また、都市の治安悪化は警察活動の重要な部分を犯罪防止・摘発や治安維持に移行させることになった。

犯罪防止・摘発、治安維持を共通の目的とするといっても、ヨーロッパ大陸の警察とイギリスの警察はその発展の歴史が異なる。革命前後のフランスでは、社会的混乱を治めるため、警察は政治と密接な関係をもつ中央集権化された国家体制維持機構である必要があった。ナポレオンの登場とともに、地方の警察活動は軍に所属する憲兵隊の役割となり、これは現在まで続いている。そうした警察のあり方は、ナポレオンの勢力拡大に伴って周辺の大陸諸国に導入され、その結果、大陸の警察は軍事力も背景とした政治的な影響を受けやすい集権的国家機構として発展した。

このような警察活動は、政治的意味での治安維持や政敵排除を重要な任務とする high policing ないし haute police と呼ばれ、このとき警察が守るべき利益＝公共の福祉はすなわち国家利益であり、それを保持する活動が行政警察だったのである。戦前日本の特高警察

はまさにこれにあたる。

これに対してイングランドでは，治安判事，地方警察官，夜警などによって市民生活の安全が維持されていたが，産業の発達に伴う景気変動による失業者の増加や戦争からの退役軍人の増加などによって都市の治安が悪化したため，組織的な警察活動の必要性が高まった。1829年に制定された最初の近代的警察法では，集権化された，密告者を多用するフランス型警察のあり方が拒絶され，地域社会の安全に責任を負う，制服の，武器を持たない，政治的に利用されることの少ない警察組織としてイングランドの警察は発展した。このような警察活動は high policing に対して low policing と呼ばれる。

つまり，歴史的にみると，大陸の警察は国家秩序の維持を重要な役割とし（国家秩序の維持型），イングランドの警察は日常の市民生活の安全確保を役割として（市民生活の世話・協働型）発展してきたのである。

日本の警察は「警保寮」という組織として発足したが，明治5(1872)年に公布された司法省警保寮職制という法令の第2章第2条には「警保寮ヲ置クノ趣意ハ国中ヲ安静ナラシメ人民ノ健康ヲ保護スル為ニシテ安静健康ヲ妨クル者ヲ予防スルニアリ」と定められていた。後に刑事手続に関する法律をフランス法にならって制定したことから，日本でも警察活動を「司法警察」と「行政警察」とに分類するようになったのだが，このときの行政警察はどちらかというと国家秩序の維持型であっただろう。国全体の秩序維持は無論重要なことなのだが，現代社会では市民生活の世話・協働型の行政警察活動の重要性も増している。

ch.4からは司法警察活動についての講義が始まるが，その前にこうした行政警察活動についてみておくことにしよう。

地域社会との連携による犯罪予防

さて，この節の冒頭に記したように，犯罪が実行されてからの検挙には限界があるので，犯罪が起こりにくい社会を作ることができるならばその方がよい。そのために行われている試みのいくつかを紹介しよう。

(1) 犯罪機会の減少を狙った犯罪予防策（Situational Crime Prevention)

たとえば，終夜営業のコンビニエンスストアの照明が薄暗くて店員も1人しかいないというところを想像してみよう。いかにも強盗してくれといわんばかりだと誰でも思うだろう。一般的な人の心理として，明るい所や自分の行動を見られていると感じる所では悪いことはしにくい。

ある犯罪が起こりやすい要因を分析して，その要因ないし犯罪機会を減少させる犯罪予防策を Situational Crime Prevention と呼ぶ。犯罪は労と危険多くして得るものは少ない，という環境を作り出すのである。街灯を明るくする，街や住宅や学校から死角になる部分をなくす，防犯カメラを設置する，といった方法である。イングランドのほとんどの町には辻つじに防犯カメラが設置されているし，日本でも東京の歌舞伎町や渋谷のセンター街をはじめ，全国の商店街や集合住宅にカメラが設置されるようになった。

こうした方策に大きな犯罪防止の効果があるかどうかは統計的にまだ必ずしも十分証明されているとはいえないが，防犯カメラに犯罪や犯人と思われる者が写されていて，犯人検挙の手がかりとなったことも一再ならずある。もっとも，防犯カメラには人びとのプライバシーの利益との対立という問題があることも指摘しておかなければならない。

また，このような犯罪機会の減少を狙いとした犯罪予防策は，その場所での犯罪は起こりにくくなるかもしれないが，犯罪を他の場

所に移すだけなのではないかという危惧がある。街全体をゲートで囲んで警備会社に警備してもらう場合にも、その中では安心かもしれないが、外では同じように犯罪の不安にさらされることに変わりはない。その意味で、このような対策は対症療法的である。

(2) 破れ窓理論（Broken Windows Theory）

かつて、危険な都市の代名詞のように言われたアメリカのニューヨークは、検察官出身のルドルフ・ジュリアーニ市長の政策が奏功して安全を取り戻したと評される。ジュリアーニ市長がとったのは、「ゼロ・トレランス（容赦なし）」政策で、これは重大な犯罪は無論のこと、一般的には被害が大きくないと思われるような落書きや無賃乗車、街角の物品の損壊といった罪をも厳しく取り締まるというものであった。

この政策の理論的背景として位置づけられることがあるのが、**破れ窓理論**である。

窓ガラスがあちこちで割れ、外壁も落書きなどで汚れているビルの様子を想像してほしい。そのビルは管理がゆきとどいていないことが一目瞭然である。立派なビルの窓を割ったり落書きしたりするのにはそれなりに勇気がいるが、荒れたビルにはいたずらもしやすい。多発するいたずらの取締りに割くことのできる警察力には限度があるので、荒れたビルが街に増えれば、やがてその街自体が荒れてゆく。そうした地域では、住民同士の思いやりや信頼は期待できず、誰もが他人を恐れ疑って生活するようになる。このような事態を防止するには、それ自体としては軽い罪と見られるような他の人びとや社会に迷惑をかける行為を減らす、言い換えれば、その地域の日常生活のルールを厳守することが必要となる。ゼロ・トレランスは、したがって、警察が小さな罪も見逃さないことでその街に暮らす人びとの安全を確保しようとしたのである。

しかしこのとき、小さな罪を犯した人びとや子供を厳しく取り締

まり，刑罰を科すことが，かえってそうした人びとを社会から遠ざけるおそれのあることにも注意しなければならない。警察による過度の取締りは，一方で住民の他力本願や警察への過大な期待を生んだり，警察の負担過多となったりし，他方で，警察が過度に市民生活に干渉する結果を招くおそれがある。破れ窓理論が提供したのは，むしろ，地域社会の再生・連帯のために何をなすべきかという視点であったことを忘れてはならないだろう。

(3) 地域社会との連帯による警察活動（Community Policing）

交番は日本人にはなじみ深い存在だが，実は交番をもつ国は少ない。交番の警察官はその地域の日常の様子や慣習，そしてその変化をよく知り，それにもとづいた活動をすることができる立場にある。また，制服の警察官がいる場所が街なかにあり，それを住民が知っているということが人びとに安心感をもたらす。日本独自のこの制度は，地域社会に根ざした警察活動として世界的に評価されている。

このような警察活動は犯罪の起こりにくい街づくりに役立つと思われるが，そのような街づくりをすべて警察にゆだねるには無理がある。そこで，たとえば学校やPTAが協議して登下校に大人が付き添うようにしたり，住民が街を見回って危険な場所がないかを確認したり，その結果を地図にして「地域安全マップ」を作成するといった活動が広がっている。こうした活動には，そこに住む住民自身が地域の安全な環境の維持に一役買うという意識を育む効果が期待される。平成16年度の警察白書は，そうした地域住民によるボランティアの防犯活動に警察が情報を提供することなどを通じて地域社会との連携を進める方針を示している。また，自治体には，防犯パトロールに必要な器材やボランティア保険の費用などを補助する制度をもつところもある。

人びとが精神的にも物的にも豊かに生活することができるよう生活圏の安全を守る方策はひとつだけではなく，その場に暮らす人び

とにも国家機関にもさまざまな工夫が求められている。

〈参考文献〉
① 大塚尚「破れ窓理論（Broken Windows Theory）」警察学論集54巻4号75頁
② 高橋直哉「防犯カメラに関する一考察」法学新報112巻1・2号81頁

column③

性犯罪者情報公開制度

メーガン事件 1994年7月，アメリカ合衆国ニュージャージー州に住んでいた7歳になるメーガン・カンカは，隣に住む男の「子犬を見せてあげる」という甘言に誘われ，性的虐待を受けたうえ殺害された。少女への性的暴行で2度の前歴をもつこの男が隣に住んでいることを知っていたらけっしてメーガンを遊びに行かせはしなかった，娘は殺されることなどなかった，という両親の叫びは約3ヵ月後，メーガン法として知られる州法の制定につながった。

メーガン法 アメリカ合衆国では，性犯罪前歴者の情報登録制度を設けることをすべての州に義務付ける法律（Jacob Wetterling Crimes Against Children and Sexually Violent Offender Registration Act）が制定されている。制度の内容は州によってさまざまだが，たとえばニュージャージー州のメーガン法の概要は，①性犯罪など（チャイルドポルノの制作や未成年者の誘拐も含まれる）で有罪判決を受けた者は，出所後の住所や勤務先住所等の個人情報を警察に登録しなければならない，②この情報は定期的に更新しなければならず，登録義務に違反するとそれ自体が犯罪となる，③登録は終生義務付けられるが，前歴が1つだけで15年間他の罪を犯さず，社会にとって危険ではないことを証明した者は裁判所に登録義務の取消しを申請できる，④登録情報は警察から検察官に送致され，検察官が個々の前歴者の社会への危険性を低・中・高の3段階で評価し，低レベルの者については法執行機関に，中レベルの者についてはこれに加えて学校やサマーキャンプなど子供たちの集まる機関に，高レベルの者についてはさらに一般市民にまで登録情報を提供する，⑤提供される情報には，前歴者の住所氏名の他，身体的特徴，写真，前歴犯罪の内容，車の特徴やナンバーなどが含まれる，⑥高レベルの者については，インターネットでも情報の閲覧が可能なほか，警察官がその者の住居等の近隣を戸別訪問して情報を直接伝える，⑦提供された情報は家庭外に漏らして

はならず，前歴者やその家族，雇用者などに危害を加えたり脅迫したりすれば，犯罪として訴追される，というものだ。

性犯罪の前歴とプライバシー　犯罪の前歴は最も人に知られたくない個人情報で，一般市民がそのような情報にアクセスできるということは，その者の社会復帰を考えるなら望ましいことではない。しかし，このような法律は，前歴者のプライバシーよりも一般市民，とりわけ子供の安全を優先するという，立法者ひいては主権者の選択を示すものである。現在では合衆国司法省が運営するサイト（http://www.nsopr.gov/）で全米の前歴者の検索さえもできるようになっている（2005年には全米で55万人が登録されているという）。ここで注意してほしいのは，①市民が情報に自主的にアクセスできるようにしておくことと，ニュージャージー州で危険度高の者についてされているように，公共機関が積極的に市民に知らせることとでは情報提供の程度が異なる，②情報を共有するのが法執行機関にとどまるのか，学校なども含めるのか，一般市民にまでアクセスできる状態におくのか，ということにも差がある，③こうした情報は，地域住民が危険の有無や程度を知って自らの家族を危険から遠ざけるために用いるためのもので，前歴者への攻撃，嫌がらせや差別に用いられてはならない，といったことであり，目的に応じてさまざまな方法が工夫されているということである。センセーショナルに「アメリカでは性犯罪者の情報が一般市民に公開されている」というのは内容を正しく伝えないどころか，誤った印象を人びとに与えるおそれがある。

総合的な犯罪対策の必要性　子供が性犯罪の犠牲になることは防止しなければならないが，いたずらに人びとの不安をあおってはならない。

また，性犯罪に限ったことではないが，罪を繰り返さないためのカウンセリングなどの処遇プログラムを開発・実施して，その効果を評価・検証するといった総合的な犯罪対策にも力が注がれるべきだろう。

II 捜 査——公訴提起, 公判維持に向けて

CHAPTER 4 事件発生と捜査の始まり——捜査総論
CHAPTER 5 犯人の身柄の確保——逮捕と勾留
CHAPTER 6 犯罪の証拠を集める方法——証拠収集
CHAPTER 7 被疑者取調べと弁護活動
　　　　　　　　——被疑者の防御方法
　　column④　停止と捜検（stop and frisk）の法理
　　column⑤　保 釈 屋（bondsperson）
　　column⑥　DNAデータベース
　　column⑦　弁護人の立会いは被疑者の権利

CHAPTER 4

事件発生と捜査の始まり

捜査総論

lead 　4人組の男が鳥取県米子市内で猟銃とナイフを用いて銀行員を脅迫し，現金600万円を強奪するという事件が発生した。
　警戒にあたっていた警察官らは，犯人に似た男2人が乗車する自動車を停止させ，職務質問を開始したが，2人は職務質問に対し黙秘した。容疑を深めた警察官らは，職務質問を続行するため，2人を強く促して下車させ，近くの交番への同行を求めた。2人は，交番で，住所・氏名を尋ねられるとともに，所持していたボーリングバッグとアタッシュケースを開けるよう何回も求められたが，返答および開披のいずれをも拒み続けた。警察官らは，本人の承諾のないまま，ボーリングバッグのチャックを開け，大量の紙幣と被害銀行の帯封のしてある札束が入っているのを発見した。
　警察官は，いかなる場合に職務質問ができるのであろうか。本人の承諾なしにその所持品を調べることは許されるのであろうか。

1　さまざまな捜査の端緒

捜査のきっかけ

　京都市内を流れる琵琶湖疎水に胸にナイフを刺された人が浮いているとの110番通報があった。殺人事件と判断した警察は，殺人犯を捜し出し，殺人事件の証拠を収集する活動（捜査）を開始した。捜査を行うものは「捜査機関」と呼ばれ，捜査機関が犯人ではない

かとして捜査の対象とするのが「被疑者」である。

捜査機関は,「犯罪があると思料する」とき捜査を開始する (189条2項) わけであるが,捜査機関の恣意的な判断は許されず,特定の犯罪が行われたことを疑わせるに足りる客観的な事情が存在しなければならない。

捜査機関において犯罪が発生したと判断するきっかけを「捜査の端緒」という。被害者・第三者による通報,告訴・告発,自首のほか,捜査機関の活動によるものとしては,職務質問（不審者等に対して行われる),自動車検問（飲酒運転の取締りなどを目的として実施される),犯罪の現認（この後,現行犯逮捕がなされる),取調べ（別の事件で取調べをしていたら余罪の自供が得られた場合),検視（変死者・変死の疑いのある死体に対し,検察官が行う）などがある。端緒別の犯罪認知割合をみると,被害者・第三者（目撃者・警備会社等）からの通報がもっとも多く,90％以上を占めている（なお,『犯罪白書』に示される「犯罪発生件数」とは,捜査機関に認知された犯罪件数のことで,犯罪が発生していても,認知されていない以上,犯罪発生件数には計上されない)。以下では,法律に規定されている捜査の端緒のうち,主要なものをみておこう。

告訴・告発・請求

わが国では,犯罪の捜査および訴追は,国家の仕事とされ,被害者などの私人によって行われることは許されていない。しかし,被害者が「刑事事件の当事者」（松尾・上143頁）であることに間違いはない。そこで,被害者が刑事手続に関与し,その意思を反映させる制度として,告訴が認められている。告訴と類似する制度として,告発・請求がある。

告訴とは,被害者（犯罪により害を被った者）その他一定の者が捜査機関に対し,犯罪事実を申告し,犯人の処罰を求める意思表示である (230条)。処罰を求める意思表示である点で,単に被害を申告

（報告）するだけの被害の届出と異なる。被害者のほか，その法定代理人（親権者および後見人），被害者と特定の関係にある者も告訴をすることができる（231～233条）。

告訴がなされると，捜査が開始される。①司法警察員は，告訴に関する書類・証拠物を速やかに検察官に送付する義務を負う（242条）。検察官は，②起訴・不起訴処分を通知する義務を負い（260条），また，③請求のあるとき，不起訴の理由を告知しなければならないこととなっている（261条）。

告訴は，書面または口頭で，検察官または司法警察員に対して行う（241条1項）。代理人によって告訴をすることもできる（240条前段）。告訴は，公訴の提起があるまで取り消すことができる（237条1項・240条後段）。たとえば，犯人との間で示談が成立し，処罰を求める気持ちがなくなることもあるからである。しかし，いったん取り消した後は，再び告訴をすることはできない（237条2項）。

犯人が複数（共犯など）の場合，1人に対して告訴をすると，その効力は全員に及ぶ（238条1項）。告訴する相手方を選ぶ自由は，被害者にはない。告訴は犯罪事実に対してするものだからである。また，1つの犯罪事実の一部に対する告訴の効力は原則として，その全部に及ぶ。

親告罪と告訴

告訴は，通常，犯罪の端緒にすぎないが，**親告罪**といわれる犯罪については，告訴がなければ公訴を提起することができない。告訴権者は，告訴をしないことによって，訴追を阻止できるのである。刑法典は，①犯罪の軽微性（過失傷害・刑209条，器物損壊等・刑264条），②家族関係の尊重（親族相盗の場合・刑244条・251条・255条），③被害者の名誉の保護（秘密漏示等・刑135条，強姦等・刑180条，名誉毀損等・刑232条）を考慮して，親告罪を定めている。捜査は，将来，告訴の得られる見込みがある限り行うことができるが，

親告罪の趣旨に反する場合もあるので、とくに強制捜査（後述 3）は慎重を期する必要がある。

親告罪の告訴は、原則として、「犯人を知った日」から 6 ヵ月以内にしなければならない（235条）。告訴期間の制限は、国家の訴追権をいつまでも私人の意思にかからしめておくことが適当でないために設けられている。ただし、強姦罪等の性犯罪（刑176〜178条）については、被害者保護のための刑訴法改正（2000年）により告訴期間の制限が撤廃された（235条1項1号）。性犯罪の被害者が被る精神的被害の深刻さに配慮したものである。

告発と請求

告発は、第三者（被害者その他の告訴権者、犯人および捜査機関以外の者）が、捜査機関に対し、犯罪事実を申告し、犯人の処罰を求める意思表示である（239条1項）。誰でも犯罪があると思うときは、告発をすることができるわけである。ただし、公務員がその職務を行うことにより犯罪を発見したときは、告発しなければならないこととなっている（239条2項）。一定の犯罪については、告発がなければ公訴を提起することができない（たとえば、公選253条1項の罪〔選挙管理委員会の告発が必要〕、独禁89〜91条の罪〔公正取引委員会の告発が必要〕）のは、告訴の場合と同様である。

告発の手続や効果は、告訴の場合に準ずるが（238条2項・241〜243条・260〜262条・183条）、告発は、告訴の場合と違って、期間の制限（235条参照）がなく、代理人によることができず（240条参照）、起訴後の取消しや取消し後の再告発も禁止されていない（237条参照）。

請求も、性質は告発と同じであり、請求権をもった一定の機関が、捜査機関に犯罪事実を申告し、処罰を求めることをいう。請求がなければ訴追されない犯罪として、刑法92条の外国国章損壊罪（外国政府の請求が必要）、労働関係調整法42条の罪（労働委員会の請求

が必要）などがある。

🌀 職務質問

　管内を警ら中の警察官が，午前2時30分頃，閑静な住宅街にある大きな家の前に自転車を停めて立っている男を発見したとしよう。その男は，目出し帽をかぶり，リュックサックを背負っている。これからどこかの家に泥棒に入ろうとしているのか，通行人の女性に痴漢をはたらこうとしているのか，あるいはすでにそのいずれかの犯罪を犯してしまった後なのかはわからないが，まわりの状況からみて，その男が「不審な」人物であることは間違いない。こうした場合に犯罪の予防・鎮圧などの任務を遂行する警察官は，いったい何をすることができるのであろうか。

　警察官は，異常な挙動その他周囲の事情から合理的に判断して，何らかの犯罪を犯し，または犯そうとしていると疑うに足りる相当な理由がある者を，停止させて質問することができる（すでに行われた犯罪について，または犯罪が行われようとしていることについて知っていると認められる者に対しても同様である。職務質問・警職2条1項）。その場で質問することが，本人に不利であり，または交通の妨害になると認められる場合は，付近の警察署等への同行を求めて質問することもできる（警職2条2項）。先の例では，男をとりまく事情は，明らかに**職務質問**の要件を満たしている。警察官は，名前や住所，ここに自転車を停めている理由や目出し帽をかぶっている理由を尋ねることができるのである。その結果，たとえば，××の家に侵入して○○を盗んできたことの嫌疑が高まれば，住居侵入と窃盗事件の捜査が開始されることになる。

2　職務質問に伴うさまざまな問題

実力の行使（有形力の行使）はできるか

　先の例で，不審者が職務質問を拒否し，自転車で，あるいは自転車を置いて立ち去ろうとした場合，警察官は職務質問をあきらめざるを得ないのだろうか。職務質問に応じてくれるよう説得するために，自転車のハンドルをもったり，男を追跡し，その肩や腕に手をかけることはできるのだろうか。法律によると，対象者の「身柄を拘束」したり，その意に反して警察署等に「連行」することはできない（「答弁を強要」することもできない。警職2条3項）。しかし，およそ実力（有形力）を行使することが許されないとすると，犯罪の予防・鎮圧の任務を遂行するための職務質問はほとんど不可能になってしまう。そこで，法律の禁ずる身柄拘束に至らない程度のもので，職務質問をするのに「必要」であり，その場の状況，不審（嫌疑）の程度，犯罪の重大性などから職務質問を行う必要性・緊急性，対象者の被る不利益（権利・自由の制約）などの具体的事情を考慮して，「相当」と判断される有形力の行使は許されると考えられている。

　たとえば，夜間道路上で職務質問をし，駐在所に任意同行して所持品等につき質問中，隙をみて逃げ出した者を130メートル追跡して背後から腕に手をかけ停止させた行為（判例①）や，酒気帯び運転の疑いがある場合に，自動車の窓から手を差し入れエンジンキーを回転してスイッチを切り運転を制止した行為（判例②）が適法とされている。他方，覚せい剤常用者特有の顔つきをした者に職務質問をしたところ，同人が逃げ出したので，警察官4名で追いかけ取り押さえたうえ，説得により渋々抵抗を止めてパトカーに乗車した後も暴れる同人を，両側から手首を握るなどして制止し警察署に同行した行為（判例③），エンジンキーを引き抜いて取り上げ運転を

阻止した後，任意同行を求めるため運転者を約6時間半以上もその場に留め置いた行為（判例④）は，それぞれ許容限度を超え違法とされた。

所持品の検査はできるか

職務質問にあたって，不審事由を解明するため，**所持品検査**の行われることが多い。所持品の外部を観察して，その内容について質問する行為は，職務質問の範囲内と考えられる。また，所持品の開示を要求し，開示された所持品の内容を検査する行為も，相手方の任意の承諾がある限り許される。しかし，もし相手方が所持品の開示要求に応じない場合，実力を用いて所持品を取り出し，検査することは許されるであろうか。それが「捜索」にあたるときは，裁判官の令状が必要である（218条，憲35条）。一方で，「捜索」に至らない程度の検査であれば許されるとする明文の規定も存在しない。そこで，そうした所持品検査の適否が問題となる（対象物件が凶器で，その携帯を疑う相当な理由がある場合には，銃刀所持24条の2により，凶器の検査ができる）。

判例は，所持品検査は口頭による質問と密接に関連し，かつ，職務質問に必要，有効な行為であるから，「職務質問に付随して」行うことができるとしたうえ，「捜索に至らない程度」で，「強制にわたらない」所持品検査であれば，その「必要性，緊急性，これによつて害される個人の法益と保護されるべき公共の利益との権衡などを考慮し，具体的状況のもとで相当と認められる限度において……許容される」としている（判例⑤）。leadと類似の事案において，銀行強盗という容疑犯罪の重大性，凶器所持の嫌疑の存在，深夜で緊急配備下であった状況，容疑の濃厚性などから所持品検査の必要性・緊急性が強かったといえる半面，所持品検査による所持人の権利の制約はさほど大きいものではないとして，承諾のないままボーリングバッグのチャックを開けて中を一瞥した行為が適法とされた

（判例⑤）。これに対し，覚せい剤所持の容疑が濃厚な者に対し職務質問を実施中，承諾のないまま，その上衣左側内ポケットに手を差し入れて所持品を取り出し検査した行為は，一般にプライバシー侵害の程度の高い行為であり，かつ，その態様において捜索に類するものであるとして許されないとされた（判例⑥）。

自動車の検問はできるか

モータリゼーションは，社会経済の発展に大きな役割を果たしている一方で，犯罪の面での自動車利用の日常化・一般化をもたらしている。これによって**自動車検問**の必要性が生じた。自動車検問とは，犯罪の予防・検挙のため，警察官が一定の場所で走行中の自動車を停止させて，運転者等に必要な質問を行うことをいう。運転者等への質問は，まず自動車を停止させなければできないため，不審事由（警職2条1項参照）の認められない自動車を無差別的に停止させることが必要となり，その法的根拠が問題となる。

自動車検問は，その目的により，①特定の重大犯罪が発生した際，犯人の検挙・情報の収集を目的として行う「緊急配備活動としての検問」，②交通違反の取締りを目的とする「交通検問」および③一般犯罪の予防・検挙を目的とする「警戒検問」に分けられる。

まず，①の緊急配備活動としての検問は，捜査活動の一環として行われるもので，任意捜査（197条）として，その要件（ch.5参照）のもとに——一定の有形力の行使を含め——許されよう。つぎに，②の交通検問については，判例は，警察法2条1項が「交通の取締」を警察の責務としていることと，自動車運転者は公道において自動車の利用を許されているので，交通の取締りに協力すべきであることから，(a)交通違反の多発する地域であること，(b)短時分の停止であること，(c)相手方の任意の協力を求める形で行われること，(d)自動車利用者の自由を不当に制約することにならない方法・態様で行われることの各要件が満たされれば，交通違反の予防と検挙の

ため，外観上の不審な点の有無にかかわらず自動車を停止させて質問することができるとしている（判例⑦）。

③の警戒検問については，自動車運転者の協力義務を適法根拠とすることは困難である。しかし，一般犯罪の予防・検挙も警察の責務に含まれ，検問がその責務遂行にとって有効かつ必要である以上，自動車利用者の任意の協力を求める形で行われ，その自由を不当に制約することにならない方法・態様で行われる検問は許されてよいであろう。

3 警察活動の必要性と権利保障とのバランス

警察比例の原則

警察活動を行うにあたって守らなければならない法準則に，「警察比例の原則」がある。その内容は，警察権の行使が，個々の事案において，公共の安全と秩序を維持するという目的達成のために必要最小限度のものであり，かつ，それによる対象者の権利・利益の侵害が目的たる利益と均衡を失するものであってはらない，というものである。前述のとおり，職務質問のための有形力の行使や所持人の承諾なしの所持品検査が許されるかどうかは，個々の事案における公共の利益と個人の利益との比較衡量によって判断されているが，これは，警察比例の原則を基底にするものといえる。

警察比例の原則は，ドイツ警察法の領域で生成・発展したものであるが，今日のドイツでは，憲法原則として位置づけられている。比例原則は，過度の警察権行使を抑制し，個人の自由と財産をその侵害から保護することを目的とする自由主義的法原理であり，国家の活動全般について妥当し，捜査も例外ではない。

任意捜査の原則と強制処分法定主義

捜査には強制捜査と任意捜査がある。強制処分（逮捕，捜索・差

押えなど）を用いる捜査を強制捜査といい，強制処分以外の処分，すなわち任意処分を用いる捜査を任意捜査という。強制処分とは，相手方の意思に反して，重要な権利・利益を制約するものをいう（判例⑧参照）。刑訴法は，「捜査については，その目的を達するため必要な取調をすることができる。但し，強制の処分は，この法律に特別の定のある場合でなければ，これをすることができない」（197条1項）と規定している。ここにいう「取調」とは，捜査活動一般を指す。強制処分が刑訴法の特別の定めのある場合にのみ許されることから（**強制処分法定主義**。民主主義の要請による），捜査はできるだけ任意捜査によるべきとする原則（任意捜査の原則）が導き出される。強制捜査を行わなくても，任意捜査によって捜査の目的を達することができる場合には，対象者の権利・自由を制約する程度のより低い捜査方法によらなければならないのである。

令状主義

強制処分を行うには，原則として裁判官の発する令状が必要である（令状主義。憲33条・35条）。個々の事件において，強制処分の要件が具備されているかどうかを，捜査機関から中立で公正な立場にある裁判官に事前に審査させることにより，対象者の重要な権利・利益が不当に制約されることのないようにする**令状主義**も，自由主義の要請するところである。

任意捜査の許される限界

このように強制処分は，国会（強制処分法定主義）と裁判所（令状主義）による二重の規制を受ける。これに対し，任意処分については，そうした規制は及ばない。しかし，たとえば違法なデモ行進をしている者の容貌等の写真を撮影することは，任意捜査とされるが，その者の肖像権を侵害するものである以上，無制限に許されてよいはずがない（ch.6参照）。そこで，任意捜査もその「必要性，緊急性なども考慮したうえ，具体的状況のもとで相当と認められる限度に

おいて許容される」（判例⑧）と解されている。

〈参照判例〉
① 最決昭和 29 年 7 月 15 日刑集 8 巻 7 号 1137 頁
② 最決昭和 53 年 9 月 22 日刑集 32 巻 6 号 1774 頁
③ 最決昭和 63 年 9 月 16 日刑集 42 巻 7 号 1051 頁
④ 最決平成 6 年 9 月 16 日刑集 48 巻 6 号 420 頁・百選（8 版）2 事件
⑤ 最判昭和 53 年 6 月 20 日刑集 32 巻 4 号 670 頁〔米子銀行強盗事件〕百選（8 版）4 事件
⑥ 最判昭和 53 年 9 月 7 日刑集 32 巻 6 号 1672 頁・百選（8 版）65 事件
⑦ 最決昭和 55 年 9 月 22 日刑集 34 巻 5 号 272 頁・百選（8 版）5 事件
⑧ 最決昭和 51 年 3 月 16 日刑集 30 巻 2 号 187 頁〔岐阜呼気検査拒否事件〕百選（8 版）1 事件

〈参考文献〉
① 井上正仁「任意捜査と強制捜査の区別」争点（3 版）46 頁
② 酒巻匡「捜査に対する法的規律の構造(1)(2)」法教 283 号 59 頁，284 号 62 頁，「行政警察活動と捜査(1)(2)」法教 285 号 47 頁，286 号 55 頁
③ 後藤昭「強制処分法定主義と令状主義」法教 245 号 10 頁
④ 川出敏裕「行政警察活動と捜査」法教 259 号 73 頁

column④

停止と捜検(stop and frisk) の法理

ニューヨーク州の治安回復　FBI（連邦捜査局）の Crime Clock 2004によると，アメリカでは，殺人が32.6分，強盗が1.3分，窃盗が4.5秒，自動車窃盗が25.5秒ごとに，それぞれ1件発生している。ニューヨーク市の治安の悪さは有名であったが，今日までに犯罪都市の汚名は返上したようである。ニューヨーク市における2004年の犯罪発生件数は，1990年と比べ，殺人が74.7％，強姦が44.2％，強盗が75.9％，それぞれ減少しており，犯罪全体の減少率は73.41％で，治安の回復ぶりは著しい。2005年上半期の犯罪発生件数は，前年同期と比べ，強盗が1.7％増加しているものの，殺人が14.4％，強姦が12.7％，窃盗が0.2％，自動車窃盗が13.2％，それぞれ減少している。暴力犯罪の発生件数の低下率は2.8％であり，これは全国平均の0.5％の約6倍である。財産犯罪についても，全国平均の減少率の2.8％に対し，3.6％である。ニューヨーク市は全米10大都市の中で最も安全な都市であることを，市長は喧伝しているが，この驚異的ともいえる治安回復率を支えている事情のひとつとして，「停止と捜検」の励行が挙げられている。

stop and friskとは　連邦最高裁は，1968年のテリー判決（Terry v. Ohio, 392 U.S. 1〔1968〕）で，不審な挙動等からみて，犯罪を犯そうとしていることについて「合理的な嫌疑（reasonable suspicion）」（＝不審事由）がある者に対して，その場で停止させて調査することができ，その者が武器その他の凶器を所持している可能性があるため，その攻撃から警察官または第三者の安全を守る必要があると認められる場合には捜検（frisk。着衣の外部に手を当てて凶器等を所持していないかどうかを確かめる行為）を行うことができるとした。捜検はpat downとも呼ばれる。停止は——逮捕ではないので——短時分でなければならないが，合理的な強制力を用いることができる。

合理的な嫌疑　停止のために必要とされる「合理的な嫌疑」とは

何か。逮捕に必要な「相当な理由（probable cause）」より緩やかな基準であるが、犯罪活動に関する単なる勘では足りず、具体的に説明の可能な嫌疑でなければならないとされる。しかし、どの程度の嫌疑がなければならないかは必ずしも明らかでない。停止のために要求される嫌疑の程度が低ければ低いほど、それだけ犯罪と関係のない多くの個人が自由を制約されることとなる。停止・捜検が捜査の端緒となって逮捕につながる割合が小さいからといって、それだけで停止を違法とすべきでないとしても、その割合が小さくなれば、個人が支払わなければならない自由の制約というコストはその分大きくなることも確かである。

　stop and friskの実施状況　　ニューヨーク州は1999年12月1日、「停止と捜検」に関するレポート（「OAGレポート」）を発表した。これは、1998年1月から1999年3月までにニューヨーク市警の警察官の行った停止に関する実態調査の結果をまとめたものである。それによると、停止が逮捕につながった割合は9：1（9の停止で1の逮捕）である。犯行現場から逃走したので停止させた場合についてみると、その割合は26：1である。これは、合理的な嫌疑にもとづかないとされた違法な停止の場合（29.3：1）とほとんど違わない。犯罪多発地域で逃走したので停止させた場合の割合は、20.3：1である。警察官を避けようとして逃走したので停止させた場合は15.8：1であり、犯罪多発地域で逃走したので停止させた場合の割合は45：1である。連邦最高裁は、犯罪多発地域で警察官を見て逃走した場合には、停止が許されるとしている（Illinois v. Wardlow, 528 U.S. 119 (2000)）が、犯罪多発地域で逃走する者は、不均衡に大きなコストを負わされていることがわかる。「逃走」に「犯罪多発地域」が加わった方が合理的な嫌疑を認めやすいという「常識」に反して、「犯罪多発地域」での「逃走」という事実は犯罪との関係を示すきわめて貧弱な指標であることを、OAGレポートは教えている。

CHAPTER 5

犯人の身柄の確保

逮捕と勾留

lead　自民党旧橋本派の政治団体「平成研究会」の「1億円献金隠し事件」で，元官房長官M（73歳・当時）は，会計責任者だったT被告と共謀のうえ，2001年7月に東京都内の料亭で，日本歯科医師連盟側から受け取った1億円の収入を，2001年分の政治資金収支報告書に記載せず，2002年3月に総務相に提出したとして，政治資金規正法違反（不記載）の罪で起訴された。T被告は，身柄を拘束され，起訴されたのに反し，M被告は，身柄を拘束されないまま在宅起訴された。M被告が逮捕されなかったことにつき，捜査機関は，「十分な証拠を収集できており，証拠隠滅の恐れはない」と説明した。

　被疑者を逮捕できるのは，どのような場合なのであろうか。犯罪を犯した嫌疑があるだけでは，逮捕できないのであろうか。どんな事情があれば逮捕できるのであろうか。

1　逃亡・証拠隠滅を防ぐための身柄拘束

逮捕とは

　被疑者の逃亡・被疑者による証拠（罪証）隠滅を防止するため，被疑者の身柄を確保（拘束）することが必要な場合がある。刑訴法は，「逮捕」（199条以下）と「勾留」（204条～207条）を規定し，その必要に応えている（身柄拘束は，強制処分によって行われるので，ch.4で述べたとおり，強制処分法定主義〔197条1項但書〕と令状主義

〔憲33条。ただし，例外あり〕が妥当する）。逮捕は，被疑者の身柄を拘束し，短時間その拘束を続ける処分であり，勾留（後述 **2**）は，逮捕後，引き続き身柄拘束の必要があるときに，被疑者の身柄を比較的長期間拘束する裁判およびその執行である。

検挙された被疑者のうち逮捕されるのは，例年，およそ30％である（なお，逮捕された被疑者のおよそ90％が，例年，勾留される）。逮捕された被疑者が，警察車両の後部座席に警察官に挟まれて座り，警察署に連行されるシーンをテレビで見ることがあるが，——殺人や強盗などの重大事件では，逮捕率は高くなるものの——そうした被疑者は，全被疑者からみるとごく少数なのである。

わが国では，後述するとおり，逮捕のハードルが高く（アメリカでは，被疑者が犯罪を犯した相当な理由〔probable cause〕さえ認められれば，被疑者が逃走したり罪証を隠滅するおそれがなくても逮捕できる），厳格な身柄拘束期間（最長23日間）が定められている（ドイツでは，勾留後3ヵ月ごとに審査が行われるが，身柄拘束期間の制限はない）。こうした身柄拘束の要件は，被疑者の人身の自由を最大限保障しようとすることの現われであるが，他方で，捜査機関が厳しい法的規制を受けない任意捜査を多用する事態を招いている。

通常逮捕

刑訴法は，通常逮捕（199条以下），緊急逮捕（210条以下）および現行犯逮捕（212条以下）の3種類を規定している。

通常逮捕は，あらかじめ裁判官から発付を受けた逮捕状によって行われるものである。憲法33条の規定をうけた，逮捕の原則型である。

通常逮捕の要件は，「逮捕の理由」（罪を犯したことを疑うに足りる相当な理由）と「逮捕の必要」（逃亡または罪証隠滅のおそれ）があることである（199条1項・2項但書，規143条の3）。犯罪の嫌疑は，被疑者が具体的な特定の犯罪を犯したことの単なる「可能性」では

足りないが,「確信」までは要求されないといわれている。嫌疑のない者を逮捕することができないのは当然であるが, 被疑者の年齢・境遇, 犯罪の軽重・態様その他諸般の事情を総合的に考慮して, 逮捕の必要が認められないときも, 逮捕は許されない (leadにおいて, M被告が逮捕されなかったのは, 罪証隠滅のおそれがなかったことのほか, 逃亡のおそれも認められなかったからである)。もっとも,「明らかに逮捕の必要がないと認めるときは」逮捕状を発付しないと規定されており (199条2項但書), 逮捕の必要が不明のときは, 令状が発付される。なお, 軽微な犯罪 (30万円以下の罰金, 拘留, 科料にあたる犯罪) については, 被疑者が住居不定か正当な理由なく捜査機関の出頭要求に応じない場合に限って, 逮捕が許されている (199条1項但書)。

逮捕状による逮捕は, 検察官, 検察事務官, 司法警察職員のいずれもなし得るが (199条1項), 逮捕状の請求は, 逮捕が人身の自由を制約する重大な処分であることから, その濫請求を防止するため, 検察官と指定司法警察員 (国家公安委員会または都道府県公安委員会の指定する警部以上の者) に限り行うことができる (199条2項)。

逮捕状には, 罪名, 被疑事実の要旨のほか一定の事項が記載される (200条1項)。逮捕にあたっては, 被疑者に逮捕状を示さなければならない (201条1項)。令状呈示を欠く逮捕は, 違法である。もっとも, 被疑者を発見した警察官が逮捕状を所持していないためこれを示すことができない場合で, 急速を要するときは, とりあえず, 被疑事実の要旨 (××の件で逮捕する) と逮捕状が発せられている旨を告げて逮捕し, その後できる限り速やかに逮捕状を示せばよいこととなっている (201条2項。逮捕状の緊急執行)。たとえば, 東京で殺人を犯し, 全国に指名手配されている犯人が北海道の札幌で発見されたような場合, 緊急執行による逮捕が行われる。

現行犯逮捕

　通行人から,「ナイフを持った男がホームレスの男性に切りつけようとしている」との知らせを受けた交番の警察官が現場に急行すると,ちょうど男が「殺してやる!」と叫びながら,ホームレスの男性の腹をナイフで刺しているところであった,あるいは,警察官が到着した時,時すでに遅く,ホームレスの男性は腹を刺されて死亡していたが,その側に,血が滴り落ちているナイフをもった男が立っていたとしよう。刑訴法は,このように,犯罪を行っている者と犯罪を行い終わった直後の者を,「現行犯人」と呼び(212条1項),逮捕状なしに逮捕することを許している(213条)。現行犯逮捕は,憲法33条の明記する,令状主義の例外である。

　現行犯逮捕は,なぜ令状がなくても許されるのであろうか。その理由は,①犯罪が行われたことと被逮捕者がその犯人であることが明らかであるため,裁判官の判断を待つ必要性が小さいこと(犯罪と犯人の明白性),さらに,②令状の発付を請求していたのでは犯人が逃亡したり罪証を隠滅するおそれが強いため,その場で逮捕する必要性が大きいこと(緊急性)である。

　なお,現行犯逮捕についても,逮捕の必要が要件となると考えられているほか,軽微な犯罪(30万円以下の罰金,拘留,科料にあたる犯罪)については,被疑者の住居・氏名が明らかでない場合か被疑者が逃亡するおそれがある場合に限って,現行犯逮捕が許される(217条)。

　現行犯逮捕は,その性格上,捜査機関に限らず私人でも行うことができる(213条)。火事になれば,消防車の出動を待つまでもなく,皆で消火活動をする。現行犯逮捕もそれと同様に考えればよい。しかし,逮捕したら,すぐに110番通報するとか,近くの交番に連れて行くなどして,ただちに逮捕した犯人を捜査機関に引き渡さなければならない(214条)。

また，経験則上，犯人であることの高度の蓋然性を示す特別の事情がある者については，「罪を行い終わってから間がないと明らかに認められる」とき，「現行犯人」とみなされる（212条2項）。これは，「準現行犯人」と呼ばれる。刑訴法の列挙している特別の事情は，①犯人として追呼されているとき（「泥棒」と言われながら追いかけられているような場合。212条2項1号），②贓物（ぞうぶつ）または明らかに犯罪の用に供したと思われる凶器その他の物を所持しているとき（盗んだハンドバッグを持っていたり，血のついたナイフを持っているような場合。同2号），③身体または被服に犯罪の顕著な証跡があるとき（顔面や着衣に返り血を浴びているような場合。同3号），④誰何（すいか）されて逃走しようとするとき（警察官の職務質問に応じないで，逃げ出したような場合。同4号）である。

緊急逮捕

　警ら中の警察官が，みすぼらしい服装と不釣合いなロレックスの腕時計をしている不審な男に対し職務質問をしたところ，男は，その時計を3日前に「××宝石店」から盗んだことを認めた。そこで，警察官が本署に無線で照会したところ，「××宝石店」から，男のはめている腕時計と同じものが盗難にあい，被害届の出ていることが判明した。窃盗（10年以下の懲役または50万円以下の罰金にあたる犯罪）の嫌疑が濃厚となった男は，今にもその場から逃走しようとしている。逃走中に盗んだ時計を始末することも十分考えられる。職務質問では，男の身柄を拘束したり，時計を取り上げることはできないし，また，逮捕令状の発付を求める時間的余裕もない。こういう場合に認められるのが「緊急逮捕」（210条）である。

　重大な犯罪（死刑，無期，長期3年以上の刑にあたる犯罪）に限り，嫌疑が濃厚（通常逮捕に必要とされる「相当な理由」より嫌疑の程度の高い「充分な理由」が求められる）で，逮捕状を得る余裕がない緊急の場合には，後から裁判官に逮捕状の発付を求めることを条件に，

1　逃亡・証拠隠滅を防ぐための身柄拘束

その理由を告げて逮捕することができる。この場合，逮捕状の請求権者は指定司法警察員と検察官に限定されない。通常逮捕の場合と異なり，逮捕後のことであり，早急に逮捕の適法性について裁判官の審査を受ける必要があるためである。もちろん，逮捕状が発せられないときは，ただちに被疑者を釈放しなければならない。

　緊急逮捕は，裁判官による令状審査を経ないで行うものであるから，令状主義に反するのではないかという議論がある。憲法33条は，現行犯逮捕に準ずる合理性がある場合には，令状主義の例外を認めるものと考えられ，緊急逮捕はそうした例外にあたるといえる。判例も合憲としているが，実質的な根拠は示していない（判例①）。

逮捕後の手続

　司法巡査または検察事務官が被疑者を逮捕令状により逮捕したときは——私人により逮捕された現行犯人を受けとった場合も同様——，ただちに，司法巡査は被疑者を司法警察員のところへ，検察事務官は検察官のところへ，それぞれ引致（連行）しなければならない（202条・211条・216条）。司法警察員は，——自分で被疑者を逮捕した場合も同様——，ただちに，被疑者に対して，①逮捕の理由となった犯罪事実の要旨と②弁護人を選任することができる旨を告げたうえ，③弁解の機会を与える（203条1項。なお，被疑者国選弁護対象事件について②の告知をするにあたっては，弁護人選任請求権など所定の事項を教示する必要がある〔203条3項参照〕）。検察官も——自分で被疑者を逮捕した場合も同様——，同一の手続をとる（204条1項・2項）。

　つぎに，司法警察員は，犯罪の嫌疑，逃亡のおそれ，罪証隠滅のおそれの有無などを考慮し留置（身柄拘束の継続）の必要があるかどうかを判断する。留置の必要がないと判断するときは，ただちに被疑者を釈放し，留置の必要があると判断するときは，被疑者が身体の拘束を受けたときから48時間以内に，書類および証拠物とと

もに，被疑者を検察官に送致する（引き渡して，事件を引き継ぐ）手続をしなければならない（203条1項）。検察官の場合，留置の必要がないと判断するときは，ただちに被疑者を釈放し，留置の必要があると判断するときは，48時間以内に，勾留の請求をするか，公訴を提起しなければならない（204条1項・3項）。

　司法警察員から送致された被疑者を受けとった検察官は，被疑者に弁解の機会を与え，留置の必要がないと判断するときは，ただちに被疑者を釈放し（205条1項），留置の必要があると判断するときは，被疑者を受けとったときから24時間以内に——逮捕の時から起算して72時間以内に（205条2項）——，裁判官に勾留の請求をするか（205条1項），公訴を提起しなければならない（205条3項）。

　現行犯逮捕あるいは緊急逮捕した場合の手続については，以上の通常逮捕に関する諸規定が準用される（216条・211条）。

2　逮捕より長い身柄拘束——勾留

　勾留とは，被疑者・被告人の身柄を拘束する裁判およびその執行をいう。勾留は，被疑者に対するもの（起訴前勾留）と被告人に対するもの（起訴後勾留）があるが，被疑者の勾留には，被告人の勾留に関する規定（60条以下）が準用されている（207条1項。「勾留の請求を受けた裁判官は，その処分に関し裁判所又は裁判長と同一の権限を有する」というのはこの趣旨である）。もっとも，被疑者の勾留は，検察官の請求によること（204条1項・205条1項・206条1項），勾留期間が短いこと（208条・208条の2・60条2項），逮捕が先行すること，保釈が認められないこと（207条1項但書），接見指定をなし得ること（39条3項）などの点で，被告人の勾留と異なる。

　以下では，被疑者の勾留について述べる。

🔖 勾留の実体要件

勾留をするには，まず，「勾留の理由」と「勾留の必要」が存在しなければならない。勾留の理由は，①被疑者が「罪を犯したことを疑うに足りる相当な理由」（60条1項本文）があること，かつ，②住居不定（60条1項1号），罪証隠滅のおそれ（同2号），逃亡のおそれ（同3号）の少なくとも1つに該当すること，である。

さらに，勾留の必要がなければならない。住居不定であるが，確実な身元引受人がいる場合などは，勾留する必要は認められない。

なお，軽微な犯罪（30万円以下の罰金，拘留，科料にあたる犯罪）については，住居不定の場合に限って，被疑者を勾留することができる（60条3項）。

🔖 勾留の手続要件

勾留は，検察官の請求を受けて，裁判官が勾留状を発することにより行われる（207条）。勾留の請求権者は，検察官に限られている。刑訴法は，勾留にはつねに逮捕が先行していなければならないという考え方（逮捕前置主義）に立っている（207条1項が，「前三条の規定〔逮捕に伴う処理を定めた規定〕による勾留の請求」と規定していることによる）。これは，不当な身柄拘束を防止するには，逮捕と勾留の2段階において裁判官による審査を受けさせる（現行犯逮捕は例外）方が，身柄拘束期間が長くなっても（いきなり勾留すれば最長20日間であるが，逮捕してから勾留すると最長で23日間となる）ベターであるとの考えにもとづく。そこで，殺人で被疑者を勾留するには，逮捕が先行している必要があり，逮捕しないでいきなり殺人で勾留することは許されない。また，窃盗で逮捕されていたとしても，事件の異なる殺人で勾留することも認められない。

被疑者の勾留は，裁判官が被疑者に対し被疑事件（被疑事実）を告げ，これに関する陳述を聴いたうえでないとなし得ない（61条。なお，207条2項・3項参照）。この手続を勾留質問という。勾留質

問は、被疑者が、逮捕後はじめて捜査機関から中立で公正な立場にある裁判官に弁解を聴いてもらえる機会として重要な意義を有する。もっとも、弁護人の立会権は認められていない。

裁判官は、勾留の理由・勾留の必要がないと認めるときは、勾留請求を却下し、ただちに被疑者の釈放を命じなければならない（207条4項）。勾留請求が、法定の制限時間内になされなかったときで、その遅延がやむを得ない事由にもとづく正当なものと認められない場合も、同様である（206条2項）。勾留請求の前提をなす手続（任意同行、取調べ、逮捕など）の違法性も判断され、重大な違法があったような場合には、勾留請求は却下される。裁判官は、勾留の理由があると考えたときは、速やかに勾留状を発する（207条4項）。

勾留の期間と場所

勾留の期間は、原則として、検察官が勾留の請求をした日から10日である（208条1項。被疑者の利益のため、初日を算入する）。裁判官は、その裁量により、10日より短期の勾留状を発することはできない。検察官は、裁判官に対して、勾留期間延長の請求をなしうる。裁判官は、「やむを得ない事由がある」と認めるときは、必要な日数だけ（たとえば、3日とか5日）勾留期間を延長する。事件の複雑性、証拠収集の遅延・困難性から、さらに取調べをしなければ起訴・不起訴の決定をすることが困難な場合がこれにあたる。ただし、延長は、通算して10日を超えることはできない（208条2項。なお、特定犯罪につき、208条の2参照）。

被疑者は、裁判官の指定する刑事施設に勾留される（64条1項。勾留の場所は、勾留状に記載される）。これには警察の留置施設が含まれる（刑事収容2条）。実務では、勾留場所を、被疑者が逮捕留置された警察の留置施設とすることが多い（起訴後は、拘置所である）。

勾留からの救済

(1) 準抗告

裁判官がした「勾留……に関する裁判」に不服がある者は，その取消し・変更を請求することができる（429条1項2号）。裁判官の裁判（命令）に対する不服申立ては「**準抗告**」と呼ばれている。「犯罪の嫌疑がないこと」を理由とした準抗告の申立てはできない（429条2項が420条3項を準用しているため）とするのが通説である。しかし，犯罪の嫌疑を解明する公判手続が始まっていない起訴前の被疑者段階では，こうした準抗告の申立てが許容されるべきだとする見解も有力である。

(2) 勾留の取消し・執行停止

　勾留の理由・勾留の必要がなくなったときは，被疑者，弁護人，検察官等は，勾留の取消しを請求することができる（87条1項）。裁判官も，職権で，勾留を取り消し得る（87条1項）。また，裁判官は，勾留の理由がある場合でも，適当と認めるときは，勾留されている被疑者を親族，保護団体その他の者に委託し，または被疑者の住居を制限して，勾留の執行を停止することができる（95条）。「適当と認めるとき」とは，たとえば，病気治療のための入院や家族の葬儀への参列をいう。被疑者については保釈が許されていない（207条1項但書）ので，これに代わる制度としての運用が期待されている。

(3) 勾留理由の開示

　勾留されている被疑者のほか，その弁護人，被疑者の一定の親族等は，裁判官に **勾留理由の開示** を求めることができる（82条〜86条）。憲法34条の規定にもとづく制度である。被疑者は，すでに勾留の理由を知っているが（61条〔勾留質問〕・73条2項〔勾留状の呈示〕参照），あらためて開示されることにより，勾留の取消しや勾留に対する準抗告の権利を行使するための準備をすることができる。

　勾留の理由は，公開の法廷で裁判官が告げる（83条1項・84条1項）。検察官，被疑者，弁護人，その他の請求者は，これに対し意

見を述べることができる（84条2項）。

3　逮捕・勾留に伴う諸問題

事件単位の原則

逮捕・勾留の効力は，その基礎となっている事件（被疑事実）にのみ及び，逮捕・勾留の要件や勾留期間延長事由の存否等は，逮捕状・勾留状に記載された被疑事実についてのみ判断される（事件単位の原則）。窃盗事件の勾留期間を，殺人も犯している疑いがあるからといってそれを理由に延長することはできない。殺人事件により身柄拘束の必要があるのであれば，殺人事件で逮捕・勾留すればよく，また，そうしなければならないのである。このように，事件単位の原則は，身柄拘束の根拠を明確にするのに役立つ。また，**事件単位の原則**によると，窃盗事件で勾留されている被疑者を，さらに殺人事件で勾留することができる（二重勾留）。

再逮捕・再勾留はできるか

同一の事件（被疑事実）について，被疑者を再度，逮捕・勾留することはできるか。身柄拘束について，刑訴法は，厳格な時間制限を規定して人身の自由の保障を図っている。同一の事件について，逮捕・勾留を繰り返すことができるとすると，こうした法の趣旨が没却されてしまう。そこで，同一の事件については，逮捕・勾留は原則として1回しか許されるべきでない（逮捕・勾留の一回性の原則）。被疑者を釈放した後に，重要な証拠を発見したり，逃亡や罪証隠滅のおそれが生じた場合など，逮捕・勾留の理由や必要について新しい事情が生じた場合で，逮捕・勾留の時間制限を逃れるための「むし返し」にならないと認められるときにのみ，例外的に**再逮捕・再勾留**が許されると考えられている（199条3項，規142条1項8号参照）。

別件逮捕・勾留は適法か

別件逮捕・勾留とは，一般に，重大な本件（たとえば，殺人事件）について逮捕できるだけの証拠はないが，被疑者が本件の犯人であるとの見込みをつけて，軽い別件（たとえば，万引き〔窃盗〕事件）で逮捕し，その間に本件の自白を得て，あらためて本件で被疑者を逮捕・勾留しようとする捜査手法をいう。こうした捜査手法は許されるのであろうか。その許否を判断するにあたって，2つの考え方（といってもさまざまなヴァリエーションがみられる）がある。

ひとつは，別件（窃盗事件）につき，逮捕の理由と逮捕の必要が具備していれば，本件（殺人事件）を取り調べる目的があり，その取調べが行われても，別件による逮捕自体は適法であるとし，本件の取調べの適否は「余罪の取調べが許される限界」（ch.7参照）の問題として判断する考え方である。現行の刑事訴訟制度のもとにおける令状審査は，捜査機関の請求した被疑事実（別件）について，逮捕（勾留）の要件が備わっているかどうかを審査するものであって，令状申請されていない被疑事実（本件）を「基準」にして，裁判官が逮捕（勾留）の要件を審査するものではないとされる。別件である窃盗罪による逮捕（勾留）が適法かどうかを，別件を基準にして判断するので「別件基準説」と呼ばれている。

これに対し，本件（殺人事件）を基準にして，本件の取調べを目的とする別件（窃盗事件）による逮捕（勾留）自体を違法とする考え方がある。本件を基準に判断するので，「本件基準説」と呼ばれ，学説の多数説である。その理由としておおむねつぎの3点が挙げられている。①別件（窃盗事件）による逮捕（勾留）がもっぱら本件（殺人事件）の捜査に向けられているにもかかわらず，被疑者は実質的に，その本件を逮捕（勾留）の理由として明示する令状によらないで身柄を拘束されることになり，令状主義に反すること，②別件逮捕（勾留）の後，本件逮捕（勾留）がなされると，身柄拘束に

関する法定期間が潜脱されてしまうこと，および，③そもそも逮捕（勾留）の目的は取調べにはないので，取調べを目的とする身柄拘束は違法であること，である。

〈参照判例〉
① 最大判昭和 30 年 12 月 14 日刑集 9 巻 13 号 2760 頁・百選（8 版）A 1 事件

〈参考文献〉
① 酒巻匡「人の身体を対象とする強制処分」法教 296 号 101 頁，「身柄拘束処分に伴う諸問題」法教 291 号 94 頁，「供述証拠の収集・保全(3)」法教 290 号 77 頁
② 大澤裕「事件単位の原則——一罪一勾留の原則との関係において」法教 245 号 15 頁

column⑤
保 釈 屋 (bondsperson)

釈放を買う権利　アメリカの刑事手続においては，逮捕された者は，警察署における記録手続 (booking) を経た後，遅滞なく裁判官 (magistrate) の面前に連行される。この手続を「最初の出頭 (first appearance)」などと呼ぶが，逮捕からこの段階まで，週末を除き通常 24 時間である。裁判官は，被逮捕者に対し，告発された犯罪についての正式な告知と供述拒否権，その他憲法上の権利の説明をするほか，予備審問の期日を決定する。令状なしに逮捕された場合には，逮捕を正当化する相当な理由 (probable cause) の有無の審査が行われる。さらに，「最初の出頭」において保釈 (bail) の許否が決定される。

伝統的に，非死刑事件で告発された被告人は，州の憲法上または制定法上，裁判所に対し，保釈金（裁判所への出頭を保証するに足りると裁判官が決定した相当な金額）を納付するか，それができなければ，保釈屋に保釈金の一定率の手数料を支払って，保証書（被告人が裁判所に出頭しないときは保釈金を納付するという内容のもの）を提出してもらうかして保釈を許されてきた。この「釈放を買う権利」(Wayne H. Thomas, Jr.) を行使できない貧困な被告人は，自由を享受することができなかった。

1960 年代における保釈法の改革によって，今日では，裁判官は，これらの保釈条件に加えて，①裁判所へ出頭するとの被告人の確約 (personal recognizance〔自己誓約〕)，②出頭しなかったときには一定の金員を裁判所に納付するとの被告人の確約，③旅行制限，交際制限の賦課，④被告人による保釈金の一部（通常 10％）の裁判所への寄託（この金員は被告人が裁判所に出頭した場合には還付される）の条件からいずれかを選択して，釈放することができる。

保釈屋の利用状況　2006 年 2 月に発表された合衆国司法省の統計（「大都市における重罪被告人 2002 年」。重罪とは法定刑が 1 年を

超える拘禁刑にあたる犯罪をいう）によると，75大郡（county）における重罪被告人のうち保釈された者は62％（62％）（カッコ内の数値は2000年の統計による。以下，同様）であり，残り38％（38％）が勾留を継続された。保釈された被告人のうち，保釈金の納付を内容とする金銭的条件とそうでない非金銭的条件を課された者の割合は，それぞれ54％（51％），46％（49％）である。金銭的条件のうち最も多いのは保釈屋による保証書の提出であり，保釈された被告人の41％（37％）がこれによる。非金銭的条件のうち自己誓約は23％（26％），制限賦課は18％（14％）であり，両者が最もよく利用される非金銭的保釈条件である。

　保釈金を定められた被告人のうち，それを納付できた者の割合は51％（51％）である。事件終結まで勾留された被告人のうち，およそ6人に5人が保釈金を納付できなかったため勾留を継続された。保釈金を設定されずに勾留を継続された者は，全被告人の6％（7％）にすぎない。

　金銭的保釈条件の課される割合が大きく，最も多用される条件が保釈屋による保証書の提出であるところから，今日でも保釈屋の存在意義は決して小さくない。裁判官は「過当な」保釈金を課すことは許されていないが，犯罪が重大であればあるほど高額の保釈金が定められ，高額になるにつれて納付率が低下する（9,999ドル以下の保釈金の納付率は70％〔70％〕であるのに対し，2万5,000ドル以上の納付率は27％〔26％〕）。

保釈屋と賞金稼ぎ

保釈屋は，保釈金の一定額（州事件では10％，連邦事件では15％）の手数料をもらって保証書（surety bond）を裁判所に提出するのを業とする，州政府より免許を受けた業者である。保釈屋は，被告人が裁判所に出頭しない場合には保釈金を納付することになるが，被告人からもらう手数料の一部を大手保険会社に支払い，保釈金全額の支払保証書を書いてもらうので，実際に保釈金を支払うのは保険会社である。保釈屋の数は全国でおよそ8,000，純利益はおよそ年間40億ドルにのぼるとみられている。

column⑤保 釈 屋（bondsperson）

保釈屋は，被告人またはその家族から保釈金をカバーするに足りる担保を要求したり，逃走のリスクが大きいと判断した被告人については保証を拒否したりするが，他の保釈屋と競争関係にあることから，必ずしもリスクの小さくない被告人についても保証をせざるを得ない場合が少なくないといわれる。

　保釈屋は，逃走した被告人を（必要なら他の州においても）捜し出し，逮捕して連れ戻す権限を与えられている（保釈された被告人のうち，逃走中の者は6％〔6％〕）。保釈屋は，通常この権限を「賞金稼ぎ（bounty hunter）」に行使させる。全国で7,000人ほどいる賞金稼ぎは，連れ戻した被告人1人につき通例その保釈金の10％の報酬を受け取る。著名な賞金稼ぎであれば，年間4万ないし5万ドルの収入があると推定されている。「人間狩ほど面白いものはない」とはアメリカの文豪・ヘミングウェイの言とされるが，賞金稼ぎについて，逮捕権限の濫用による人権侵害が少なくないことから，州法による規制がなされるようになってきている（1997年8月31日未明にアリゾナ州で発生した事件は，州による規制を促す大きな契機となったといわれている。黒い服に身を包み武装した男性5名が，ある住居に侵入し，居住者にプラスチック製の手錠をかけ，泣き叫ぶ子供に銃口を向けるなどした後，身を守ろうとした他の居住者と撃ち合いとなりその居住者を殺害した，という事件である。第2級殺人で起訴された5名は，5年前に2万5000ドルの保釈金を踏み倒した男を捜している賞金稼ぎである旨主張したが，彼らはまったく無関係な住居に侵入したのであった。賞金稼ぎに対する規制の内容は州により異なるが，たとえば，カルフォルニア州では，刑法典において，18歳以上であること，最低12時間の学科教習を修了したこと，逮捕の実技教習を修了したこと，重罪の前科がないことなどが資格要件とされている）。

CHAPTER 6

犯罪の証拠を集める方法

証拠収集

lead 　和歌山市の自治会主催の夏祭りで提供されたカレーを食べた住民67人が，激しい嘔吐症状等に襲われ，うち4人が死亡する事件——いわゆるカレー毒物混入事件——が発生した。カレーの鍋から高濃度のヒ素（亜ヒ素酸）が検出され，急性ヒ素中毒によるものであることが判明した。殺人罪で起訴された被告人の裁判では，カレーに混入された亜ヒ素酸と被告人宅などで収集された亜ヒ素酸とが同一のものかが大きな争点となったが，同一性を認めた裁判所は，それを有力な証拠の1つとして，被告人に有罪を言い渡した。
　憲法は住居等の不可侵を保障している（35条）が，どのような要件・手続のもとであれば，警察は，家屋に立ち入るなどして証拠を収集することができるのであろうか。

1　証拠の収集はどのようになされるか

令状による捜索・差押え・検証

　裁判所は，被告人が犯人であることを証拠によって決定する（317条参照）。「自分がやりました」という被告人の自白も有罪の証拠であるが，自白だけでは有罪判決は下せない（憲38条3項）。自白がなくても他に証拠があればよい（leadにおいて，被告人の自白はなかった）。そこで，裁判に備えて，犯行に使用されたナイフや毒

物，返り血を浴びた着衣など，自白以外に犯罪の証拠を収集しておく捜査活動が必要不可欠なのである。

　しかし，証拠を収集するために，たとえば，ある人の住居に立ち入り，証拠を捜すことは，その人の住居のプライバシーや財産権などの重要な権利を侵害する。そこで，こうした行為は，強制処分として，刑訴法の定める要件・手続に従い（強制処分法定主義。197条1項但書），「正当な理由に基づいて発せられ，且つ捜索する場所及び押収する物を明示する」裁判官の発付する令状によって行わなければならない（憲35条。憲法の認める唯一の例外については，後述）。もっとも，捜査機関は，被疑者等から任意に提出された証拠を受けとったり（領置。221条），居住者等の承諾を得て犯行現場となった室内を見分する（実況見分）には，令状を要しない。これに反し，住居の捜索については，たとえ居住者の承諾が得られても，令状によって行うべきものと考えられている（犯罪捜査規範108条参照）。

　刑訴法は，証拠収集のための強制処分として，捜索・差押え・検証を規定している。捜索とは，人の身体・物・住居その他の場所について，物・人の発見を目的とする処分，差押えとは，「証拠物又は没収すべき物」（222条1項・99条1項。「没収すべき物」とは，犯行に用いた凶器などをいう。刑19条参照）と認められるものの占有を強制的に取得する処分，検証とは，場所・物・人について，五官の作用によりその形状等を認識する処分を，それぞれいう（検証にも憲35条が適用される）。

　なお，証拠物であっても，公務上の秘密（222条1項・103条）および業務上の秘密（222条1項・105条）にかかわるものについては，差押えを拒絶する権利が認められている。刑事手続における事案の真相の解明という利益を凌駕する国の重大な利益を保護したり，個人の秘密に属する事項を取り扱うことの多い一定の業務と，これに秘密を託する者の信頼を保護するためであるといわれている。

「正当な理由」

捜査機関は，犯罪の捜査をするについて必要があるときは，裁判官の発する令状により捜索・差押え・検証をすることができる（218条1項）。令状の請求権者は，検察官・検察事務官・司法警察員であり（218条3項），請求にあたっては，差し押さえるべき物など所定の事項を記載した令状請求書を，一定の資料（被疑者が罪を犯したと認められるべき資料）とともに提出することとなっている（規155条・156条）。

憲法は，令状が「正当な理由」にもとづいて発せられることを要求しており，令状請求を受けた裁判官は，正当な理由があることを認めたうえで令状を発付する。正当な理由とは，被疑者が特定の犯罪を犯した嫌疑があること，および，その犯罪と関連する証拠物等の存在する蓋然性があることをいう。さらに，逮捕の場合のような明文の規定（199条2項但書）はないが，裁判官は，捜索・差押えの必要性の有無も判断しなければならず，犯罪の態様や軽重，対象物の証拠としての重要性，対象物が隠滅毀損されるおそれの有無，差押えを受ける者の不利益の程度など諸般の事情に照らして，明らかに捜索・差押えの必要がないと認められるときは，令状を発付できない（判例①）。

検証の対象が人の身体であるときは，とくにこれを**身体検査**といい，「身体検査令状」が必要とされている。検証としての身体検査においては，対象者を裸にして行う体表ないし体腔の検査まで許されるが，個人の尊厳にかかわるものであるため，厳格な要件・手続が定められている。身体検査令状の請求に際しては，身体の検査を必要とする理由，対象者の性別・健康状態を示さなければならない（218条4項）。令状を発付する裁判官は，身体検査の場所・時期を指定したり，医師の立会いを要求したりするなど，適当と認める条件を付することができる（218条5項）。

犯罪の嫌疑

　捜索・差押令状の発付に必要とされる犯罪の嫌疑の程度は，逮捕について必要とされる「罪を犯したことを疑うに足りる相当な理由」(199条1項) よりも一般に低いと解されている。人身の自由 (憲33条) も住居等の不可侵 (憲35条) も憲法の保障する基本権ではあるが，前者の方がより大きな保護に値すると考えられているわけである。これによって，供述証拠の収集を中心とする捜査方法の弊害を回避し，物的証拠の収集を逮捕に先行させる捜査方法をとることが可能となっている (leadにおいて，被告人〔当時は被疑者〕について，逮捕するに足りる犯罪の高度の嫌疑が認められない場合であっても，その住居を捜索して亜ヒ素酸を差し押さえるための捜索・差押令状が発付されることはあり得るのである)。

令状における対象の明示・特定要求

　令状は，捜索すべき場所・身体・物，差し押さえるべき物，検証すべき場所・物を明示したものでなければならない。罪名の記載も要求されている (219条1項。憲35条参照)。基本権侵害の許される対象・範囲の明示・特定を要求することにより，証拠はないかとあちこち捜す探索的捜索や，手当たり次第に証拠を差し押さえる無差別押収を許す令状 (**一般令状**〔general warrant〕と呼ばれる) が発付されないようにしているのである。

　このようにして令状における対象の記載は，できるだけ具体的なものであることが求められるわけであるが，捜索・差押えは捜査の初期の段階で行われることも少なくないことから，とくに差押えの目的物について，あまりに厳格な記載を要求するのは妥当でなく，ある程度の包括的・概括的な記載もやむを得ない。判例も，「本件に関係ありと思料せられる一切の文書及び物件」という令状における差押目的物の記載も，それが「会議議事録，闘争日誌，指令，通達類，連絡文書，報告書，メモ」という具体的な例示に付加された

ものである限り，差し押さえるべき物の明示に欠けるところはないとしている（判例②）。

捜索の許される範囲

　刑訴法は，捜索の対象として，「場所」「身体」「物」を区別している（219条1項参照）が，捜索「場所」に置かれた「物」は，原則として，場所に対する捜索令状によって，捜索できると解されている。たとえば，住居に対する捜索令状により，その住居内にある鞄や衣類などの「物」の捜索が許される。鞄や衣類など通常住居内にある「物」は，それを含めた当該住居について，裁判官の令状審査，つまり「正当な理由」の有無に関する審査を受けていると考えられるからである。そこで，被疑者Aの居室の同居人のB（Aの内妻）がその場で携帯していたボストンバッグについても，それが捜索場所に置かれているものであった限り，Aの居室に対する捜索差押令状によって，それを捜索することが許されると考えてよい（判例③）。

差押えの許される物

　差し押さえることができるのは，令状記載の差押目的物に限定される。差押令状に明示された物であっても，もっぱら別罪の証拠に利用する目的で差し押さえることは禁止される（判例④）。

　捜査機関は，差押えを行うにあたっては，差し押さえようとする物が被疑事実と関連性を有する証拠物かどうかを判断する必要がある。たとえば，記録内容が可視性・可読性を有しないフロッピーディスクを差し押さえる場合を考えてみよう（記録媒体〔フロッピー等〕内の情報それ自体は有体物でないため差押えの対象とならないが，記録媒体は証拠物として，これを差し押さえることができる）。あるフロッピーディスクが外形からは差し押さえるべき物に該当するとしても，差押えが許されるには，さらに，その記録内容が被疑事実と関連性のあるものでなければならないのである（そのためには，内

容をプリントアウトするなどの必要があるが，これは「必要な処分」（後述）として許される）。

[note 1] 関連性の程度

しかし，たとえば，内容をプリントアウトしている間に，記録内容を容易に消去されてしまうおそれがある場合も考えられる。判例は，差し押さえるべきパソコン，フロッピーディスク等の中に被疑事実に関する情報が実際に記録されているかをその場で確認していたのでは記録された情報を損壊される危険があるときは，そうした情報が記録されている蓋然性が認められれば，内容を確認せずにパソコン，フロッピーディスク等を差し押さえることを許している（判例⑤）。

令状の執行

令状は，処分を受ける者に呈示しなければならない（222条1項・110条）。令状呈示は，処分の範囲を令状記載の範囲に限定し，被疑者の防御権を保障するためであるから，処分を行う前に呈示すること（事前呈示）を要する。もっとも，事前呈示により，証拠物（たとえば，覚せい剤）を短時間のうちに破棄隠匿されるおそれが生ずるような場合には，捜索場所に立ち入った直後に令状を呈示することも，「捜索差押の実効性を確保するためにやむを得ない」（判例⑥）として許されており，事前呈示原則に対する例外が認められている。

捜索・差押令状の執行については，錠をはずしたり開封したり，その他「**必要な処分**」をすることができる（222条1項・111条1項）。検証については，身体の検査，死体の解剖，墳墓の発掘，物の破壊その他の「**必要な処分**」をすることができる（222条1項・129条）。

執行中の出入りを禁止することもできる（222条1項・112条）。公務所で捜索するときは，公務所の長またはこれに代わるべき者に通知して立ち会わせ，また，人の住居または人の看守する邸宅等で実施するときは，住居主・看守者またはこれに代わるべき者に立ち

会わせなければならない（222条1項・114条）。これらは，処分を受ける者の利益を保護し，手続の公正を担保するために要求されている手続である。捜査機関は，捜索をするについて必要があるときは，被疑者を立ち会わせることができる（222条6項）が，被疑者・弁護人の立会権は認められていない。また，女子の身体検査については，医師または成人の女子の立会いが必要とされている（222条1項・131条）。

捜索・差押え・検証実施後の措置

捜査機関は，捜索をしたが証拠物も没収すべき物も発見することができなかったときは，捜索を受けた者の請求により，その旨の証明書（捜索証明書）を交付する（222条1項・119条）。差押えをしたときは，その目録（押収目録）を作り，所有者等に交付する（222条1項・120条）。差し押さえられた物の所有者等は，返却（仮還付。222条1項・123条）を請求することができる（差し押さえた物の保管・廃棄・売却・還付および盗品等の被害者への還付について，222条1項・121〜124条参照）。捜索・差押えについては，捜索調書・差押調書が作成される。また，検証の結果は，検証調書に記載される。

捜索・差押え実施後における以上の措置は，無令状の捜索・差押え（後述 **2**）の場合にもあてはまる（222条1項）。

差押えに対する不服申立て

差押えについては，準抗告を申し立てることができる（429条・430条）。たとえば，差し押さえられた物件が令状記載の差押目的物に含まれていないとか，差押えの必要がない物件であったと考えるときには，準抗告の申立てが許されている。

捜索・検証については，準抗告の申立ては認められていない（429条・430条参照）。捜索は差押えの手段であり，占有移転を伴う差押えとは異なって権利侵害が即時的であるため，差押えに対する救済制度を設ければ足りること，検証についても同様に，権利侵害

が即時的で，占有移転を伴わないため権利侵害の程度が軽微であるから取消しの実益は無視し得ることが，その理由と考えられている。

2 逮捕に伴う捜索・差押え・検証

令状によらない捜索・差押え等

　捜査機関は，被疑者を「逮捕する場合」において，必要があるときは，「逮捕の現場」で，令状によらないで捜索・差押え・検証を行うことができる（220条1項2号・3項，憲35条）。ここにいう逮捕には，通常逮捕，現行犯逮捕および緊急逮捕が含まれる。証拠収集における令状主義の例外は逮捕に伴う捜索・差押え等に限られ，緊急逮捕に相当するような緊急捜索・差押え等は認められていない。

　無令状の捜索・差押え等が許される根拠をどう考えるかによって，「逮捕する場合」（時間的範囲）と「逮捕の現場」（場所的範囲）の意義が違ってくる。

根　拠

　学説上，2つの考え方があるといわれる。ひとつは，令状によるのが原則だとする立場で，逮捕者の安全の保護および被逮捕者の逃亡・被逮捕者による罪証隠滅の防止のために認められるとする（緊急処分説）。これが学説上，多数説である。令状を請求する余裕がない緊急の場合に許されるのであるから，捜索・差押えの許される時間的・場所的範囲は限定的なものとなる。

　もうひとつの考え方は，捜索・差押えは必ずしも令状による必要はなく，相当な理由があれば許されるとする立場で，逮捕に伴って行われる場合は，逮捕の現場には証拠の存在する蓋然性が高いので，相当な理由のあるときにあたるというものである（相当説）。この説によると，必ずしも令状を得られない緊急の場合に限られないた

め，時間的・場所的範囲は比較的緩やかに解することができる。

時間的・場所的範囲

　緊急処分説では，原則として逮捕に着手することが必要で（着手により緊急性が生ずる），被疑者不在の場合に，逮捕に先行して捜索・差押えをすることは許されない。また，被逮捕者の身体およびその直接の支配下にある場所についてのみ捜索・差押えが認められる。

　これに対し，相当説では，証拠の存在の蓋然性は逮捕の前後で変更がないため，逮捕との時間的先後は厳格に捉える必要はないし，場所的範囲も，令状が発せられたら許される範囲（同一管理権の及ぶ範囲）とされる。たとえば，被疑者をその自宅1階の居間で逮捕したときに，2階の寝室を捜索することは，――緊急処分説でこれを認めるのは困難であるが――相当説では許される。

判例の考え方

　判例は，令状によることなく逮捕に関連して必要な捜索・差押え等の強制処分を行うことを認めても，人権の保障上格別の弊害はなく，捜査上の便益にもかなうとの立場をとっている。そして，「逮捕する場合」を，「逮捕との時間的接着を必要とするけれども，逮捕着手時の前後関係は，これを問わないものと解すべき」であるとし，また，「逮捕の現場」を，「場所的同一性を意味するにとどまるもの」と述べ，被疑者が他出不在であった場合において，帰宅次第緊急逮捕する態勢のもとに捜索・差押えを開始し，20分後に帰宅したところを逮捕した事案において，捜索・差押えを適法としている（判例⑦）。

　被逮捕者の身体・所持品についても，その捜索・差押えは「逮捕の現場」で行わなければならないのであろうか。逮捕現場付近の状況に照らし，被疑者の名誉を害したり，被疑者らの抵抗による混乱を生じたり，または現場付近の交通を妨げるおそれが存在するため，

その場でただちに捜索・差押えを実施することが適当でないときもある。こうした状況が認められるときは，速やかに被疑者を最寄りの警察署等まで連行して身体・所持品について捜索・差押えを実施することが許されている（判例⑧）。

令状によらない差押えが許される物

逮捕に伴って無令状で差し押さえることができる物は，逮捕の理由となった被疑事実に関する「証拠物又は没収すべき物」（222条1項・220条・99条1項）と認められるものである。したがって，たとえば，酒気帯び運転の容疑で自動車の運転者を現行犯逮捕し，被疑者が運転していた自動車の内部を捜索して缶ビールの空き缶と覚せい剤を発見したような場合，無令状で差し押さえることができるのは，缶ビールの空き缶だけである。

そこで，発見した覚せい剤については，①任意提出を受けて領置（221条）するか，②新たに差押令状の発付を得て執行するか，③現行犯逮捕し（覚せい剤所持罪で），それに伴う差押えをするか，いずれかの方法がとられる（令状により捜索を実施しているときに発見した，差押令状記載の差押目的物以外の証拠についても，同様の方法による）。

なお，令状によらない検証としての身体検査については，身体の捜索として許される限度（着衣の内側・身体の外表の検査）にとどめるべきだといわれている。

3 新たな証拠収集方法の展開

薬物犯罪の増加のような犯罪状況の変化，犯罪の組織化・密行化，さらに犯罪手段の高度化は，強制採尿，写真撮影，通信傍受など，科学技術の発達により可能となった捜査方法の導入を促した。こうした捜査方法は，捜査機関に証拠収集のための有効な武器を提供す

る反面，対象者の権利・自由を侵害する程度や態様などにおいて，伝統的な強制処分と著しく異なる面をもっているが，刑訴法はこれに関する何らの規定も設けていない。そこで，こうした捜査手法は，そもそも許されるものなのか，許されるとしても，その法的根拠はどこに求められるのかが問題となるのである。

強制採尿・採血

　体内における覚せい剤の検出は，覚せい剤自己使用に関する決定的な証拠となる。覚せい剤事犯の増加を背景に，自己使用罪の証拠収集のため，尿の任意の提出を拒否する被疑者に対し，カテーテル（導尿管）を尿道に挿入して体内から強制的に尿を採取する捜査方法が昭和52（1977）年頃から行われるようになった。当初，これは，専門家が採尿するための鑑定処分許可状と捜査機関による直接強制を許す身体検査令状を得て実施された。

　証拠収集のためとはいえ，**強制採尿**が被疑者に与える屈辱感等の精神的打撃にかんがみると，そもそもこのような捜査方法は「人間の尊厳」を侵すおそれがあり，許されないという考えもある。しかし，最高裁は，「被疑事件の重大性，嫌疑の存在，当該証拠の重要性とその取得の必要性，適当な代替手段の不存在等の事情に照らし，犯罪の捜査上真にやむをえないと認められる場合には」，「医師をして医学的に相当と認められる方法により行わせなければならない旨の条件」を付けた令状により，強制採尿を実施することが許されると判断している。そして，必要とされる令状については，鑑定処分許可状と身体検査令状の併用に代えて，「体内に存在する尿を犯罪の証拠物として強制的に採取する行為は捜索・差押の性質を有するものとみるべきである」として，「捜索差押令状」（「強制採尿令状」といわれる）によるべきであるとしている（判例⑨）。

note 2　鑑　定

　鑑定とは，特別の知識経験に属する法則またはその法則を具体的事

実に適用して得た判断の報告をいう。捜査機関は，鑑定人に鑑定を嘱託することができ（223条1項），嘱託を受けた鑑定人（鑑定受託者）は，必要があるときは，捜査機関の請求により（225条2項）裁判官の発付する鑑定処分許可状を得て，身体の検査，死体の解剖などをすることができる（225条1項・168条1項）。

さらに，身柄を拘束されていない被疑者を，採尿場所へ任意同行することが事実上不可能であるときは，強制採尿令状により，採尿場所まで被疑者を強制的に連行することができる（判例⑩）。

強制採血は，医学的に相当な方法で行われる限り，強制採尿に伴う程度の屈辱感は認められないが，身体への侵襲を伴う行為であるから，強制処分と解される。実務では，鑑定処分許可状と身体検査令状を得て行われている。

写真・ビデオ撮影

犯罪捜査のための人の**写真撮影**について，刑訴法は，身体の拘束を受けている被疑者の写真を撮影するには，被疑者を裸にしない限り，令状を必要としないとする規定（218条2項）以外には，直接の規定を設けていない。

最高裁は，人は「みだりにその容貌・姿態を撮影されない自由」（肖像権。憲13条）をもっているとしたうえ，①現に犯罪が行われ，または行われた後間がないと認められる場合で，②証拠保全の必要性および緊急性があり，③撮影が一般的に許容される限度を超えない相当な方法をもって行われるときは，裁判官の令状がなくても，個人の容貌等の撮影が許されるとの判断を示し，車道上で違法なデモ行進を行っている者の容貌等を，被撮影者の同意も令状もなしに歩道から撮影した警察官の行為を適法とした（判例⑪）。同様の要件のもとで，自動車速度監視装置による速度違反車両の運転者（および同乗者）の容貌を無令状で写真撮影することも許されている（判例⑫）。

個人の肖像権も，住居の中と公道とではその程度に差異が認められ，公道での肖像権は住居内のそれに比べて保護の期待権が減少しているため，公道上の人の撮影は任意処分と捉えることができる。最高裁の判例は，こうした考え方にもとづいているのではないかと考えられている。通常の方法では見ることのできない家屋内にいる者を特殊なカメラを使って撮影するような行為は，強制処分であって，法律による根拠規定が必要となり，無令状では許されないと解される。

通信傍受

　通信の当事者のいずれの同意も得ないで行う電話傍受は，「通信の秘密を侵害し，ひいては，個人のプライバシーを侵害する強制処分」（判例⑬）である。刑訴法に通信傍受に関する明文の規定がなく，「犯罪捜査のための通信傍受に関する法律」（平成11〔1999〕年）が制定された。同法は，組織的な犯罪が平穏かつ健全な社会生活を著しく害していることにかんがみ，数人の共謀によって実行される組織的な一定の重大犯罪に適切に対処するための電話傍受に関し，通信の秘密を不当に侵害することなく事案の真相の的確な解明に資するよう，その要件・手続その他必要な事項を定めている。同法制定前に実施された電話傍受が一定の条件を付けて発付された検証令状によって許されたことがあったが（判例⑬参照），現在では，電気通信の傍受は同法によらなければならない（222条の2参照。なお，電話傍受も，一方通話者の同意がある場合には任意捜査として行うことができ，また，脅迫電話の逆探知もその一つとして許されると解されている）。傍受の対象となる通信には，固定電話のほか，携帯電話，ファックス，電子メールも含まれる（通信傍受2条1項）。

[note 3] 通信傍受の要件・手続
　以下，同法の定める要件・手続を概観しておく。
　(1) 傍受令状発付の実体要件

①対象犯罪（薬物関連犯罪，銃器関連犯罪，集団密航に関する罪および組織的な殺人の4種）が行われたと疑うに足りる十分な理由があり，②それが数人の共謀によるものであると疑うに足りる状況があるときなどにおいて，③当該犯罪の実行等に関連する事項を内容とする通信が行われると疑うに足りる状況があり，かつ，④他の方法では捜査が著しく困難であることが必要である（通信傍受3条1項）。

　対象犯罪が犯され，かつ，引き続き同種犯罪が同様の態様で行われると疑うに足りる十分な理由があるときも，令状の発付ができる（同条1項2号）。

(2) 傍受令状発付の手続要件

　①傍受令状の請求権者は，検事総長指定の検事と公安委員会指定の警視以上の警察官等であり，令状発付裁判官は地方裁判所の裁判官に限られている（通信傍受4条1項）。②傍受令状には，被疑者の氏名，被疑事実の要旨，罪名，罰条，傍受すべき通信，傍受の実施の対象とすべき通信手段，傍受の実施の方法・場所，傍受ができる期間，傍受の実施に関する条件，有効期間等が記載される（同6条）。③傍受期間は，10日以内を原則とし，必要があるときは，10日以内の期間を定めて延長することができる（ただし，傍受期間は通じて30日を超えることはできない。同7条1項）。

(3) 傍受の実施

　①傍受令状が呈示され（通信傍受9条），②立会人が置かれ（同12条1項），③立会人により傍受の記録媒体の封印がなされる（同20条1項）。④令状に記載された通信に該当するかどうか明らかでないときは，該当性判断のための傍受ができる（同13条1項）。さらに，⑤傍受の実施中，令状記載の犯罪以外の犯罪で，対象犯罪にあたるか，または死刑，無期・短期1年以上の懲役・禁錮にあたる犯罪を実行したこと，実行していること，または実行することを内容とすると明らかに認められる通信を傍受できる（同14条）。⑥傍受した通信は，記録媒体に記録（同19条1項）・封印され（同20条1項），裁判官に提出される（同20条3項）。⑦通信の内容を刑事手続において使用するための記録（傍受記録）も作成される（同22条1項）。

(4) 通信当事者の防御権

①傍受記録に記録された当事者に対し，傍受記録を作成した旨および所定の事項を書面で通知しなければならない（通信傍受23条1項）。②当事者は傍受記録等の聴取・閲覧の請求ができ（同24条・25条），③当事者は裁判官のした通信の傍受に関する裁判や検察官等のした通信の傍受に関する処分に対し，不服申立てができる（同26条）。

その他，政府は，毎年，傍受令状の請求・発付件数などを国会に報告し，公表するものとされている（同29条）。

〈参照判例〉
① 最決昭和44年3月18日刑集23巻3号153頁・百選（8版）A2事件
② 最大決昭和33年7月29日刑集12巻12号2776頁・百選（8版）A3事件
③ 最決平成6年9月8日刑集48巻6号263頁・百選（8版）22事件
④ 最判昭和51年11月18日判時837号104頁・百選（8版）24事件
⑤ 最決平成10年5月1日刑集52巻4号275頁・百選（8版）25事件
⑥ 最決平成14年10月4日刑集56巻8号507頁・百選（8版）23事件
⑦ 最大判昭和36年6月7日刑集15巻6号915頁・百選（8版）A4事件
⑧ 最決平成8年1月29日刑集50巻1号1頁・百選（8版）15・28事件
⑨ 最決昭和55年10月23日刑集34巻5号300頁・百選（8版）31事件
⑩ 最決平成6年9月16日刑集48巻6号420頁・百選（8版）2事件・32事件
⑪ 最大判昭和44年12月24日刑集23巻12号1625頁〔京都府学連デモ事件〕百選（8版）9事件
⑫ 最判昭和61年2月14日刑集40巻1号48頁
⑬ 最決平成11年12月16日刑集53巻9号1327頁・百選（8版）34事件

〈参考文献〉
① 酒巻匡「令状による捜索・差押え(1)(2)」法教293号81頁, 294号104頁,「逮捕に伴う令状を必要としない強制処分」法教297号55頁
② 川出敏裕「令状による捜査(1)—範囲」百選(7版)48頁
③ 井上正仁「コンピュータ・ネットワークと犯罪捜査(1)(2)」法教244号49頁, 245号49頁
④ 大澤裕「コンピュータと捜査・差押え・検証」法教244号44頁
⑤ 長沼範良「電磁的情報に関する捜索・差押え」現代刑事法5巻5号45頁

column⑥
DNAデータベース

DNA情報の収集　イギリス・レスター大学の遺伝学者・ジェフリーズ（Alec J. Jeffreys）らが、DNA分析を応用した個人識別法を開発し、これを、「DNA指紋法」と名付けて科学雑誌「Nature」（1985年）に発表してから20年以上が経過し、DNA型鑑定は「指紋」とほぼ同様の確固たる地位を占めようとしている。その間、各国において、犯罪捜査のためのDNAデータベースの構築・運用のための法整備が行われてきたが、その中でも、イギリスが最も先進的で、アメリカがそれに続くといわれている。なお、G8司法・内務閣僚会議（2003年）は、「DNA情報の使用及び共有に関するG8原則」を採択しており、G8各国間におけるDNA情報の収集・利用と国際的協力の拡大が望まれている。

イギリス　イギリスでは、「身体の秘部の標本（intimate sample）」と「身体の秘部以外の標本」とが区別され、その両者について採取の手続・要件が法律で定められている（以下は、警察・刑事証拠法〔1984年〕およびその改正法〔1994年〕による）。まず、「身体の秘部の標本」とは、血液、精液その他の組織液、尿・陰毛の標本、歯痕、口以外の人の体腔から採取する綿標本をいい、「身体の秘部以外の標本」とは、陰毛以外の体毛の標本、爪・爪の下から採取する綿標本などをいう。口腔内から採取された唾液も身体の秘部以外の標本として扱われている。

標本の採取ができる犯罪は、内務省長官により指定される犯歴登録犯罪（recordable offence）であり、軽微な犯罪もこれに含まれている。「身体の秘部の標本」は、警視以上の階級の警察官がその採取を許可し、かつ、法定の同意があったときに限り、警察留置に付されている者から採取できる。ただし、警察留置に付されていない場合においても、警視以上の警察官がその採取を許可し、かつ、法定の同意がある場合で、犯罪捜査の過程で、同一の分析手法に適する2つまたはそれ

以上の秘部以外の標本を採取された者については，これらの秘部以外の標本では不十分であると証明されたときには，その者からの採取が許される。

「身体の秘部以外の標本」については，法定の同意を原則とするが，採取を受ける者が警察留置に付されているかどうかを問わず，犯歴登録犯罪で告発され，かつ，犯罪捜査の過程において身体の秘部以外の標本を採取されたことがないなど一定の事情が認められるときには，法定の同意なしの採取が許されている。また，犯歴登録犯罪で有罪となった者についても，同様に強制採取ができる。

採取した標本は，法科学研究機関などの行う分析を経たうえ，DNA型情報としてデータベースに保存される。その情報には，疾病・遺伝情報は含まれない。

身体の標本は，採取された者に対する当該犯罪の嫌疑が解消したときや訴追しない旨の決定がなされたときなどは，原則として，速やかに破棄されることになっている。

ロンドンにあるデータベースには，約220万件のDNA型情報が登録されている。そのうち約200万件は被疑者・受刑者等から，約20万件は犯罪現場から，それぞれ採取されたものである。イギリスにおけるDNA型情報のデータベースは，登録される犯罪が広範囲にわたっていることから，犯罪捜査の効率化，捜査線上からの無実の者の迅速な排除という大きな公共の利益をもたらしているといわれている。その一方で，DNA標本の採取が身体の完全性を保障したヨーロッパ人権条約8条1項や，同意なしに口腔内に採取キットを挿入する行為が非人道的な取扱いを禁止した同3条に，それぞれ違反する可能性があるとの指摘もなされている。

アメリカ　　一方，アメリカでは，1988年から1997年にかけて，全50州が各州法にもとづく独自のDNAデータベースを構築するとともに，1994年には，連邦捜査局（FBI）所管の連邦DNAデータベース（Combined DNA Index System. 以下，「CODIS」という）が創設された。FBIは，各州のデータバンクを接続し，各州より得られた情

報を索引化することができるだけでなく，特定の連邦犯罪（殺人・性犯罪・誘拐・強盗・住居侵入・放火等）で有罪とされた者から採取されたDNA標本を分析したうえ，DNA型情報をCODISに登録する。DNA標本は，通常，採血によって取得されているが，DNA型情報の登録件数は約240万件（そのうち約230万件は有罪確定者から採取されたもの）である。

　DNA型情報は，原則として個人の遺伝特性を示さない，単なる個人識別情報である。DNA型情報は，捜査目的等一定の目的以外に開示・利用することは許されない。登録されたDNA型情報は，裁判所によってCODIS対象者の有罪判決が取り消された場合には抹消される。DNA標本についても，DNA型情報の場合と同様の一定目的以外の開示・利用が禁止されている。

　DNA標本の採取対象者については，連邦はじめほとんどの州が，イギリスと対照的に，有罪判決を受けた者に限っている。また，当初，性犯罪および特定の暴力犯罪で有罪とされた者をデータベースの対象者としていたが，最近では，DNA標本を要求する犯罪カテゴリーの拡大化傾向がみられる。

　DNA標本の採取は「不合理な捜索・押収」を禁止した連邦憲法修正4条に違反しないかが裁判所で争われたことはあるが，まだ連邦最高裁の判断は示されていない。

CHAPTER 7

被疑者取調べと弁護活動

被疑者の防御方法

lead　アパートのV方居室が約10日間にわたり施錠されたままで，Vの所在も不明であるとのVの妹からの通報により，警察官がV方に赴いたところ，Vが殺害されているのが発見された。警察官は，Vと同棲していたことのあるAに警察署への同行を求め，午後11時半過ぎから本格的な取調べを開始した。

取調べの冒頭，Aが「同棲していたので知っていることは何でも申し上げます」などと述べて捜査協力を申し出たので，夜を徹した取調べが行われた。翌朝9時半過ぎに，Aは，Vを殺害しその金品を窃取した事実について自白を始めたが，強盗殺人の容疑を抱いていた警察官は，その後も取調べを続けた。Aは，強盗殺人について自白し，その後，逮捕状により，同日午後9時25分逮捕された。

Aに対する徹夜の長時間（22時間）の取調べは，許されるのであろうか。Aが裁判で「私は強盗殺人などやっていません」と言った場合，Aが捜査機関に対して自白していたことは無意味となるのであろうか。捜査機関の取調べを受けている被疑者は，弁護人からどんな援助を，どのようにして受けられるのであろうか。

1　被疑者取調べ

被疑者は，犯罪の嫌疑を受け，捜査の対象となっている者であって，きわめて重要な「情報源」である。被疑者の話（供述）は，犯

罪事実の解明にとって必要であり，とりわけ，被疑者が犯行を認める供述である自白は，それ自体犯罪事実を証明する証拠となりうるものである。さらに，犯行に使った凶器の隠し場所などに関する供述から物的証拠を収集することも可能となる。また，取調べは，被疑者が真の犯人であれば，早期に反省して更生への途を進み始めることができるようにする（池田＝前田129頁）ものと考えられている。そこで，取調べは，勢い追及的なものとなり，強制にわたる危険性を否定できない。これに対し，法は，自己に不利益な供述を強要されない権利（憲38条1項）を保障しているほか，強制，拷問，脅迫等による自白の証拠能力を否定する（憲38条2項，319条1項）ことによって，間接的に自白が強要されることを防止している。

被疑者の取調べと黙秘権

捜査機関は，犯罪の捜査をするについて必要があるときは，被疑者の出頭を求め，これを取り調べることができる（198条1項）。被疑者の出頭を確保するため，被疑者に同行を求めることも許される（任意同行）。取調べにあたっては，被疑者に対し，あらかじめ，自己の意思に反して供述をする必要がない旨を告げなければならない（黙秘権。198条2項）。憲法は，何人も自己に不利益な供述を強要されない権利（自己負罪拒否特権）を保障している（憲38条1項）が，刑訴法は，その趣旨を拡充し，被疑者に対し包括的な黙秘の権利を認めたものと理解されている。

被疑者は，黙秘権を任意に放棄して，供述することができる。捜査機関は，被疑者が供述をすれば，それを調書に録取して，誤りがないかどうかを被疑者に確かめ，被疑者が誤りがないことを申し立てたときは，調書への署名・押印を求めることができる（198条3～5項）。署名・押印のある被疑者供述調書は，一定の要件のもとに証拠となる（322条1項。ch.12参照）。leadで，Aが裁判で捜査機関に対してした自白を撤回した場合でも，Aの（署名・押印のある）

自白調書は，任意になされたものと認められるかぎり，有罪の証拠となりうる。

身柄拘束被疑者は取調べを受けなければならないか

刑訴法は，「被疑者は，逮捕又は勾留されている場合を除いては，出頭を拒み，又は出頭後，何時でも退去することができる」と定めている（198条1項但書）。身柄を拘束されていない被疑者（「在宅被疑者」といわれる。leadのAはこれにあたる）は，捜査機関の出頭要求を拒否し，いったん出頭しても自らの意思でいつでも退去する自由がある。

これに対し，身柄を拘束されている被疑者についてはどうであろうか。捜査の実務は，身柄拘束被疑者には出頭拒否・退去の自由はなく（すなわち，出頭義務・滞留義務があり），取調べを受ける義務（取調受忍義務）があると解している。「逮捕又は勾留されている場合」には，「出頭を拒み，又は出頭後，何時でも退去すること」はできないというように，刑訴法198条1項但書の文言を反対解釈する。こうした立場は，「捜査は，本来捜査機関が，犯罪事実を究明し，被疑者を取り調べるための手続」であって，そのために逮捕・勾留という強制処分が認められる，とみる見解にもとづいている。

これに対し，捜査は，「捜査機関が単独で，被疑者とは無関係に行う準備活動」であり，強制処分は，将来の公判に備えて裁判所が犯人および証拠を保全する行為であるが，捜査機関も被疑者側も強制処分の結果を利用することはできる，とみる見解がある。これによると，被疑者は捜査機関と対等の存在と捉えられるため，一方の当事者であるにすぎない捜査機関が被疑者に取調べを受けることを強要することはできない。刑訴法198条1項但書については，身柄を拘束された被疑者が取調べのための「取調室」への出頭を拒否しうることを認めても，逮捕・勾留の効力自体を否定するものではない趣旨を注意的に明らかにしたにとどまる，などと解釈されること

となる。

　そもそも、逃亡・罪証隠滅の防止を目的とした逮捕・勾留と取調べとは別個の処分であって、逮捕・勾留を「取調べのための」強制処分と捉えることは妥当でない。また、取調べを受ける義務を課して取調べを行うことは、黙秘権を侵害する危険を生じさせるといえる。黙秘権を実質的に保障するためには、取調べ自体に応じるかどうかを決定する自由を被疑者に与えなければならないことから、取調受忍義務を認めることはできないと解すべきである。

余罪の取調べ

　捜査機関は、A罪（たとえば、窃盗罪）で逮捕・勾留された被疑者について、余罪（逮捕・勾留の根拠となっている被疑事実〔窃盗〕と異なる被疑事実）であるB罪（たとえば、殺人罪）について取り調べることができるだろうか。

　取調受忍義務を認めることを前提として、A罪で逮捕・勾留したときは、取調受忍義務はA罪について認められるが、事件単位の原則（ch.5参照）により、B罪には認められないとして、B罪の取調べは許されないとする見解（事件単位説）がある。もっとも、B罪が軽微犯罪である場合やA罪と同種の犯罪、密接な関連性のある犯罪である場合などは、例外的にその取調べが許容される。この見解に対しては、取調受忍義務は容認できない、事件単位の原則は身柄拘束に関するものであり、これを取調べの規制原理とすることには疑問がある、といった批判が加えられている。

　身柄拘束と取調べは理論上まったく別個のものと解すべきであって、任意取調べとして、原則として取調べの範囲に制限はないと考える見解が有力である。もっとも、令状主義の潜脱は許されないとされ、違法な別件逮捕・勾留（ch.5参照）による取調べとなるような余罪取調べは認められない（令状主義潜脱説）。取調べの許される余罪の範囲は、事件単位説の場合と大きな違いはないとされる（田

口 125 頁）。

🔹 任意取調べの限界は何か

　最高裁は，被疑者の取調べについて，それが強制手段（「個人の意思を制圧し，身体，住居，財産等に制約を加えて強制的に捜査目的を実現する行為」をいう〔判例①〕。ch.4 参照）によることができないだけでなく，さらに，「事案の性質，被疑者に対する容疑の程度，被疑者の態度等諸般の事情を勘案して，社会通念上相当と認められる方法ないし態様及び限度において，許容される」（判例②）としている。

　こうした規律は抽象的なものであり，つぎにその具体的な適用例をみてみよう。殺人事件の被疑者に帰宅できない特段の事情もないのに，4 夜にわたり捜査官の手配した所轄警察署近くのホテル等に宿泊させその動静を監視し，連日，警察車両で警察署に出頭させ，午前中から深夜に至るまで長時間取調べを行ったという事案について，最高裁は，宿泊の点など任意捜査の方法として必ずしも妥当とはいい難いとしたうえ，①被疑者がこうした宿泊を伴う取調べに任意に応じていたこと，②事案の性質上速やかに被疑者から詳細な事情・弁解を聴取する必要があったことなどの事情を総合すると，社会通念上やむを得なかったものであり，任意捜査として許容される限界を超えた違法なものであったとまではいえないと判断した（判例②）。

　また，lead のように，強盗殺人事件の被疑者を午後 11 時過ぎに警察署に任意同行した後，一睡もさせずに徹夜で，かつ，翌朝一応の自白を得た後も，午後 9 時過ぎに逮捕するまで継続して合計約 22 時間にわたり取り調べた場合はどうか。最高裁は，長時間にわたる取調べは，被疑者の心身に多大な苦痛，疲労を与えるものであるから，特段の事情のない限り容易に是認できないとしつつ，つぎの事情を指摘して取調べは適法であるとした。すなわち，①冒頭に

被疑者から進んで取調べを願う旨の承諾があったこと，②殺人と窃盗の自白後も，真相は強盗殺人ではないかとの疑いを抱いて取調べを継続したものであること，③被疑者が取調べの拒否や休憩を求めた形跡がないこと，④被疑者が重要な点につき虚偽の供述や弁解を続けたこと，⑤事案の性質・重大性等が，これである（判例③）。

　これらの判例は，いずれも限界事例に関するものである（いずれの決定にも，取調べを違法とする少数意見が付されている）。この種の取調べがつねに許されるというわけではなく，事案の性質・重大性，被疑者の承諾の有無・内容，取調べの必要性などを総合して，その許容性が判断されることに留意すべきである。

取調べの適正化・可視化

　刑訴法は，被疑者取調べへの弁護人の立会権を認めていない。法は，捜査機関が弁護人の立会いを認めることを禁じるものとは解されないが，実際上，被疑者の取調べは，捜査機関だけしか立ち会わない形で実施されている。このことは，取調べにより作成された被疑者供述調書の任意性・信用性に関する判断をきわめて困難なものとするといった問題を生じさせている。

　取調べの適正化・可視化については，弁護人の立会いのほか，取調時間の制限，取調状況の録音・録画などが検討されるべき方策として挙げられているが，『司法制度改革審議会意見書』（2001年）をうけ，被疑者取調べの書面による記録化が行われるようになった。捜査機関は，取調年月日・場所，取調担当者，取調時間，被疑者の氏名・生年月日，逮捕・勾留罪名，調書作成の有無およびその通数，余罪取調調書の有無等を書面により記録しなければならない（犯罪捜査規範182条の2）。この「取調状況報告書」は，「公判前整理手続」（ch.9参照。316条の2以下）において証拠開示の対象とされている（316条の15第1項8号）。

2 被疑者の防御活動——弁護人の活動

弁護人依頼（選任）権

　被疑者が自己を守るため黙秘権を有することは前述のとおりであるが，法律の素人である被疑者にとって，法律の専門家による援助を受ける権利は，その防御権としてきわめて重要なものである。旧刑訴法のもとでは，公訴の提起後，すなわち被告人になってはじめて，弁護人の選任が認められていたにすぎなかった（旧刑訴39条）。憲法は，「何人も，……直ちに弁護人に依頼する権利を与へられなければ，抑留又は拘禁されない」と規定して（憲34条前段），身柄を拘束された被疑者に 弁護人選任権 を保障し，さらに，現行刑訴法は，「……被疑者は，何時でも弁護人を選任することができる」と定めて，身柄拘束の有無を問わず，かつ，いつでも，弁護人選任権があるものとした（30条1項）。また，捜査機関は，身柄を拘束された被疑者に対しては，弁護人選任権を告知するものとされている（203条1項等）。

　被疑者のための国選弁護制度 の採択は，年来の大きな課題であったが，2004年の刑訴法改正により実現した。①死刑または無期・短期1年以上の懲役・禁錮にあたる事件について，②勾留状が発せられている（または，勾留を請求された）被疑者が，③貧困その他の事由により弁護人を選任することができないときは，裁判官は，④その請求により，弁護人を付さなければならないこととなった（37条の2第1項・2項。なお，対象事件は，2009年5月27日までに，死刑または無期・長期3年を超える懲役・禁錮にあたる事件に拡大される）。また，裁判官は，被疑者国選弁護人対象事件について，「精神上の障害があると認める」被疑者に，職権で弁護人を付することができる（37条の4）。こうした弁護権拡充に刑訴法の進化の歴史をみることができる。

捜査段階における弁護

捜査段階における弁護人の活動には，つぎのものがある（田口139頁）。弁護人は，①被疑者が身柄を拘束されている場合は，その相談相手となり，拘束状態に伴う不安を除去する。また，家族の状況等の外界の情報を提供して，孤立感を和らげる。②被疑者の置かれている立場について，訴訟手続などの法律知識を説明し，とくに被疑者が取調べを受ける場合には黙秘権等の諸権利を教示する。③捜査機関の捜査が適正に行われるように監視し，違法手続があれば不服を申し立てる（後述note 4）。④被疑者の利益となる証拠を収集し，あるいは証拠保全を請求する（後述112頁）。⑤被害者との示談交渉をまとめ，不起訴処分のための資料を検察官に提供するなど，被疑者の立ち直りのための環境を整備する，などである。

防御の相談――接見（面会）

弁護人がこうした活動を行ううえでとくに重要なのは，自由に被疑者と接見（面会）できることである。とりわけ，逮捕・勾留されている被疑者にとって，弁護人と防御について十分に相談する機会がなければ，その効果的な援助を受けることははなはだ困難である。最高裁も，弁護人に依頼する権利を定める憲法34条前段は，「単に被疑者が弁護人を選任することを官憲が妨害してはならないというにとどまるものではなく，被疑者に対し，弁護人を選任した上で，弁護人に相談し，その助言を受けるなど弁護人から援助を受ける機会を持つことを実質的に保障しているもの」であり，被疑者の接見交通権を定める刑訴法39条1項は，そうした機会を確保する目的で設けられたという意味で，「憲法〔34条前段〕の保障に由来する」（判例④）ものと捉えている。

身体の拘束を受けている被疑者は，弁護人または弁護人選任権者の依頼により弁護人となろうとする者（以下，「弁護人等」という）と立会人なしに接見し，または書類や物の授受をすることができる

(39条1項)。立会人なしに接見をする権利であるところから，秘密交通権とも呼ばれる。接見交通権は，「身体を拘束された被疑者が弁護人の援助を受けることができるための刑事手続上最も重要な権利に属するものである」（判例⑤）。勾留されている被疑者は，家族など弁護人以外の者と面会することもできるが，弁護人等の接見と異なって，秘密性がなく，また，裁判官による制限（接見禁止など）も認められる（207条1項・80条・81条）。

接見指定規定とその合憲性

しかし同時に，刑訴法は，捜査機関は「捜査のため必要があるとき」は，公訴提起前に限り，接見等の「日時，場所及び時間」を指定できるとしている（39条3項本文）。もっとも，「指定」は，被疑者が防御の準備をする権利を「不当に制限する」ものであってはならない（同項但書）。

接見交通権が憲法の保障に由来する権利であるとすると，接見交通権に対する制約を認める規定（39条3項）は，憲法に違反しないのであろうか。この点につき，最高裁は，刑訴法において身体の拘束を受けている被疑者の取調べが認められていること，被疑者の身体の拘束については厳格な時間制限があること（ch.5参照）などを考えると，「被疑者の取調べ等の捜査の必要と接見交通権行使との調整を図る」必要があり，「身体の拘束を受けている被疑者に対して弁護人から援助を受ける機会を持つことを保障するという趣旨が実質的に損われない限りにおいて」，刑訴法にこの調整の規定（39条3項）を設けることは弁護人依頼権を保障した憲法34条前段に違反しないとの考えを示している（判例④）。

接見自由の原則と接見指定要件

このような刑訴法39条の趣旨，内容に照らすと，捜査機関は，弁護人から接見の申出があったときは，原則として何時でも接見の機会を与えなければならない。接見指定のための要件である「捜査

のため必要があるとき」とは、「取調べの中断等により捜査に顕著な支障が生ずる場合」(判例④) に限られる。現に被疑者を取調べ中である場合や、実況見分、検証等に立ち会わせている場合、また、間近い時に取調べ等をする確実な予定がある場合などが、原則として「捜査に顕著な支障が生ずる場合」に当たるものと考えられている。また、指定要件が具備され、接見等の日時等の指定をする場合も、弁護人等と協議して速やかな接見等のための日時等を指定し、被疑者が弁護人等と防御の準備をすることができるような措置をとらなければならない。

被疑者が逮捕された直後の初回の接見については、弁護人選任を目的とし、今後取調べを受けるにあたっての助言を得る最初の機会であるため特段の配慮が必要となる。接見の申出を受けた捜査機関は、たとえ接見指定要件が具備された場合でも、弁護人となろうとする者と協議して、即時または近接した時点での接見を認めても接見の時間を指定すれば捜査に顕著な支障が生ずるのを避けることが可能なときは、特段の事情がない限り、逮捕後の手続を終えた後、比較的短時間でも時間を指定したうえで即時または近接した時点での接見を認める措置をとらなければならないと解されている。被疑者の取調べを理由にこの時点での接見を拒否するような指定をすることは、39条3項但書に違反して被疑者が防禦の準備をする権利を不当に制限するもので、違法である (判例⑥)。

接見指定の方法

捜査機関が接見の日時等を指定する際、いかなる方法をとるべきかは、その合理的裁量に委ねられている。電話などの口頭による指定のほか、書面 (いわゆる接見指定書) の交付による方法も許される。しかし、著しく合理性を欠き、迅速かつ円滑な接見交通を害するような接見指定の方法をとることは許されない (判例⑦)。

任意同行後取調べ中の被疑者との面会

　任意同行後に取調べを受けている被疑者は，弁護人と面会する権利があるか。弁護人から面会の申出があった場合，捜査機関はそれを被疑者に伝える義務があるのか。裁判例には，被疑者の弁護人は，弁護活動の一環として，いつでも自由に被疑者と面会することができるが，取調べを受けている被疑者と直接連絡をとることができないから，捜査機関は，弁護人から面会の申出があった場合には，原則として，取調べを中断し，その旨を被疑者に伝え，被疑者が面会を希望するときは，その実現のための措置をとらなければならないとしたものがある（判例⑧）。

[note 4] 不服申立手段

　被疑者の弁護人等は，押収の裁判に対する準抗告（429条1項2号），捜査機関の行った押収処分等に対する準抗告（430条。以上につき，ch.6参照）のほか，被疑者が逮捕・勾留された場合は，勾留の裁判に対する準抗告（429条1項2号），勾留取消請求（207条1項・87条），勾留理由開示請求（207条1項・82条2項。以上につき，ch.5参照），接見制限等に対する準抗告（430条）などを行うことができる。捜索・差押えなどの強制処分については，被告人の弁護人の場合と異なり，立会権はない（222条1項は113条を準用していない）。取調べへの立会いについても，刑訴法に明文規定はない（前述107頁）。

被疑者側の証拠の収集・保全

　捜査機関は，被疑者に有利な証拠も収集するが，このことは，被疑者側が自分に有利な証拠を自ら積極的に収集・保全しておく必要を否定するものではない。強制処分権を認められていない被疑者・弁護人は，「あらかじめ証拠を保全しておかなければその証拠を使用することが困難な事情がある」場合には，裁判官に対し押収，捜索，検証，証人尋問，または鑑定の処分を請求できる。被疑者が起訴されて被告人となった後も，第1回公判期日前に限り，この請求は可能である（179条1項）。

〈参照判例〉
① 最決昭和51年3月16日刑集30巻2号187頁〔岐阜呼気検査拒否事件〕百選（8版）1事件
② 最決昭和59年2月29日刑集38巻3号479頁〔高輪グリーン・マンション殺人事件〕百選（8版）7事件
③ 最決平成元年7月4日刑集43巻7号581頁〔平塚ウエイトレス殺人事件〕百選（8版）8事件
④ 最大判平成11年3月24日民集53巻3号514頁〔安藤・斎藤事件〕百選（8版）36事件
⑤ 最判昭和53年7月10日民集32巻5号820頁〔杉山事件〕
⑥ 最判平成12年6月13日民集54巻5号1635頁〔第2次内田事件〕百選（8版）37事件
⑦ 最判平成3年5月10日民集45巻5号919頁〔浅井事件〕
⑧ 福岡高判平成5年11月16日判時1480号82頁・百選（8版）38事件

〈参考文献〉
① 酒巻匡「供述証拠の収集・保全(1)(2)(3)」法教287号79頁，288号70頁，290号77頁
② 佐藤隆之「被疑者の取調べ」法教263号137頁
③ 田中開「接見交通」法教264号72頁
④ 「特集・取調べと接見交通権」現代刑事法2巻5号5頁

column⑦ 弁護人の立会いは被疑者の権利

ミランダ判決と黙秘権　アメリカのテレビ・ドラマや映画を見ていると，警察官が逮捕した被疑者に「あなたには黙秘権がある……」と告げているシーンが出てくる。警察官は，ミランダ判決の命じた告知を行っているのである。連邦最高裁は，1966年のミランダ判決 (Miranda v. Arizona, 384 U.S. 436 (1966)) において，つぎのルールを示した。すなわち，身柄拘束中の被疑者を取り調べるには，それに先立って，①黙秘する権利（黙秘権）があること，②供述すれば不利益な証拠となりうること，③取調べへの弁護人の立会いを求める権利があること，および，④弁護人を依頼する資力がなければ（公費で）弁護人を付してもらうことができることを告知しなければならない，これらの権利を放棄して取調べに応じたが，被疑者が黙秘したいとか，弁護人の立会いを希望したいと申し出たときは，ただちに取調べを中止しなければならない，これらの手続に反する取調べによって得られた自白その他の供述は証拠として使用することができない，というものである。このルールが，「ミランダ法則 (Miranda rule)」（①～④がミランダ警告〔Miranda warnings〕）と呼ばれているものである。

外界から隔離して行われる密室尋問には本来的に強制的雰囲気が伴い，連邦憲法修正5条の保障する自己負罪拒否特権の侵害される危険が大きいことから，この強制的雰囲気を取り除き，自己負罪拒否特権の保障を確実にするための手続上の保護措置 (procedural safeguards) が必要だと考えられた。自己負罪拒否特権こそ，アメリカの刑事手続の採用する「弾劾方式 (accusatorial system)」（処罰を求める政府がすべての立証責任を負うやり方）を支える「大黒柱」だというのが，ミランダ判決の思想的基盤である。

ミランダ判決の衝撃　ミランダ判決は，被疑者が弁護人の援助を受けながら，取調べに応じて話をするかどうかを自己決定できることを認める画期的なものであっただけに，激しい賛否の両論を捲き起こ

した。反対論は，取調べができなくなり自白獲得が困難となって，有罪率が下がると主張した。連邦議会上院でミランダ判決の多数意見に加わったAbe Fortas判事の長官昇格に反対する議事妨害が行われたことや，連邦最高裁判事の補充人事でミランダ判決に反対する裁判官を指名することを公約していたRichard Nixon氏が大統領選に勝利を収めたことは，ミランダ判決がアメリカ社会に与えた影響の大きさを窺わせる。反対論は，1968年にミランダ法則を廃棄する内容の規定（包括的犯罪統制および安全街路法3501条）を制定させることにも成功した。

ところが，連邦司法省は，さまざまな事情から，3501条の適用を拒否する態度を堅持し，連邦最高裁も，ミランダ法則を破棄することはなかった。この間，ミランダ警告は，中学生なら誰でも知っているといわれるまでにアメリカの社会に定着していったが，この点で，テレビ・ドラマや映画の果たした役割は小さくない。連邦最高裁は2000年，連邦議会が3501条を制定し，これによりミランダ法則を廃棄しようとしたのは憲法違反であったと判断するに至った（Dickerson v. United States, 530 U.S. 428 (2000)）。なお，ミランダ判決のインパクトに関する研究成果がCassellとSchulhoferによって発表された（1996年）。Cassellは，自白採取率は16.1％，有罪率は3.8％，それぞれ低下したとしており，これに対し，Schulhoferは，自白採取率は6.7％，有罪率は0.78％（ミランダ判決直後の数値。今日ではゼロに近い），それぞれ低下したとみている。Cassellの研究によれば，反対論の懸念は必ずしも杞憂ではなかったといえよう。

ミランダ法則を突き崩す戦略　3都市の警察署で行われた取調べ（182件）に関するLeoの研究は，興味深い数字を示している。まず，逮捕された被疑者のうち，黙秘権や弁護人の立会いを求める権利など（以下，「ミランダの権利」という）を放棄して取調べを受けた被疑者の割合（権利放棄率）は，78.2％に達している。権利放棄が有効であるためには，任意性（権利放棄が脅迫・強制・偽計によるものではなく，自由で慎重な選択の所産であること）と知悉性（放棄される権

利の性質および放棄の効果を知悉したうえでなされること）の2要件が充足されなければならないが，高い権利放棄率を支える事情として，Leoの研究は，ミランダの権利を放棄させるための戦略の存在を指摘している。その戦略とは，①条件づけ（捜査官が好意的な態度で被疑者に接しその警戒心を解くことによって質問に答えたくなるようにすること），②減殺（ミランダ警告を被疑者との会話の中に溶け込ませることにより，あるいは，ミランダ警告が単なる形式だけのものであると思わせることにより，ミランダの権利の重要性を減殺すること），③説得（権利を放棄するよう被疑者を直裁的に説得すること）である。この戦略がどの程度奏功しているかを考えるにあたっては，弁護人立会いの下での放棄が有効要件とされていない点に留意することも必要であろう。

つぎに，自白の採取率は64％であるが，自白したかどうかは，有罪率に大きな差をもたらしている。自白した被疑者の有罪率は69％，自白しなかった被疑者のそれは43％である。このことは，自白が有罪のきわめて有力な証拠であることを示すものだと捉えられている。こうした自白の重要性にもかかわらず，取調べにおいては，ミランダ判決以前と同様，自白獲得のために考案されたさまざまな尋問技術が駆使されている。任意にされなかった自白は証拠能力が認められないが，ミランダ警告を告知したという事実は，取調べが強制的であったと判断される可能性を減少させる機能を果たしているとして，ミランダ警告は「警察を自由の身にする」ものだとみるむきもある。

ミランダ法則は，どんな被疑者を保護するのに役立っているのか。ミランダの権利を行使する被疑者は，後で弁護人に自白を材料に検察官と取引をしてもらおうと考えている「心得た（savvy）」者だけだといわれる。被疑者の権利保障を全うするには，取調べを録音・録画させるなど，ミランダ法則に代替する，またはそれを補強するルールが必要であるが，こうしたルールの考案・導入を妨げているのは，皮肉にもミランダ法則の存在だという人もいる。

III 公訴，そして公判へ

CHAPTER 8 訴訟の始まり——公訴の提起
CHAPTER 9 訴訟の進行——公判手続と裁判員制度
CHAPTER 10 審判の対象——公訴事実と訴因
　column⑧　起訴法定主義
　column⑨　陪審制度・参審制度・裁判員制度
　column⑩　職権主義・実体的真実主義

CHAPTER 8

訴訟の始まり

公訴の提起

lead 覆った不起訴処分——隼（しゅん）君事件　1997年11月28日朝，東京都世田谷区で登校途中の小学2年生片山隼君が横断歩道を横断中，大型ダンプカーに轢かれて死亡するという傷ましい事故が発生した。それから約1年後の1998年11月26日，東京地検の検察官は，いったん不起訴処分としていたダンプカーの運転手を，業務上過失致死の罪で起訴した。

この運転手は，事故後間もなく，道路工事現場で待機しているところを業務上過失致死と道路交通法違反（ひき逃げ）の現行犯人として逮捕されたが，本人に事故の認識がなく，目撃者の供述からも，事故当時の横断歩道の信号表示や被害者の動きが明らかとならなかった。そこで，検察官は，事件発生から20日後の1997年12月18日，嫌疑不十分として，この運転手を不起訴処分とした。

しかし，検察官の処分に疑問を抱いた被害者の両親は，1998年5月，東京第二検察審査会に審査を申し立てる一方，6月には東京高検にも不服を申し立て，高検の指示で，地検が再捜査を進めていた。起訴の決め手となったのは，不起訴処分後に被害者の両親の訴えを知り，新たに名乗り出た目撃証人の供述であった。

不起訴から起訴へ——被害者の両親の思いが実った処分見直しであるが，そこに至るまでの想像するに余りある苦労は，刑事手続の基本的な仕組みと関わるところもある。損害賠償を求める民事の訴えであれば，犯罪の被害者あるいはその遺族は，加害者を相手取り，自らその提起をすることができる。犯罪の犯人に対し処罰を求める刑事の訴えは，誰が，どのようにして行うのだろうか。

1 公訴は検察官が行う——公訴提起の諸原則

糾問主義から弾劾主義へ

 古くは、犯罪が行われた疑いがあると、裁判機関自らが、犯人の探索と証拠の収集を行い、その結果にもとづいて裁判を行っていた時代もある。ヨーロッパの絶対王政のもとにおける裁判所やわが国の江戸時代の奉行所(時代劇を思い浮かべてみよう)が行っていたのは、このような手続である。犯罪の捜査・訴追機関と裁判機関とが未分化で、1つの国家機関が両者の役割を一体として担う刑事手続の仕組みを、糾問主義という。糾問主義の手続は、捜査・訴追・裁判を一体として担う国家機関と犯人の疑いをかけられた被疑者・被告人とが対峙する二面構造の手続である。そこでは、国家機関が終始優位な立場に立ち、犯罪の嫌疑が向けられた被疑者・被告人に対し、有罪とする方向での追及を行うことになりやすく、被疑者・被告人は、劣弱な地位に置かれた。

 これに対し、市民革命を経た近代国家においては、犯罪の捜査・訴追機関と裁判機関とが分化した刑事手続の仕組みがとられるようになる。このような手続の仕組みを、弾劾主義という。弾劾主義の手続は、捜査・訴追機関が被告人の犯罪を主張し、被告人がこれに対し防御し、その結果にもとづいて第三者である裁判機関が裁判するという三面構造の手続である。これによって、裁判の公平性の確保と被疑者・被告人の地位の強化が図られた。

犯罪の犯人を訴追するのは誰か

 弾劾主義の刑事手続においては、裁判所は、権限を有する訴追機関からの訴えがない限り、裁判を行うことはない(不告不理の原則)。そこで、犯罪の犯人の処罰を求めて裁判所に訴えを提起する権限(刑事訴追の権限)を持つのは誰かという問題が生じる。

この点で，わが国の刑訴法は，「公訴は，検察官がこれを行う」(247条) と定めている。わが国では，刑事訴追の権限を持つのは，後に述べるわずかな例外を除き，検察官のみである。言い換えると，検察官が起訴した事件・起訴した者のみが，裁判所で裁判を受けることになる。わが国の刑事訴追制度は，国家機関である検察官が訴追権限を持つ点で**国家訴追主義**であり，また，基本的に検察官という単一の機関が訴追権限を持つ点で起訴独占主義である。

　このことは，わが国に生まれ育った者には，あるいは当然のこととしか映らないかもしれない。しかし，刑事訴追の権限を誰に与えるかは，国によりあるいは時代により，さまざまである。

　たとえば，ヨーロッパにおいていち早く弾劾主義を採用したイギリスでは，犯罪の訴追は，一般私人を含む誰もが行うことができるという私人訴追主義の建前がとられている（実際の刑事訴追の大部分は，警察が担っている）。また，検察官制度の発祥の地であるフランスでも，検察官による公訴と並んで，私人訴追の性格をもつ私訴の制度が存在する。フランスの検察官制度を継受したドイツでも，検察官による訴追と並んで，一定の犯罪については，被害者による私人訴追が認められている。

　これらの国々と比べると，わが国は徹底した国家訴追主義を採用し，検察官による**起訴独占主義**が高度に貫かれている。犯罪の被害者やその遺族等に私人訴追が許されることはない。これは，わが国の刑事訴追制度の特色の1つである。

note 5　各国における私人訴追の制度

　イギリスには，比較的最近まで検察官の制度が存在しなかった。1985年に「検察官 (crown prosecutor)」という名称の制度が導入された後も，建前としての私人訴追主義と実態としての警察訴追に基本的な変化はない。検察官は，刑事訴追の権限そのものを持つわけではなく，警察による訴追を受け継いでその審査を行い，不適切な訴追を

打ち切ることをその主要な役割としている。

　フランスでは，犯罪の被害者は，犯罪によって生じた損害の賠償を求めて，刑事裁判所に私訴を提起し，刑事事件とあわせて損害賠償の判決を得ることができる。このような私訴の提起は，検察官が公訴を提起していない事件においても妨げられず，その場合には，私訴によって，検察官の意思とかかわりなく刑事裁判自体が開始されることになる。私訴は，損害賠償という民事上の請求を目的とするが，刑事事件に対する私人訴追の要素をも持つのである。

　ドイツでは，後述するように起訴法定主義の原則がとられているが，私人訴追が許される類型の犯罪（比較的軽微な犯罪である）については，この原則の例外として，検察官は「公の利益を伴うときに限り」起訴するものとされている。検察官の訴追義務が緩和されている分，犯罪被害者の訴追意思を無視しない仕組みとして，私人訴追が認められているのである。

検察官は訴追に際しどのような権限を持つか

　このようにわが国では，検察官が刑事訴追の権限をほぼ独占し，捜査が行なわれた事件について起訴するかどうかを決定する。では，検察官は，起訴・不起訴の決定にあたり，どのような内容の権限を持っているだろうか。

　捜査の過程で収集された証拠から被疑者が犯罪を行ったことについて十分な嫌疑が認められない場合には，当然のことながら，起訴することは許されない。また，犯罪の嫌疑が認められる場合であっても，たとえば，親告罪において被害者の告訴がなされていない場合や犯罪後の時間の経過により公訴時効が完成している場合など，手続上，起訴を不適法とする事由が存在する場合（公訴提起の要件が満たされない場合）には，やはり起訴することは許されない。これらの場合には，検察官は**不起訴**の処分をしなければならないことになる（狭義の不起訴）。

　しかし，犯罪の嫌疑が認められ，公訴提起の要件が満たされてい

る場合であっても,検察官は必ず起訴しなければならないかというと,そうとは限らない。

この点で,わが国の刑訴法は,「犯人の性格,年齢及び境遇,犯罪の軽重及び情状並びに犯罪後の情況により訴追を必要としないときは,公訴を提起しないことができる」(248条)と定めている。これは,起訴が許される場合であっても,広く犯罪および犯人の情状を考慮し,検察官の裁量により不起訴とすることを認める趣旨である。このような不起訴を **起訴猶予** といい,検察官に不起訴とする裁量を認める訴追制度のあり方を **起訴便宜主義** という。

これに対し,犯罪の嫌疑が認められ,公訴提起の要件が満たされている場合には,起訴ができる以上,検察官の裁量を認めることなく,必ず起訴しなければならないとする訴追制度も考えられる。このような訴追制度のあり方を **起訴法定主義** という。たとえば,ドイツでは,例外があるものの,起訴法定主義の建前がとられている。

わが国では,刑訴法に明文の根拠規定がなかった明治時代から,実務において起訴猶予が行われるようになり,大正時代に立法された旧刑訴法は,ドイツ法の強い影響を受けていたにもかかわらず,起訴便宜主義を定める明文の規定を置いた。起訴便宜主義は,わが国の刑事手続に深く根をおろしている。

2 検察官は起訴・不起訴をどのように選別しているか

検察官による起訴・不起訴の緻密な選別

検察官による起訴・不起訴の実際を統計で見てみよう。つぎの表は,2005年1年間の検察庁終局処理人員を処分ごとに示したものである。

2005年の検察庁終局処理人員

	総数	起訴		不起訴		家裁送致
		公判請求	略式命令請求	起訴猶予	その他	
全犯罪	2,139,557	146,352	716,116	988,473	73,028	215,588
刑法犯	1,261,709	96,137	105,335	829,401	62,235	168,601
一般刑法犯	367,025	87,772	21,669	77,245	46,939	133,400

一般刑法犯：刑法犯から交通事故に起因する業務上過失致死事件を除いたもの

(平成18年版犯罪白書より)

　一見してわかるとおり、わが国では、起訴猶予が多用されている。現実に起訴された人員に起訴猶予の人員を加えて導かれる起訴可能人員（起訴猶予の人員については、起訴しようと思えば起訴できたはずである）を母数としてみると、たとえば、交通事故に起因する業務上過失致死傷事件（起訴猶予の比率が極端に高い）を除いた刑法犯（一般刑法犯）の場合、現実に起訴されたのは58.6％、起訴猶予とされたのは41.4％である。ここからは、起訴が可能な者についても、広く情状を考慮し、真に必要がある者に限って起訴をしている運用がうかがわれる。

　また、表からは必ずしも明らかではないが、わが国では、起訴に必要とされる犯罪の嫌疑について、きわめて厳格な態度がとられている。すでに見たように、起訴が許されるために犯罪の嫌疑が必要であることについては異論のないところであるが、どの程度の嫌疑が必要であるかについては、さまざまな考え方があり得る。たとえば、イギリスでは、「有罪の見込みが無罪の見込みより高いこと」が基準とされ、これは、俗に「51パーセント基準」と呼ばれている。これに対し、わが国では、犯罪の確実な嫌疑がある場合に限って起訴するのが原則とされる。これは、イギリスになぞらえていえば、いわば「99パーセント基準」（松尾・上150頁）ともいうべき

高いハードルである。

このように，わが国の検察官は，犯罪の嫌疑の点でも，情状を考慮した起訴猶予の適否の点でも，起訴すべき事件を厳しく選別している。

精確な選別のためには，捜査を通じて，それに必要な資料が十分に収集されていなければならない。それゆえ，捜査は，犯罪事実の点はもちろん，情状にかかわる点まで，詳密に行われる。また，検察官は，裁量を伴う起訴・不起訴の決定に責任を負う立場上，直接自ら被疑者を取り調べあるいは重要な証人から事情を聴取するなど，捜査において積極的な役割を果たす。検察官も関与した詳密な捜査にもとづく起訴・不起訴の緻密なふるい分けは，わが国の刑事訴追実務の大きな特色である。

note 6 少年の刑事事件

犯罪の被疑者が満20歳に満たない未成年者（少年）である場合，証拠が十分に存在する場合であっても，ただちに起訴することは許されず，少年審判に付すべき少年として，すべて家庭裁判所に送致される。家庭裁判所は，禁錮以上の刑にあたる事件について，調査の結果，刑事処分相当と認めるときは，事件を検察官に送致（逆送と呼ばれる）する（少20条1項）。また，故意の犯罪行為により被害者を死亡させた罪（殺人，傷害致死等）の事件において，少年が犯行時16歳以上の場合には，原則として，検察官送致としなければならない（少20条2項）。検察官は，家庭裁判所から送致を受けた事件については，犯罪の嫌疑が認められる限り，起訴しなければならない（少45条5号）。

note 7 略式命令

略式命令は，非公開の書面審理により，100万円以下の罰金または科料を科する簡易裁判所の裁判である。略式命令の請求は，被疑者に異議がない場合に，検察官が起訴と同時に行う（「略式命令を請求する」との記載のある起訴状で起訴する）。

起訴事件の厳密な選別の意義

　無実の者が起訴された場合，たとえ最終的に裁判所で無罪判決を受けるとしても，起訴に伴う諸々の重い負担を被らざるを得ない。また，証拠上犯罪の成立は疑いない事案であっても，犯罪と犯人にかかわる個別事情を考慮すると，有罪として刑罰に服させることが酷に過ぎる場合もなくはない。あるいは，起訴されて法廷に立ちさらに有罪判決を受けるということになると，社会から犯罪者としてのレッテルを貼られ，円滑な社会復帰の支障となりやすい。起訴事件の厳密な選別は，無罪となるべき者を早期に刑事手続の負担から解放し，有罪となるべき者に対しても，具体的に妥当で，再犯防止や社会復帰の目的にかなった柔軟な取扱いをもたらしている。

　わが国では，ひとたび起訴された者は裁判所においてほぼ100％に近い割合で有罪の判決を受けているが，これは，検察官が起訴事件を厳密に選別していることの結果にほかならない。犯罪の嫌疑が高度であって，様々な情状を考慮し刑事政策的にも起訴がやむを得ない者に限って起訴することは，裁判所をはじめ起訴後の手続に関わる者の負担を軽減し，無駄のない効率的な刑事司法の実現に多大な貢献をしている。

　しかし，物事には，表があれば裏もある。わが国のようなやり方に対しては，刑事事件に対する最終的な判断者は誰であるべきか，が問題となるかもしれない。検察官の段階で起訴事件を精確に絞り込もうとすれば，刑事手続全体における捜査の比重と検察官の役割が重くなる一方，公判の比重と裁判所の役割は相対的に軽くならざるを得ない。それが行き過ぎていないかには，反省も必要である。

3　不当な起訴・不起訴は是正できるか

　検察官による起訴・不起訴の決定は，刑事裁判が始まるかどうか

に関わる重要な決定であり，裁量が働く余地が存在することも考慮すると，それが適正に行われるよう担保する仕組みが求められる。

この点で，検察庁の内部では，個々の検察官が起訴・不起訴の決定をするにあたっては，経験豊富な上席の検察官の決裁を受けることとされ，それによって，個々の判断に慎重を期するとともに，判断の全体的な統一を図っている。

不当な不起訴に備える

さらに，不起訴処分については，外部からその適正さを確保しあるいは不当な処分に対してその是正を図るためのいくつかの制度が用意されている。

(1) 告訴人等に対する起訴・不起訴の通知等

検察官は，告訴等のあった事件について，起訴あるいは不起訴の処分をしたときは，速やかにそのことを告訴人等に通知しなければならない（260条）。不起訴の処分をした場合で，告訴人等から請求があるときは，速やかにその理由も告知しなければならない（261条）。このような制度が存在すれば，検察官は，説明に窮するような恣意的な不起訴処分を自制しよう。また，告訴人等に対しては，(2)(3)に掲げるような，より直接的な是正の方法をとる機会が保障されることになる。

(2) 検察審査会の審査

一般国民（衆議院議員の選挙権者）から抽選により無作為抽出された11人の検察審査員が，告訴人等の利害関係者からの申立てを受けあるいは職権で，検察官が行った不起訴処分の当否を審査する制度である。不起訴不当あるいは起訴相当の議決（不起訴不当の議決は単純多数決で可能であるが，起訴相当の議決は11名中8名の賛成がなければできない）がなされた場合には，議決書の送付を受けた検事正は，議決を参考に，処分の再考を義務付けられる。

検察審査会の議決には，これまで拘束力がなかったが（検事正に

よる処分再考の結果，再度の不起訴処分がなされることも妨げない），司法制度改革の一環として行われた 2004 年の法改正で，公訴権行使により直截に民意を反映させ，その一層の適正化を図るため，検察審査会の議決に基づき公訴が提起される制度が導入された（この制度は 2009 年 5 月までに施行される）。具体的には，検察審査会が起訴相当の議決を行った後，検察官によって改めて不起訴処分がなされ，これに対し検察審査会が再度の審査を行い，8 名以上の多数で起訴の議決を行った場合には，裁判所が指定した弁護士が起訴を行う。この場合には，検察官の起訴によることなく刑事裁判が開始されることになるから，起訴独占主義に新たな例外が認められたことになる。

(3) 付審判の請求

公務員の職権濫用罪（刑 193～196 条，破防 45 条，無差別殺人団規 42～43 条）について，告訴人または告発人は，検察官の不起訴処分に不服があるときは，裁判所に対して，事件を裁判所の審判に付するように請求することができる（262 条）。裁判所が請求に理由があると認め，付審判の決定をすると，事件について起訴があったものとみなされ，公判手続が開始される（裁判所が指定した弁護士が，検察官の職務を行う）。検察官の起訴によることなく刑事裁判が開始される場合であり，起訴独占主義の数少ない例外である。公務員とりわけ警察官の職権濫用罪について不起訴処分の公正さが疑われやすいことから，その担保のために設けられた制度である。

不当な起訴に備える──公訴権濫用論

このように不当な不起訴に備えた制度は存在するが，不当な起訴に備えた制度は法律上存在しない。この法の間隙を埋めるものとして，学説上生み出されたのが，**公訴権濫用論** である。

いくつかの類型があげられることがあるが，具体的に最も問題となるのは，起訴猶予とすることが相当であるにもかかわらず，起訴

がなされた場合（起訴猶予裁量を逸脱した起訴）の処理である。不当な起訴は，仮にあったとしても無罪とすればすむようにも見えるが，起訴猶予とすることが相当であったにもかかわらず起訴がなされた場合には，証拠上，被告人が犯罪を行った事実は認められるから，無罪で対処することはできない。そこで，平等性を欠くなど起訴猶予裁量を著しく逸脱した起訴に対しては，起訴を無効とし，公訴棄却で手続を打ち切ることができないかが問題とされた。

最高裁も，いわゆるチッソ水俣病川本事件において，「検察官の裁量権の逸脱が公訴の提起を無効ならしめる場合のありうることを否定することはできない」と判示し，少なくとも，そのような可能性を認める判断をした（判例①）。

[note 8] チッソ水俣病川本事件

　水俣病の被害補償に関する自主交渉のため加害企業の本社に赴いた被害患者と，その社内立入りを阻止しようとする会社側従業員との間で衝突があり，被害患者のひとりが，会社側従業員に対し暴行を加え傷害を負わせたとして起訴された事件である。もっとも，被告人ら被害患者が自主交渉を求める過程では，別の機会において，会社側従業員が被害患者に暴行を加え傷害を負わせる事件も発生しており，この事件については，会社側従業員は不起訴とされていた。控訴審の東京高裁は，「重大かつ広範囲な被害を生ぜしめたチッソの責任につき国家機関による追求の懈怠と遅延，これにひきかえ，被害者側の比較的軽微な刑責追求の迅速さ，それに加えてチッソ従業員の行為に対する不起訴処分等々の諸事実がある」ことに言及したうえ，本件の起訴は訴追裁量を逸脱し無効であるとして，公訴を棄却した。これに対し，最高裁は，本文のように公訴権濫用の法理を認めたものの，その実際の適用については，「たとえば公訴の提起自体が職務犯罪を構成するような極限的な場合に限られる」としてきわめて慎重な姿勢をとり，具体的事案の解決としても，公訴権濫用による公訴棄却を認めた控訴審の判断を失当とした。

4　公訴提起の手続

起訴状の提出

　起訴の方式について，刑訴法は，「公訴の提起は，起訴状を提出してこれをしなければならない」(256条1項) と定める。起訴は，裁判所の審判を開始させる重要な訴訟行為であるから，明確な形で行われる必要がある。そこで，必ず**起訴状**という書面を提出する方式をとることが要求されている（意思表示に一定の方式が要求されるので，要式行為と呼ばれる）。たとえば，口頭や電話・電報等により公訴提起の意思を表示しても，公訴提起の効力は生じない。

起訴状の記載事項

　起訴状には，「被告人の氏名その他被告人を特定するに足りる事項」(256条2項1号)，「公訴事実」(同項2号)，「罪名」(同項3号)が記載されなければならない。被告人については，年齢，職業，住居，本籍，逮捕または勾留されている場合にはその旨も記載される(規164条)。

　「公訴は，検察官の指定した被告人以外の者にその効力を及ぼさない」(249条)。また，裁判所は，審判の請求を受けない事件について審理・判決することは許されない（不告不理の原則。378条3号）。起訴状は，誰が被告人であり，何が検察官が審判を求める公訴事実であるかを明らかにしていなければならない。

　起訴状の記載事項のうち難しい問題が生じるのは，公訴事実の特定の程度である。刑訴法は，「公訴事実は，訴因を明示してこれを記載しなければならない」とし，さらに，「訴因を明示するには，できる限り日時，場所及び方法を以て罪となるべき事実を特定してこれをしなければならない」(256条3項) と定める。ここからは，日時，場所，方法を備えた具体的事実として，刑罰法規の構成要件に該当する事実をもれなく示すことが必要となるはずである。もっ

とも，犯罪の日時，場所，方法はつねに十分具体的に明らかになるとは限らない。そこで，これらについてどの程度の幅のある記載まで許されるかが問題となることがある。

> [note 9] 覚せい剤使用罪の公訴事実
>
> 犯罪の日時，場所，方法の特定がしばしば深刻な問題となるのは，覚せい剤の自己使用を起訴する場合である。覚せい剤の自己使用は，尿を鑑定し，そこから覚せい剤が検出されれば，一定の期間内の犯行を高度の蓋然性をもって推認できるが，被害者がなく，通常は密室で行われ目撃者も存在しないため，自白がない限り，使用の日時，場所，方法を具体的に特定することには困難がある。
>
> 最高裁は，「被告人は，法定の除外事由がないのに，昭和54年9月26日ころから同年10月3日までの間，広島県高田郡吉田町内及びその周辺において，覚せい剤であるフェニルメチルアミノプロパン塩類を含有するもの若干量を自己の身体に注射又は服用して施用し，もって覚せい剤を使用したものである」との公訴事実の記載について，「本件公訴事実の記載は，日時，場所の表示にある程度の幅があり，かつ，使用量，使用方法の表示にも明確を欠くところがあるとしても，検察官において起訴当時の証拠に基づきできる限り特定したものである以上，覚せい剤使用罪の訴因の特定に欠けるところはない」と判断している（判例②）。

起訴状一本主義

「起訴状には，裁判官に事件につき予断を生ぜしめる虞のある書類その他の物を添附し，又はその内容を引用してはならない」(256条6項)とされる。起訴は基本的に起訴状のみを提出して行われることになるため，起訴状一本主義と呼ばれる。この原則の採用は，旧法時代の実務の運用を大きく改めるものであった。

すなわち，旧法時代においては，「検察官，被告人又ハ弁護人ハ公判期日前証拠物又ハ証拠書類ヲ裁判所ニ提出スルコトヲ得」(旧325条)との規定のもと，検察官は，起訴と同時に捜査の過程で蓄積された書類（一件記録と呼ばれる）および証拠物の一式を，裁判

所に提出するのが慣行であった。裁判所は，これをあらかじめ十分に検討し，事件の内容を把握したうえで公判審理に臨んでいた。

このような慣行は，裁判所が自ら主導して事案の真相解明にあたる職権主義の公判審理にとっては，不可欠の前提であった。しかし，裁判所は，起訴時の検察官と同じ資料に丸ごと接する以上，正規の証拠調べが行われる前に，検察官と同じ心証（有罪の予断）を抱くに至るであろうことが容易に想像される。そのような予断は，当事者の主張や証拠調べの結果を，公平な立場から，虚心に評価することを妨げよう。

そこで，現行法は，起訴状一本主義の採用により，裁判所が事件について予断を抱くことを防ぎ，いわば白紙の状態で公判審理に臨むよう制度化することにより，その公平性を確保しようとした。このことはまた，職権主義の公判審理から当事者主義の公判審理への移行を決定付けた。事件について起訴状に書かれた情報しか持たない裁判所は，自ら審理を主導しようもなく，それを当事者の手にゆだねざるを得ないこととなったのである。

note 10　起訴状における文書の引用

256条6項によれば，起訴状に証拠書類の内容を引用することは許されないが，たとえば，脅迫文書や名誉毀損文書などの場合，内容の引用が問題となることがある。これらの文書は，犯罪の証拠にあたるから，その引用は許される余地がないようにも見えるが，犯罪の具体的な手段であるから，罪となるべき事実の方法を特定するうえでは，具体的記載が望ましいともいえる。最高裁は，恐喝事件の起訴状に，郵送された脅迫文書の全文とほとんど同様の記載がなされた事案において，起訴状に脅迫文書の内容を表示するには，「少しでもこれを要約して摘記すべきである」としたが，脅迫文書の趣旨が婉曲暗示的であって，「起訴状に脅迫文書の内容を具体的に真実に適合するように要約摘示しても相当詳細にわたるのでなければその文書の趣旨が判明し難いような場合」には，問題となった起訴状のような記載も許され

るとした（判例③）。

〈参照判例〉
① 最決昭和55年12月17日刑集34巻7号672頁〔チッソ水俣病川本事件〕百選（8版）41事件
② 最決昭和56年4月25日刑集35巻3号116頁・百選（8版）47事件
③ 最決昭和33年5月20日刑集12巻7号1398頁

〈参考文献〉
① 松尾浩也「刑事訴訟法を学ぶ〔第6回〕」法教12号44頁
② 同「起訴便宜主義について説明せよ」法教166号146頁
③ 同「起訴独占主義について説明せよ」法教171号134頁
④ 同「起訴状一本主義とは何か」法教172号108頁
⑤ 三井誠「刑事手続法の行方―刑事司法の改革とその課題」法教280号26頁

column⑧
起訴法定主義

旧刑訴法と起訴便宜主義　わが国の旧刑訴法は,「犯人ノ性格,年齢及境遇並犯罪ノ情状及犯罪後ノ情況ニ因リ訴追ヲ必要トセサルトキハ公訴ヲ提起セサルコトヲ得」(279条) との規定を置いた。本文中に掲げた現行刑訴法248条の規定は, 訴追裁量の行使にあたり考慮すべき要素として「犯罪の軽重」を加えたが, それ以外の点では, この旧刑訴法の規定を受け継いだものである。大正時代に立法された旧刑訴法は, 当時の支配的な法思潮に従い, ドイツ法の影響を濃厚に受けたが, 起訴便宜主義の採用という点では, すでにドイツ法と顕著な対照をなしていた。

ドイツ刑訴法と起訴法定主義　ドイツ帝国の成立後, 1877年に制定された同国の刑訴法は,「検察官は, 法律に別段の定めのある場合を除き, 裁判上可罰的で訴追可能なすべての行為に対して, 事実に関する十分な根拠が存在する限り, 手続をとらなければならない」(152条2項) という規定を置いた。糾問訴訟から脱却する過程で生み出された検察官制度は, 刑事訴訟の自由主義的改革の所産であったが, 同時にそれは, 強力な訴追権限を有する新たな国家機関の誕生でもあった。訴追権限を基本的に独占した検察官による恣意的, 党派的な権限行使が懸念されたもとで, 検察官に訴追裁量を認めない起訴法定主義は, そのような弊害に対する歯止めの役割を期待された。刑罰思想において支配的であった応報主義の考え方も, 起訴法定主義と親和的であったといえる。

この起訴法定主義の規定は, 部分的に文言が修正された点を除き, 今日までドイツにおいて命脈を保っている。

起訴法定主義の例外　もっとも, 起訴法定主義の原則には,「法律に別段の定めのある場合」という例外が留保されている。立法当初の例外は, 極めて限られていたが(私人訴追を許す犯罪に関するものに限られていたうえ, 私人訴追を許す犯罪の種類自体も限られてい

た)，時代が下るにしたがって，刑罰法令の肥大化とそれに伴う軽微・形式的な犯罪の増大，刑罰思想における目的主義の考え方の台頭といった事情も手伝って，例外は拡大の途を歩んだ。今日の刑訴法上，起訴法定主義の例外には，次のような場合がある。

・私人訴追を許す犯罪において訴追に公の利益が伴わない場合（376条）
・軽罪において行為者の責任が微弱であり訴追に公の利益が伴わない場合（153条）
・軽罪において賦課事項または遵守事項を課することにより訴追に公の利益が失われる場合（153条a）
・刑の免除ができる場合（153条b）
・外国において行った犯罪の場合（153条c。ただし同条f）
・国家の安全等に関する犯罪において手続の遂行が著しく公益を害する場合（153条d）
・前条の犯罪において積極的悔悟がある場合（153条e）
・重要でない余罪（154条）
・1個の犯罪の一部が重要でない場合（154条a）
・犯罪人として外国政府に引き渡される場合及び国外追放される場合（154条b）
・犯罪行為を暴露する旨の脅迫を手段として強要または恐喝が行われた場合の被害者の犯罪行為（154条c）
・民事または行政訴訟による先決問題の判断を必要とする場合（154条d）
・虚偽告訴または侮辱の罪について，申告または主張の内容となった事実に関する刑事手続または懲戒手続が係属している場合（154条e）

<u>起訴法定主義の核心</u>　このような例外の拡大は，ドイツ刑訴法が起訴法定主義を建前として維持しつつも，実際上，起訴便宜主義に接

近していることを示すものと見ることもできる。例外のなかには，損害回復等を内容とする賦課事項または遵守事項を課し，その履行を条件に不起訴処分を認める153条aのように，検察官に対し，わが国で認められている起訴猶予裁量の権限（介入を伴わない単純な不起訴処分の権限）よりも，一歩進んだより強力な権限を与えていると評しうるものも含まれる。

　もっとも，ドイツにおける起訴法定主義の例外は，法律によって個別に定められたものである点を見逃してはならない。この点では，検察官の裁量を法律によって厳格にコントロールするという基本的な思想は，なお堅固に貫かれているといえる。そして，まさにそうであるが故に，時として，裁量の範囲では正当化され得ないような強力な不起訴処分権限が与えられることともなっているのである。

CHAPTER 9

訴訟の進行

公判手続と裁判員制度

lead 　裁判所の法廷の様子を見てみよう。次頁にある図①〜図③のうち，現在の法廷の様子を表しているのはどれだろうか。

　図①は，地方裁判所において，3人の裁判官の合議体によって事件の審理がなされる場合の法廷の様子を示したものである。裁判官，検察官，弁護人の位置関係を見てみると，裁判官は，裁判長を中心に，法廷の正面の一段高い法壇の上に席を占め，検察官と弁護人は，被告人と同じ平面上で，法廷の左右に向かい合う形で配置された席に着いている。

　これに対し，図②は，旧法時代の法廷の様子を示したものである。図①との違いは，裁判官と検察官の席がともに法壇上に設けられ，弁護人の席は被告人と同じく，これよりも一段低い平面に置かれている点である。このような現在の法廷と旧法時代の法廷との間に見られる違いは，そこで行われる公判手続について何を物語っているだろうか。

　図③は，近時の司法制度改革の一環として導入が決まり，2009年5月までに施行に移されることとなった裁判員が参加する刑事裁判の法廷のイメージである。法壇上に3人の裁判官とともに合計6人の一般国民から選ばれた裁判員が着席しているのが特色である。これまで職業裁判官のみが担ってきたわが国の刑事裁判に一般国民が参加することは，公判手続に何か変化をもたらすだろうか。

> note 11 第1審の裁判所

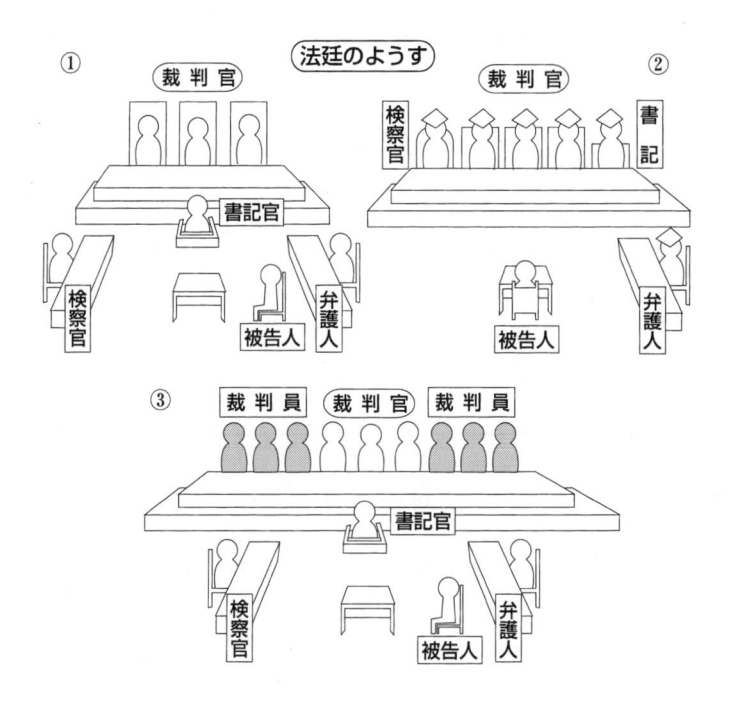

　刑事事件の第1審を担当する主な裁判所は，地方裁判所と簡易裁判所である。

　このうち，簡易裁判所は，基本的に，罰金以下の刑を科す裁判所であり，扱うことができるのは，①法定刑として罰金以下の刑のみが定められている罪と②法定刑のなかに選択刑として罰金刑の定めがある罪，のいずれかにあたる事件である。ただし，懲役刑の定めしかない罪であっても，常習賭博罪・賭博場開帳等図利罪，窃盗罪・同未遂罪，横領罪，盗品等関与罪にあたる事件は扱うことができ，この場合には（他に，②の罪のうちの一部にあたる事件についても），3年以下の懲役刑まで科すことができる。簡易裁判所は，常に単独制であり，1人の裁判官が事件を取り扱う。

　地方裁判所は，最も基本的な第1審の裁判所であり，簡易裁判所が

1 公判手続の流れとその特色

137

専属的に扱う①の罪にあたる事件を除き，それ以外の罪にあたる事件のすべてを基本的に扱うことができる（高等裁判所が扱うこととされている内乱罪に関する事件は除く。簡易裁判所が扱いうる②の罪にあたる事件は，地方裁判所も扱いうる）。地方裁判所は，原則として単独制で，1人の裁判官が事件を取り扱うが，つぎの場合には，合議制がとられ，3人の裁判官の合議体で事件を取り扱う。そのひとつは，法定刑として，死刑または無期もしくは短期1年以上の懲役もしくは禁錮の定めがある罪にあたる事件（法定合議事件）であり，いまひとつは，合議体で審理および裁判をする旨の決定を合議体でした事件（裁定合議事件）である。

1　公判手続の流れとその特色

公判手続の流れ

事件の審理と判決は，原則として，公開の法廷（公判廷）で行われる（憲37条1項，82条）。公判手続は，大まかにいって，冒頭手続，証拠調手続，最終弁論手続，判決宣告の4つの段階を追って進められる。

冒頭手続においては，裁判長の被告人に対する人定質問（人違いでないことを確かめるための質問），検察官の起訴状朗読，裁判長の被告人に対する権利等の告知（終始沈黙しまた個々の質問に対し陳述を拒むことができること，陳述をすることもできるが，それは自己に利益にも不利益にも証拠となり得ることの告知）が行われ，それらの手続が終わった後，被告人・弁護人に対し起訴された被告事件について陳述する機会（罪状認否と呼ばれる）が与えられる。

証拠調べにおいては，はじめに検察官が冒頭陳述を行って，証拠によって証明しようとする事実の全体像を明らかにした後，その立証に必要な証拠の取調べの請求をし，裁判所が採用を決定した証拠について，取調べが行われる。検察官側の立証が終わると，被告

人・弁護人側が必要な証拠の取調べを請求し，裁判所が採用を決定した証拠について，同じく取調べが行われる。被告人は，終始沈黙し，または個々の質問に対し陳述を拒むことができるが，任意に供述する場合には，裁判所および検察官，弁護人は，必要とする事項について供述を求めることができる（311条）。通例は，証拠調べの最後に，被告人に対する質問が行われる。

<u>最終弁論手続</u>においては，検察官が，論告として，事実と法律の適用について総括的な主張を述べ，通例，あわせて刑の量定についても意見を述べる（求刑）。これに対し，被告人・弁護人も意見を述べるが，通例は，弁護人が最終弁論を行った後，被告人本人が陳述を行い，結審する。

判決においては，裁判所は，取り調べた証拠にもとづいて，起訴状記載の公訴事実（訴因）について「合理的疑いを超える証明」がなされたか否かで，有罪・無罪の判決を言い渡す。

以上のような公判手続は，特別の場合でない限り，公開されているから，誰でも傍聴することができる。公判手続の実際の進み方は，是非，裁判所に足を運んで，自分の目で確かめてみよう。

ところで，公判手続のあり方は，旧法時代と現在とで大きく改められた。つぎに，現行法の公判手続の特色を，旧法のそれと比較しつつ，明らかにしてみよう。

旧法下の公判手続と職権主義

旧法時代の公判手続においては，裁判長の被告人に対する人定尋問，検察官による被告事件の要旨の陳述が終わると，ただちに，裁判長が中心となって，被告人尋問と証拠調べが行われた。検察官や被告人・弁護人から証拠調べを請求することも可能であったが，それは補充的なものにとどまった。証拠調べの方法も，被告人や証人は裁判長が尋問するものとされ（陪席裁判官は裁判長に告げて尋問することができた），検察官または弁護人が尋問するには，裁判長の許

可を受けることが必要とされた（被告人は，自ら証人等を尋問することは許されず，必要な事項の尋問を裁判長に請求することができるにとどまった）。証拠書類は，裁判長が朗読しもしくは要旨を告げ，または裁判所書記に朗読させるものとされ，証拠物は，裁判長が被告人に示すものとされた。

　このように，旧法時代の公判手続は，裁判所が自ら証拠の収集・取調べを主導した点に特色があった。このような公判手続のあり方は，職権主義と呼ばれ，ヨーロッパ大陸諸国の刑事手続に広く見られる。これは，自らの利害によって偏りのある当事者よりも，公平中立な裁判所が必要な証拠を収集し取り調べる方が，事件の真相をよりよく解明できるという考え方を基礎とする。旧法時代の裁判所は，後にも示す通り（ch.10），検察官が起訴状において示した犯罪事実の記載に必ずしも拘束されることなく，事件の同一性がある限り，自ら真実は何かを探究し，それにもとづいて裁判すべきものとされていた。この点でも，裁判所主導による事件の真相解明という考え方が重視されていたといえる。

　旧法時代において，職権主義の公判手続を支える鍵となっていたのは，すでに見たように（ch.8），起訴と同時に捜査の過程で蓄積された書類（一件記録）および証拠物の一式を検察官から裁判所に提出する実務の運用であった。裁判所は，あらかじめこれらを十分に検討して事件の内容を把握したうえ公判手続に臨んでいたから，そのはじめから，自ら被告人を尋問し，その他の証拠の収集・取調べを主導することができた。職権探知の主体である裁判官と並んで検察官が法壇上に席を占め，被告人と弁護人が一段低い平面上に置かれていた旧法時代の法廷は，このような一件記録の引継ぎによって支えられた職権主義の公判手続のあり方を象徴的に示していたといってよい。

現行法の公判手続と当事者主義

現行法の公判手続は、旧法時代のそれとは大きく様相を異にする。証拠調手続においては、まず、検察官が証拠調べを請求して、その取調べがなされ、つぎに被告人・弁護人が証拠調べを請求して、その取調べがなされる。証拠調べの請求は、当事者によってなされることが原則であり、裁判所の職権による証拠調べは、補充的、例外的なものとされている（298条）。証人の尋問においては、その請求者がまず尋問（主尋問）を行い、続いて、その相手方が尋問（反対尋問）を行う交互尋問方式（規199条の2）が定着を見た。証拠書類（305条）や証拠物（306条）の取調べも、請求した当事者が朗読しあるいは展示することが原則とされている。また、裁判所が審判すべき範囲は、後に詳細に検討するとおり（ch.10参照）、基本的に、検察官が起訴状において提示した公訴事実（訴因）の存否に限られる。

当事者の主張・立証を中心に据え、裁判所の職権活動は補充的なものとする公判手続のあり方は当事者主義と呼ばれ、英米法系の諸国で一般的に見られるが、現行法の公判手続は、旧法時代のそれと異なり、このような当事者主義を基本とする。これは、当事者が証拠の収集・提出を行った方が、自らの利害に従った活発な活動により、事件の真相がよりよく解明されるとともに、裁判所の公平中立性も確保しやすいという考え方が基礎になっているからである。

当事者主義のもとでは、検察官と被告人・弁護人は当事者として対等であり、裁判所は当事者から独立した審判者の役割を求められる。裁判官のみが法壇上に残り、検察官が被告人・弁護人と同じ平面上の席に移った現行法の法廷における位置関係は、このような手続の構造に即したものといえる。

2 迅速な裁判

刑事裁判の審理期間

裁判には，時間がかかるというイメージがあるかもしれない。わが国の刑事裁判の実際はどうだろうか。つぎの表は，2004年に第1審の裁判が言い渡された被告人について，起訴によって裁判所が事件を受理してから裁判の言渡しによる終局までの期間とその間の平均開廷回数，平均開廷間隔を示したものである。

通常第1審における終局人員の審理期間，平均開廷回数及び平均開廷間隔（地裁・簡裁）

	終局人員	受理から終局までの期間								平均審理期間	平均開廷回数	平均開廷間隔
		1月以内	2月以内	3月以内	6月以内	1年以内	2年以内	3年以内	3年を超える			
地裁	(100.0) 81,251	(2.2) 1,753	(37.8) 30,733	(33.0) 26,848	(19.4) 15,786	(5.7) 4,657	(1.5) 1,221	(0.2) 170	(0.1) 83	3.2	2.7	1.2
簡裁	(100.0) 14,448	(3.4) 491	(57.4) 8,300	(27.1) 3,911	(9.8) 1,414	(1.9) 273	(0.3) 50	(0.0) 7	(0.0) 2	2.3	2.2	1.0

（最高裁事務総局「平成16年における刑事事件の概況（上）」法曹時報58巻2号）

これによれば，地方裁判所で裁判を受けた被告人の場合，平均審理期間は3.2ヵ月であり，被告人の70％以上が，起訴から3ヶ月以内に裁判を受けている。起訴から6ヵ月以内であれば，被告人の90％以上がその間に裁判を受けている。これを見る限り，わが国の刑事裁判は，おおむね迅速に審理がなされていると評してよいだ

ろう。

迅速な裁判を受ける権利

　裁判が迅速に行われることは、さまざまな意味で、重要なことである。憲法37条1項は、「すべて刑事事件においては、被告人は、公平な裁判所の迅速な公開裁判を受ける権利を有する」と定め、刑訴法1条は、同法の目的として、「刑罰法令を適正且つ迅速に適用実現すること」をあげている。

　まず、裁判が遅延すれば、被告人にとって不利益が生じる。被告人は、公判期日に出頭しなければならないし、勾留という形で身柄拘束を受けることもあり、裁判が続くあいだは、このような刑事手続上の負担に耐えなければならない。また、被告人という立場にあることは、精神的苦痛を伴うとともに、社会的にも様々な不利益をもたらすことがある。さらに、時間の経過によって証拠が散逸したり証人の記憶が減退すれば、有効な防御活動を行ううえでも支障が生じかねない。

　憲法が迅速な裁判を被告人の権利として保障しているのは、このような事情を考慮したことによる。

note 12　迅速な裁判を受ける権利と高田事件

　　裁判が長期化し、被告人の迅速な裁判を受ける権利の侵害というべき事態が生じた場合、どのような救済がなされるべきか。この点について明文で定めた法律の規定は存在しないが、最高裁は、いわゆる高田事件において、注目すべき判断を示した。

　　この事件の第1審では、被告人のうち25名については起訴後2回、3名については起訴後4回の公判期日が開かれた後、事実上審理が中断され、そのまま公判が開かれることなく15年以上の年月が経過した。その後、審理が再開されたが、裁判所は、迅速な裁判を受ける権利が著しく侵害されており、公訴時効が完成した場合に準じ、被告人に対し免訴の判決をするのが相当であるとして手続を打ち切った。

　　検察官からの控訴を受けた第2審は、この第1審判決を「法解釈の

限度を著しく逸脱したもの」として破棄したが，最高裁は，「憲法37条1項の保障する迅速な裁判をうける権利は，憲法の保障する基本的な人権の1つであり，右条項は，単に迅速な裁判を一般的に保障するために必要な立法上および司法行政上の措置をとるべきことを要請するにとどまらず，さらに個々の刑事事件について，現実に右の保障に明らかに反し，審理の著しい遅延の結果，迅速な裁判をうける被告人の権利が害せられたと認められる異常な事態が生じた場合には，これに対処すべき具体的規定がなくても，もはや当該被告人に対する手続の進行を許さず，その審理を打ち切るという非常救済手段がとられるべきことをも認めている趣旨の規定であると解する」としたうえ，本件はそのような異常な事態に立ち至っていたものとして，第1審判決がとった免訴という解決を支持した（判例①）。

この高田事件の最高裁判決によって，迅速な裁判を受ける権利が侵害された場合については，免訴判決による審理打切りという救済の可能性が開かれた。ただし，この救済が現実に認められたのは，これまでのところ，高田事件が最初で最後である。

刑罰権の実現と迅速な裁判

裁判が迅速に行われるかどうかは，犯罪を訴追する国家の側にとっても無視しえない問題である。刑罰権を実現するには，国家の側で，被告人の犯罪を「合理的疑いを超えて」証明しなければならない。この点で，時間の経過による証拠の散逸や証人の記憶減退は，刑罰権を追求する国家の側に，より深刻な不利益をもたらすともいえる。また，犯罪から時間が経過すれば，たとえ有罪判決が下され刑罰が科されても，それが社会一般に対して有する犯罪抑止の効果は弱まり，被告人に対する感銘力も減じる。さらに，犯罪に対し，事案の真相を解明し，刑罰権を適正かつ迅速に実現することは，多くの国民が期待するところであるから，裁判の遅延によってこの期待を裏切れば，刑事司法に対する国民の信頼も害されかねない。もちろん，長期の裁判は，その経済的コストも無視しえない。

刑訴法1条がいう「刑罰法令〔の〕……迅速な適用実現」は，こ

のような国家の利益からの要請でもある。

迅速な裁判をめぐる課題

わが国の刑事裁判は、前述の通り、全体として見れば、おおむね迅速に行われているが、個別に見れば、審理にかなりの長期間を要している事件もある。たとえば、2004年に地方裁判所で第1審の判決を受けた被告人のうち、審理期間が2年を超えた者は、253人に及んでいる（後述の通り、「裁判の迅速化に関する法律」は、第1審の訴訟手続は2年以内の終局を目標とすべきものとしている）。また、平均開廷間隔が1.2ヵ月であることに見られるように、公判期日は、間隔を置いてとびとびに行われ、継続審理は必ずしも行われていない。このことは、おおむね迅速に行われていると評しうる通常の事件の場合であっても例外ではない。これらの点で、裁判をより迅速に、また連続的、集中的に行うことができないかは、ひとつの問題である。

もっとも、この問題の背後には、迅速な裁判をめぐる複雑な利害対立が潜んでいる。迅速な裁判は、すでに述べたように、一面において被告人の権利であるが、つねに被告人の利益になるものとも限らない。有罪が確実な被告人にとって、それは、迅速な受刑（場合によっては、死刑）をもたらすだけであるし、事件から時間が経った方が、犯罪の社会的影響が沈静化し、量刑上有利になることも期待される。また、訴追側と被告人側の攻撃防御に向けた準備の状況に明らかな差が存在するもとでは、審理の迅速さを過度に追求すると、強力な捜査を通じて周到に準備を遂げている訴追側の攻撃に対し、被告人側の防御が追いつかず、審理の適正さが損なわれることにもなりかねない。

このように、迅速な裁判は、国家の側がそれを望むほどに、被告人の側がそれを望まない場合も少なくなく、そのような場合には、刑罰権の迅速な実現を求める国家の側とそれに抗する被告人側との

間で，深刻な利害対立が生じるのである。

[note 13] 刑事裁判迅速化の試み

　刑事裁判の迅速化は，その充実とともに，近時の司法制度改革において，重要な課題となった。司法制度改革審議会は，「刑事裁判の実情を見ると，通常の事件についてはおおむね迅速に審理がなされているものの，国民が注目する特異重大な事件にあっては，第1審の審理だけでも相当の長期間を要するものが珍しくなく，こうした刑事裁判の遅延は国民の刑事司法全体に対する信頼を傷つける一因ともなっていることから，刑事裁判の充実・迅速化を図るための方策を検討する必要がある」との認識に立ち，具体的方策として，連日的開廷の原則化，弁護人が個々の刑事事件に専従できる体制の確立，第1回公判期日の前から十分な争点整理を行うための新たな準備手続の創設等を提言した。

　また，その後制定された「裁判の迅速化に関する法律」は，「第1審の訴訟手続については2年以内のできるだけ短い期間内にこれを終局させ……ることを目標」としなければならないとし，政府に対し，そのために必要な法制上の措置を講じるよう義務付けるとともに，裁判所および当事者にも，目標実現に向けた努力を義務付けた。

　これらを受けた2004年の刑訴法の改正では，「裁判所は，審理に2日以上を要する事件については，できる限り，連日開廷し，継続して審理を行わなければならない」（281条の6第1項）との連日的開廷の原則が法定化されたほか，「充実した公判の審理を継続的，計画的かつ迅速に行うため」，第1回公判期日の前から事件の争点と証拠を整理する公判前整理手続（note 14）が導入された。

[note 14] 公判前整理手続

　新たに導入された公判前整理手続では，つぎのような手順で，争点および証拠の整理が行われる。

　①　検察官による証明予定事実の明示とその証明に必要な証拠の取調べ請求が行われ，取調べ請求された証拠については，被告人側に開示がなされる（証人の取調べが請求される場合には，その氏名・住居とともに，供述調書等その者が証言するであろう内容を示す書面が開

示される。この点で，同じ場合に，証人の氏名・住居の開示を義務付けるにとどまった299条よりも，開示の範囲が拡張されている）。

② 検察官請求証拠の証明力を判断するのに重要と認められる一定類型の証拠について，被告人側からの開示請求により，相当と認められるときは，その開示がなされる。

③ 被告人側は，検察官請求証拠に対する意見を明らかにする。また，被告人側から証明予定事実その他事実上および法律上の主張の明示とその証明に必要な証拠の取調べ請求が行われ，取調べ請求された証拠については，検察官に開示がなされる。

④ 検察官は，被告人側請求証拠に対する意見を明らかにする。

⑤ 被告人側の主張によって明らかになった争点に関連する証拠について，被告人側からの開示請求により，相当と認められるときは，その開示がなされる。

⑥ 必要がある場合には，検察官による証明予定事実の追加・変更とその証明に必要な証拠の取調べ請求が行われ，取調べ請求された証拠については，被告人側に開示がなされる。

以後，②以下の手続が繰り返される。

なお，公判前整理手続に付された事件の場合，それに引き続く公判手続の流れは，本文の記述とは若干異なる。証拠調べ手続においては，検察官の冒頭陳述に引き続き，被告人・弁護人側も，証拠により証明すべき事実その他事実上および法律上の主張があるときは，冒頭陳述を行わなければならない。証拠の取調べ請求と証拠の採否の決定はすでに公判前整理手続において行われているから，その結果を顕出したうえ，証拠の取調べが行われることになる。

note 15 迅速な裁判と防御の準備

従来，起訴前の被疑者には国選弁護の制度が存在しなかったこともあり，起訴前の捜査段階から弁護人が選任される例は多くなかった。そのため，大部分の事件では，起訴後が防御に向けた本格的な準備のスタートラインであった。また，訴追側と被告人側との証拠収集能力に明らかな差異があるもとでは，捜査を通じて検察官の手元に集められた証拠が被告人側にどれだけ開示され利用可能とされるかが，防御の準備にとって重要な意味を持つ。しかし，従来，第1回公判期日前

に被告人側が検察官から開示を受けうる証拠は，検察官が証拠調べ請求する証拠に限られ（299条），それ以外のいわゆる検察官手持ち証拠の開示は，検察官の裁量にゆだねられていた。検察官側と被告人側との攻撃防御に向けた準備の状況に明らかな差が存在したことの背景には，このような制度上の要因も存在していた。

　これに対し，近時の司法制度改革では，一定の重大犯罪について，被疑者に対する国選弁護の制度が導入されるとともに（37条の2），第1回公判期日前に被告人側が検察官から開示を受けうる証拠の範囲が，上述した公判前整理手続のなかで大きく拡充された。これらの改革は，被告人側の防御の準備が，より早い時点から一貫性をもって，より充実した形で行われることを可能とする点で，適正さを損なうことなく迅速で集中的な審理を行うための条件整備にも寄与するものといえる。

　note 16　迅速な裁判と弁護士の体制

　集中的な審理を行ううえでは，弁護人となる弁護士の業務形態も問題である。わが国の弁護士の多くは，個人経営で，民事事件を中心に多数の事件を併行して受任・処理している。このような業務形態を前提にすると，弁護士が1つの刑事事件の審理に一定期間かかり切りになることは必ずしも容易なことではない。この点で，司法制度改革審議会は，弁護人が個々の刑事事件に専従できる体制の確立が必要であるとし，具体的方策として，①公的弁護制度の確立とともに，②弁護士事務所の法人化等による弁護士の業務態勢の組織化，専門化の推進を提言している。

3　裁判員制度

国民の司法参加

これまでのわが国の刑事司法において，一般の国民がその運営に

参加する場面は，きわめて限られていた。具体的には，検察官の不起訴処分の当否の審査にあたる検察審査会（一般国民から選ばれた11名の審査員で構成される）の制度が存在した程度であり（ch.8参照），現行刑訴法のもとで，裁判そのものに一般国民が関与する制度は存在しなかった。

　これに対し，諸外国を見てみると，多くの国で，刑事裁判そのものに一般国民を参加させる制度が設けられている。よく知られているように，たとえば，アメリカやイギリスでは，一般国民から抽選で無作為に選ばれた陪審員が，裁判官から独立した合議体を構成して公判審理に臨み，主として事実の認定（有罪・無罪の判断）にあたる制度（陪審制度）が行われているし，ドイツやフランスなどでは，一般国民から選ばれた参審員が，裁判官と共に1つの合議体を構成して公判審理に臨み，裁判全般（有罪・無罪はもとより，有罪の場合の量刑の判断等も含む）について共同して決定にあたる制度（参審制度）が行われている。

　このような中で，近時の司法制度改革においては，国民の司法参加も検討課題とされ，結論として，一般国民から選ばれた裁判員が刑事裁判に関与する制度が導入された。これは，「一般の国民が，裁判の過程に参加し，裁判内容に国民の健全な社会常識がより反映されるようになることによって，国民の司法に対する理解・支持が深まり，司法はより強固な国民的基盤を得ることができるようになる」（司法制度改革審議会意見書）と考えられたことによる。この裁判員制度は，2009年5月までに実施されることとなっている。

裁判員制度の概要

　裁判員が参加する裁判の対象となるのは，①法定刑として死刑または無期の懲役・禁錮の定めがある罪，あるいは②法定刑として短期1年以上の懲役または禁錮の定めがあり，故意の犯罪行為により被害者を死亡させた罪，のいずれかにあたる事件である。このよう

な法定刑の重い重大犯罪にあたる限り，公訴事実に対する被告人の認否のいかんにかかわらず，裁判員が参加する裁判の対象とされ，被告人による辞退も認められない。

裁判員が参加する裁判の対象事件は，原則として，3名の裁判官と6名の裁判員で構成される合議体（例外として，公訴事実に争いがない一定の事件については，1名の裁判官と4名の裁判員で構成される合議体）により審理され，裁判官と裁判員は，共に評議し，有罪・無罪の決定および刑の量定を行う。評議においては，裁判官と裁判員は基本的に対等の権限を有し，有罪・無罪の決定や刑の量定は，裁判官および裁判員の双方の意見を含む合議体の員数の過半数の意見によって決せられる。

裁判員は，選挙人名簿から無作為抽出された者を母体に，具体的事件における選任手続を経て選任され，当該事件を判決に至るまで担当することとされている。

裁判員制度と公判手続

裁判員が参加する裁判では，裁判員の負担が過重なものとならないようにしつつ，裁判員がその職責を十分に果たすことができるよう，審理を迅速でわかりやすいものとすることが求められる。この点で，これまでの法律専門家のみで行われてきた公判手続のあり方には，反省を迫られる点が少なくない。

これまでのわが国の公判手続は，書面を多用した詳密な審理と判決をその特色としていた。刑訴法は，原則として，公判廷における供述に代えて書面を証拠とすることを禁じているが（320条。ch.13参照），公訴事実に争いのない事件では，被告人側が書面を証拠とすることに同意（326条）することにより，上記の原則の例外として，捜査段階で作成された供述調書等の書面が，数多く証拠として採用されている。そして，これらの書面は，公判廷では要旨のみが告知され，裁判官は，後に書面を読み直して，その内容の詳細を把

握している。また，公訴事実に争いのある事件で証人の尋問が行われる場合にも，尋問の内容は，公判調書に逐一記録され，裁判官は，後にそれを詳細に検討して，判決の基礎としている。このように書面を多用することで，裁判官は，事実関係の細部にわたる詳密な検討・認定を遂げることが可能となり，そのことを前提に，当事者も，そのような細部にわたる詳細な主張・立証を展開している。

また，前述したように間隔を置いてとびとびに開かれる公判期日も，書面を多用するがゆえに，公判の審理・判決に支障をもたらさず，むしろ，当事者の攻撃防御にとって合目的的ですらある状況にある（前回公判期日の調書完成後に次回公判期日が行われる方が，当事者にとって的確な攻撃防御の方針が立てられる）。

しかし，裁判員が参加する裁判において，裁判員に書面の精査を求めることが現実的でないとすれば，裁判員がその職責を十分に果たしうるためには，公判廷における証拠調べを，そこから直接心証がとれるよう，わかりやすいものに改めなければならない。過度な詳密さを排し，あらかじめ明らかにされた争点に焦点をあてて（この点では，裁判員が参加する裁判では，必ず公判前整理手続が行われる），証人の取調べを中心とした直接主義・口頭主義の理念に忠実な証拠調べをすることが求められよう。

また，裁判員の拘束をできる限り少なくしその負担を軽減するためにも，また公判廷で得られた心証を失うことなく，それにもとづいた裁判をできるようにするためにも，公判期日の間隔をなくし，集中的な審理を実現することが不可欠である。

このように裁判員制度の導入は，これまでの公判手続のあり方に少なからず変更を迫るものと思われる。もとより，裁判員が参加する裁判の対象事件は，刑事事件の一部に過ぎない。しかし，そこでの変化は，それ以外の一般の刑事事件の裁判にも，影響を及ぼさずにはいないであろう。

〈参照判例〉
① 最大判昭和 47 年 12 月 20 日刑集 26 巻 10 号 631 頁〔高田事件〕百選（8 版）60 事件

〈参考文献〉
① 松尾浩也「迅速な裁判」法教 27 号 46 頁
② 佐藤幸治・竹下守夫・井上正仁『司法制度改革』（有斐閣，2002年）134～160 頁，332～364 頁

column⑨
陪審制度・参審制度・裁判員制度

裁判員制度は陪審型か参審型か 本文にも述べたとおり，刑事裁判に一般国民が参加する諸外国の制度には，大別して，陪審型の制度と参審型の制度とが存在する。陪審型の制度は，アメリカやイギリスなど主として英米法系の諸国に見られ，一般国民から選ばれた陪審員が裁判官と別に合議体を構成し，その担当分野（典型的には，有罪・無罪の決定）について独立して決定を下す制度である。これに対し，参審型の制度は，ドイツやフランスなど主として大陸法系の諸国に見られ，一般国民から選ばれた参審員が裁判官とともに合議体を構成し，裁判全般について共同して決定を行なっていく制度である。

わが国に新たに導入された裁判員制度はどうであろうか。裁判員制度においては，裁判官と裁判員は共に評議し，有罪・無罪の決定および刑の量定を行うこととされているから，これは，上述の区別に従えば，紛れもなく参審型の制度である。

もっとも，参審型の制度をとる諸外国を見ると，たとえばドイツのように，参審員となる候補者の選定にあたり，地方公共団体や政党等による推薦制をとったり，希望者が自ら名乗り出る自薦制をとったりしている例が少なくない。また，選任された参審員に一定の任期を定め，任期中は，繰り返し事件を担当することとしている例が一般的である。これに対し，わが国の裁判員は，無作為抽出によって候補者が選ばれ，その中から1つの事件限りで選任される。このような選任方法は，参審型ではなく，むしろ陪審型の制度に一般的に見られるやり方である。この点まで含めて見れば，裁判員制度は，「陪審の要素を採り入れた参審」（佐藤文哉）とでもいうべきわが国独特の国民参加の制度といえる。

参審型国民参加制度への懸念 従来のわが国において刑事裁判への国民参加が説かれるときには，多くの場合，参審型ではなく陪審型の制度が念頭に置かれていた。その最大の理由は，参審型の制度に対

してしばしば指摘されるつぎのような疑問にあったといってよい。一般国民から選ばれた参審員が合議体の中で専門家である裁判官と対等に議論できるのか，結局，裁判官の言いなりに終わり，国民参加の意味が失われてしまうのではないか。

この疑問は，裁判員の選任にあたり，適任者の選別を可能とする推薦制や，経験の蓄積を可能とする任期制をとらないわが国の裁判員制度において，一層深刻なものとなりそうにも見える。

独自の参審型国民参加制度　　もっとも，参審型の制度をとる国を見ると，たとえばドイツの場合，公判手続の構造が職権主義で，起訴と同時に捜査の過程で収集された一件記録が丸ごと裁判所に提出され，裁判長は訴訟指揮のためこの記録を読み込んだうえで公判に臨み，自ら審理を主導する。このような制度を前提とすれば，審理の結果にもとづく評議が裁判官の独壇場と化すことへの強い懸念が生まれることにも，無理からぬところがある。これに対し，わが国のように，公判手続の構造が当事者主義の場合には，裁判官も裁判員も事件について予備知識がない白紙の状態で公判審理に臨み，共に公判において取り調べられた証拠のみを見て判断することになる。このような制度のもとでは，上記の懸念も，少なくとも，そのままの強さで当てはまることはないであろう。

そして，裁判員が関与する事件が死刑や無期の懲役・禁錮にあたる事件を含む重大事件であり，その性質上，証拠関係が複雑な場合が少なくないことを考慮すると，裁判官がその専門性と経験とにもとづいて，裁判員に対し適切な説明・助言ができることは，裁判員の主体的・実質的な関与を阻害するどころか，むしろその実現にとって不可欠とも考えられる。

裁判員制度は，「登山の未経験者でも，専門家のガイドとサポートがあれば，冬山を制覇できることを実証しようとする，壮大な試み」（佐藤博史）と比喩されることもある。裁判員制度というわが国独自の国民参加制度の成否ををを左右する鍵の1つが「専門家のガイドとサポート」の巧拙にあることは疑いないであろう。

CHAPTER 10

審判の対象

公訴事実と訴因

lead　駐車中のAの車から，Aが退職の記念品としてもらいその旨の刻印がされている高級腕時計1個が盗まれる事件が発生し，事件の翌日，この時計を質入れしようとしたXが，質店店主の通報を端緒として逮捕された。Xは，窃盗の事実を認め，捜査の結果，検察官は，「被告人は，……〔日時，場所省略〕……駐車中のA所有の普通乗用自動車から，同人所有の腕時計1個（時価〇〇円相当）を窃取したものである」との窃盗の公訴事実でXを起訴した。ところが，Xは，公判において，窃盗の事実を否認し，時計は旧知のBから盗品とは知らずに5000円で譲り受けたものであると弁解した。審理の結果，Xは窃盗犯人ではなく，時計はBから譲り受けたものであること，しかし，Xは時計を譲り受ける際，それが盗品であると知っていたことが明らかとなった。
　このような場合，裁判所は，Xに対し，ただちに盗品等有償譲受けの事実を認定して有罪判決を言い渡すことができるだろうか。当初，窃盗として起訴をした検察官は，何かなすべきことがあるだろうか。

1　審判の対象は何か

「公訴事実」と「訴因」

　公訴の提起にあたり，検察官から裁判所に提出される起訴状には「公訴事実」が記載されるが（256条2項），刑訴法は，とくに「公訴事実は，訴因を明示してこれを記載しなければならない」（256条

3項1文)と要求した。「訴因を明示するには，できる限り日時，場所及び方法を以て罪となるべき事実を特定してこれをしなければならない」(256条3項2文)とされているから，「訴因」とは，日時，場所，方法によって特定され，刑罰法規の構成要件にあてはめて記載された(「罪となるべき事実」であるから刑罰法規の構成要件にあてはまる事実であることが必要である)具体的事実を指すことになる。そして，この起訴状に記載された訴因は，「公訴事実の同一性を害しない限度において」，追加，撤回または変更が許される(312条1項)。

　上に述べた限りでは争いの余地はないが，「公訴事実」と「訴因」という2つの言葉を用いたこれらの規定は，刑事訴訟における審判の対象は何かという現行刑訴法のもとにおける大論争を生み出した。leadのような事例の処理も，この問題と無関係ではない。

審判対象論の背景——旧法と現行法

　論争がなぜ生じたのかを理解するためには，旧刑訴法の制度まで遡る必要がある。旧刑訴法のもとにおいても，公訴の提起は検察官が原則として書面で行い，そこには「犯罪事実」が記載された(旧290条，291条)。すでに見たように，近代の刑事手続においては，一般に，弾劾主義の原則がとられ，裁判所は訴追機関からの訴えがない限り，裁判を行うことはないとされる(ch.8参照)。もとより，この点については，旧刑訴法も例外ではなく，裁判所が「審判ノ請求ヲ受ケサル事件ニ付判決ヲ為」すことは許されていなかった(不告不理の原則。旧410条18号参照)。しかし，旧刑訴法においては，刑事手続の目的として事案の真相解明が重視され，その主導者は裁判所であると考えられたから(ch.9参照)，裁判所は，起訴状の「犯罪事実」の記載そのものに拘束されることはなく，「事件の同一性」がある限り，自ら真実は何かを探究し，それにもとづいて裁判をなすべきものとされていた。

たとえば，leadのように，起訴状には「犯罪事実」として，被告人が特定の財物を窃取したという窃盗の事実が記載されている場合にも，審理の結果，被告人は同じ財物を自ら窃取したのではなく，窃盗犯人から盗品であることを知りつつ買い受けたものであることが明らかになったとすれば，裁判所は，そのまま，盗品等有償譲受けの事実を認定して被告人を有罪とすることができた。

　ここでは，審判の対象は，起訴状の「犯罪事実」の記載そのものではなく，それが指し示そうとしている「事件」であると考えられ，この「事件」が，学説上あるいは実務上，「公訴事実」と呼ばれていた。

　現行法は，この旧法時代から用いられていた「公訴事実」という言葉を法律上の用語として取り入れるとともに，全く新しい「訴因」という言葉も採用し，起訴状における訴因の明示を要求するとともに，公訴事実の同一性を害さない限りで許される訴因の変更という制度を設けた。このような現行法を，できる限り旧法と連続したものとして理解するのか，むしろ旧法との関係を断ち切って新しい視点から理解するのかをめぐる立場の違いが，審判の対象は公訴事実か訴因かという論争を生み出したのである。

職権主義と公訴事実対象説

　論争において，当初有力であったのは，「公訴事実対象説」と呼ばれる考え方であった。現行法のもとでも，審判の対象は，旧法時代と同じ意味での公訴事実であり，起訴状に記載された具体的犯罪事実である訴因は，被告人に十分な防御の機会を与えるという目的のために，公訴事実を法律にあてはめて示したものであると説かれた。これは，旧法時代と同じく，裁判所の主導による事案の真相解明を重視する考え方（職権主義）に立ち，そこから現行法を理解しようとした試みである。

　もとより，この考え方にあっても，公訴事実は，旧法時代と完全

に同じ意味での審判の対象ではあり得ない。たとえば，leadのように，被告人が特定の財物を窃取したとして窃盗の訴因で起訴されたところ，審理の結果，裁判所は，被告人は自らその財物を窃取したのではなく，窃盗犯人から盗品であることを知りつつ買い受けたものであるとの心証を得たという場合，窃盗の事実と盗品等有償譲受けの事実は，同じ財物の不法領得事件として，公訴事実の同一性は認められるとしても，旧法時代のように，裁判所がいきなり盗品等有償譲受けの事実を認定して被告人を有罪とすることは許されなくなった。公訴事実の同一性の範囲内で許される訴因の変更という制度の導入は，裏を返せば，たとえ公訴事実の同一性の範囲内であっても，起訴状に記載された訴因の範囲を逸脱した事実を裁判所が認定することは，訴因の変更がない限り許されないことを意味する。まずは起訴状記載の窃盗の訴因を盗品等有償譲受けの訴因に変更しなければならないのである。

しかし，公訴事実対象説は，訴因の明示と変更は，被告人の防御のための手続的な制度に過ぎず，検察官の起訴によって，すでに，訴因の背後にある公訴事実そのものが審判の対象として訴訟に係属するとした。裁判所は，そのような公訴事実の全体について審判の権限と責務を持つと考えられたのである。

当事者主義と訴因対象説

しかし，これに対しては，やがて「訴因対象説」と呼ばれる新しい考え方が提起された。すでに見たように，訴因の範囲を逸脱した事実を認定するには，あらかじめ訴因を変更する手続が必要であるが，そうであるとすれば，むしろ端的に，検察官が起訴状に明示した訴因こそが審判の対象であり，裁判所は訴因についてのみ審判の権限と責務を持つと考えることもできるはずである。民事訴訟の裁判所は，基本的に当事者が主張した点についてのみ理由の有無を審判し，当事者が主張しない点まで，あれこれ詮索して裁判をするこ

とはない。訴因対象説は，刑事訴訟においても，訴因を検察官による刑罰権の根拠となる犯罪事実の主張ととらえ，裁判所の職責は，この主張に理由があるかどうかを判断することに尽きるとするのである。

公訴事実対象説と訴因対象説との違いは，刑事訴訟において裁判所が果たすべき役割において，最もはっきりとあらわれる。公訴事実対象説は，裁判所に事案の真相を解明し刑罰権を正しく実現するという能動的な役割を担わせる。これに対し，訴因対象説は，刑罰権の正しい実現という役割は検察官にゆだね，裁判所に対しては，検察官の主張に理由があるかどうかを第三者的な立場から判定する審判者の役割に徹することを期待するのである。

現行法は，すでに見たように，いわゆる起訴状一本主義を採用した（ch.8参照）。これによって，裁判所は，起訴と同時に一件記録の提出を受け，それを読み込むことで事件を十分に把握して公判に臨み得た旧法時代と異なり，自ら事案の真相解明を主導することは難しい立場に置かれた。そこには，訴訟の主導者を裁判所ではなく両当事者（検察官と被告人・弁護人）とし，裁判所については判断者としての公平性を重視する意図があったといってよい（当事者主義）。このような狙いには，公訴事実対象説よりも訴因対象説の方が適合する。審判対象をめぐる論争は，やがて訴因対象説が支配的となり，今日では，ほとんど終息をみたといってよい。

note 17　訴因対象説と訴因変更制度

　訴因対象説の基礎にある考え方を貫けば，訴因変更という制度が存在することは，当然のこととはいえない。たとえば，起訴状記載の窃盗の訴因について審理したところ，盗品等有償譲受けの事実が判明したという場合，訴因対象説からは，盗品等有償譲受けの事実は審判対象の範囲外の事実である。それ故，これを一切顧慮することなく，窃盗の訴因についての審判に徹すべきものとする制度も考え得ないわけ

ではない。しかし，窃盗の訴因について無罪としたうえで，盗品等有償譲受けの事実について改めて起訴し審判をやり直すことを認めるのであれば，事後的に訴因を変更して審判対象の掲げ直しを許したうえ，それまでの証拠調べを無駄にすることなく1回の手続で処理することを認める方が合理的ともいえる。訴因変更は，このような政策的判断に基づき，公訴事実の同一性を害しない範囲という限定を付しつつ審判対象の掲げ直しを認めた制度である。

<u>note 18</u> 訴因対象説と公訴事実

　伝統的な意味での公訴事実は，起訴状の記載が指し示そうとしている事件の実体であり，自然的・歴史的事実であるといわれるが，同時にそれは，訴訟を通じて形成され，徐々にその姿を明らかにするものでもある。自然的・歴史的事実であれば，真実は1つしかないはずであるが，過去の真実は神のみが知ることであり，人間ができることは，その残された痕跡である証拠から過去の事実を再構成することでしかない。そのような営みである訴訟の過程では，事実の見え方は変動を繰り返しつつ，訴訟の終わりに至って初めて，1つの像を結ぶこととなる。

　これに対し，訴因対象説の立場からは，公訴事実をこのような伝統的な意味に理解しなければならない必然性はない。むしろ，自然的・歴史的事実の存否は，訴訟の結果として初めて明らかになるのであるから（事実が認められず無罪となることもある），そのような事実の存在を前提とし，それに訴訟行為の基準としての意味をもたせることは，理論上適当とはいえないことにもなる。訴因対象説が定着を見たもとでは，公訴事実という言葉の意味内容を再定義する必要が生じている。

2　どのような場合に訴因の変更が必要か

訴因変更の要否

　すでに見たように，現行法においては，訴因の範囲を逸脱する事実の認定は，訴因の変更がない限り許されない。もっとも，訴因の

記載と一言一句違わない事実の認定を要求し，これとわずかでも異なる事実の認定には，つねに訴因変更が必要なものとすることは，煩瑣に耐えず，またその実益も疑わしい。そこで，訴因と証拠から認められる事実との間にどのようなずれが生じた場合に訴因の変更が必要か（訴因の変更がないとそのような事実の認定が許されないか）が問題となる。

法的評価か事実か

かつての公訴事実対象説では，訴因とは，被告人に防御の機会を与えるために公訴事実を法律にあてはめて示したものと考えられたから，法的評価が異なるようなずれが生じた場合に訴因変更が必要となると考えられた。これに対し，訴因対象説からは，審判の対象である訴因は刑罰権の根拠として主張される具体的事実であるから，事実に重要なずれが生じた場合に訴因変更が必要とされることになる。この対立は，訴因対象説とともに後者の考え方が定着をみて，落着した。そもそも起訴状には，訴因のほか，罪名（罰条）の記載が要求され（256条1項3号・4項），その変更手続も定められているから（312条1項），法的評価を示すだけであれば，これらで足りるはずである。訴因には，罪名の記載とは異なった意味を見出すのが自然といえる。

もっとも，訴因変更がどのような場合に必要かについて，法的評価に着目する考え方からは，比較的明確な基準が導かれるのに対し，事実に着目する考え方からは，事実の重要なずれとは何かという難問が生じる。

訴因の機能と訴因変更の要否

判例は，この問題について，ながらく，被告人の防御に実質的な不利益を及ぼすかどうかに基準を求めてきた。もっとも，この基準による場合には，被告人の防御の具体的状況や審理の経過により，たとえば被告人が自ら主張した事実や，実際上十分な防御が尽くさ

れていると認められる事実を認定する場合には，訴因に記載された事実との間にいくら大きなずれがあっても，防御に実質的な不利益はないとして，訴因変更は必要ないと考えることもできることになる。実際，当初の判例は，そのような考え方をとっていた（**具体的防御説**）。

　しかし，訴因は，被告人に防御の機会を保障するばかりでなく，それ自体，検察官が裁判所に審判を求めた対象である。訴因の範囲を逸脱する事実は，検察官の訴追意思を超えるものとして，実際の防御における不利益の有無にかかわらず，訴因の変更がない限り，その認定は許されないはずである。判例も，やがて，被告人の防御に実質的な不利益を及ぼすかどうかという基準自体は維持しつつも，それを，被告人の防御の具体的状況や審理の経過を考慮することなく，事実の比較から抽象的，一般的に判断する立場へと転換を見せた（**抽象的防御説**）。

　さらに，近時の判例（判例①）は，被告人の防御の不利益という基準から一歩を踏み出し，訴因の記載として罪となるべき事実を特定するうえで不可欠な事実について，訴因と異なる認定をする場合には，「審判対象の画定という見地」から訴因変更が必要となるという考え方を示した。

(note 19) 訴因変更の要否に関する最高裁判例

　最高裁は，殺人の共同正犯における実行行為者について，訴因の記載（「被告人は，Aと共謀の上，被告人が……〔被害者を〕殺害した」）とは異なる設定（「被告人は，Aと共謀の上，A又は被告人あるいはその両名において……〔被害者を〕殺害した」）をする場合に，訴因変更を要するかが問題となった事案において，「殺人罪の共同正犯の訴因としては，その実行行為者がだれであるかが明示されていないからといって，それだけで直ちに訴因の記載として罪となるべき事実の特定に欠けるものとはいえないと考えられるから，訴因において実行行為者が明示された場合にそれと異なる認定をするとしても，審

判対象の画定という見地からは、訴因変更が必要となるとはいえないものと解される」と判示し、訴因の記載として罪となるべき事実の特定に不可欠な事項について訴因と異なる認定をする場合には、審判対象の画定という見地から訴因変更が必要とされることを明らかにした。

同決定は、さらに、「〔殺人罪の共同正犯における〕実行行為者がだれであるかは、一般的に、被告人の防御にとって重要な事項であるから、当該訴因の成否について争いがある場合等においては、争点の明確化などのため、検察官において実行行為者を明示するのが望ましいということができ、検察官が訴因においてその実行行為者の明示をした以上、判決においてそれと実質的に異なる認定をするには、原則として、訴因変更手続を要するものと解するのが相当である」と判示し、訴因の記載として不可欠な事項以外であっても、被告人の防御にとって重要な事実が訴因において明示された場合において、それと実質的に異なる認定をするには、原則として訴因変更が必要であることも明らかにした。ただし、後者のような場合については、「少なくとも、被告人の防御の具体的な状況等の審理の経過に照らし、被告人に不意打ちを与えるものではないと認められ、かつ、判決で認定される事実が訴因に記載された事実と比べて被告人にとってより不利益であるとはいえない場合には、例外的に、訴因変更手続を経ることなく訴因と異なる……認定〔を〕することも違法ではない」とも述べ、具体的な事案に対する判断としては、訴因変更を経なくても違法はないとした。

note 20 縮小認定

一般に、訴因の一部にあたる事実を認定する場合（縮小認定と呼ばれる）には、訴因の変更は必要ないとされる。たとえば、殺人の訴因に対し、殺意の存否が証拠上明らかでないため、傷害致死の事実を認定するような場合がこれにあたる。この場合には、殺人の訴因の中に、傷害致死の訴因が黙示的に含まれていると見ることができ、そのように見ても、検察官の訴追意思に反することがなく、また防御にも格別の支障をもたらさないのが通常だからである。

note 21 訴因を逸脱した認定と控訴理由

証拠調べの結果、起訴状記載の訴因の範囲を逸脱した事実が判明した場合、訴因変更がないまま、裁判所がこの事実を認定して判決すれ

ば，控訴審において破棄を免れない。しかし，その場合の違法がどのような控訴理由にあたるかについては，議論がある。

かつての公訴事実対象説によれば，訴因を逸脱した事実を認定をしても，それが訴因と公訴事実の同一性が認められる範囲内の事実であれば，公訴事実が審判対象として訴訟係属していると考える以上，「審判の請求を受けない事件について判決をした」という不告不理原則の違反（378条3号。違法が判決に影響を及ぼすことが明らかな場合であることを要件としない絶対的控訴理由）にはあたらず，防御のための告知を欠いたという意味で訴訟手続の法令違反（379条。違法が判決に影響を及ぼすことが明らかな場合であることを要件とする相対的控訴理由）があるにとどまることになる。これに対し，訴因対象説によれば，そのような場合であっても，不告不理原則の違反にあたると考えられてきた。

最高裁の新しい判例の考え方（note 19参照）によれば，いま少し緻密な議論が必要となろう。訴因の記載として不可欠な事項について訴因を逸脱した認定をした場合（訴因変更が「審判対象の画定という見地」を必要とされる場合）には，不告不理原則の違反にあたり，それ以外の防御にとって重要な事項について訴因の記載とは異なった認定をした場合には，それが不意打ちにあたる限りで，訴訟手続の法令違反があることになるものと思われる。

(note 22) 訴因変更命令

裁判所は，審理の経過に鑑み適当と認めるとき，検察官に対し，訴因の変更等を命じることができる（312条2項）。

かつての公訴事実対象説によれば，裁判所は，訴因の背後にある公訴事実について真相を究明すべきものとされる一方で，訴因の範囲を逸脱した事実は検察官による訴因変更がない限り認定することを許されていなかったから，訴因変更命令権は，裁判所が事案の真相に従った裁判を行うという責務を全うするうえで，不可欠の権限であったといえる。

これに対し，訴因対象説によれば，裁判所は，検察官の主張（訴因）に理由があるかどうかを公平な立場から審判する受動的な存在であるから，訴因を自ら動かす権限は持たないのが原則であり，訴因変

更命令の制度は，例外的な制度として位置付けられることになる。裁判所の心証の動きが外部の検察官にわからない結果，過度に正義に反する事態が生じることを避けうるよう（訴因変更がなく当初の訴因について無罪の判決がなされると，訴因変更が可能であった公訴事実の同一性が認められる範囲で再訴も遮断されることになる），裁判所に後見的役割を果たす権限を認めたということであろう。

3 どのような範囲で訴因の変更が可能か

訴因変更の可否と公訴事実の同一性

訴因と証拠から認められる事実との間にずれが生じた場合，ある限度まではそのまま，証拠に従った事実を認定して裁判することが許されるが，その限度を超えると，訴因の変更がない限り，そのような事実の認定は許されない。これが，すでに見た訴因変更の要否の問題である。では，どのようなずれが生じた場合にも，訴因の変更さえすれば，証拠に従った事実を認定して裁判することが許されるか。これは，一般に，訴因変更の可否の問題と呼ばれている。

訴因変更が許されなければ，現に進行中の手続では，訴因として示された事実についてのみ審判し，証拠から認められた事実については，新たな起訴を待って新たな手続で審判するよりほかないことになる。

すでに見たように，刑訴法は，訴因変更は「 公訴事実の同一性 」を害しない限度において許されるものとしている。訴因変更の可否を画するのは，この公訴事実の同一性である。

[note 23] 公訴事実の同一性の機能

公訴事実の同一性は，訴因変更の可否を画するばかりではない。A事実とB事実との間に公訴事実の同一性が認められる場合，両者の間では訴因の変更が許され，1つの手続で1回的な処理が可能である。それゆえ，逆に，両者を別々に起訴し別々の手続で審判することは禁

止される。たとえば、A事実で起訴された被告人が、別にB事実でも起訴されたとすると、二重起訴とされることになる（338条3号または339条5号で処理される）。また、A事実で有罪・無罪の確定判決を経た被告人が、その後にB事実で起訴されたとすると、一事不再理の原則に触れることになる（337条1号で処理される）。なお、公訴提起による公訴時効の進行停止（254条1項）の効果も、一般に、公訴事実の同一性の範囲に及ぶものとされている。

公訴事実の同一性はどのようにして判断されるか

すでに見たように、かつての公訴事実対象説においては、公訴事実とは、訴因が指し示そうとしている事件の実体であるとされた。そこでは、訴因変更の前後で公訴事実が同一であるとは、変更前の旧訴因が指し示そうとしている事件の実体と、変更後の新訴因が指し示そうとしている事件の実体とが同じものであるということを意味することになる。1つの事件であっても、それを証拠から再構成しようとする訴訟の過程では、手続の進行に従いその見え方に変動が生じることがある。旧訴因と新訴因とが同じ1つの事件の見え方の違いである場合には、それぞれが指し示そうとしている公訴事実は同一であるといえるから、訴因変更が許されるとするのである。

これに対し、今日支配的となった訴因対象説においては、どうであろうか。訴因対象説においては、公訴事実を上記のような伝統的な意味に理解しなければならない必然性はない。むしろ、訴因の背後にそのような公訴事実が存在することを前提とすることは、訴訟法の理論として適当とはいえない面もある（note 18参照）。加えて、上記のような意味の公訴事実は、訴訟手続上目に見える存在ではない。訴因変更にあたり、まず新旧各訴因が指し示そうとしている事件の実体を想定し、その上で、想定されたもの同士を比較するという判断方法が、実際に行い得るものであるかには、疑問がある。実際に比較できるのは、訴訟手続上実在している新旧各訴因そのもの

でしかないであろう。

　このように見るならば，公訴事実の同一性は訴因と訴因の比較によって判断されるとする方が，理論的にも実際的にも素直といえる。訴因対象説からは，訴因と訴因を比較して，両者が犯罪事実の重要部分で共通している場合に公訴事実の同一性が認められるとする考え方（訴因共通説）が有力となった。

　もとより，この考え方においては，犯罪事実の重要部分とは何かがさらに問題とならざるを得ず，この点がきわめて不明確であるようにも見える。しかし，そもそも訴因対象説において，訴因変更とは，新たな訴訟の提起によることなく現に進行中の訴訟でどの範囲の事実まで1回的に処理することが合理的か（どこからは新たな訴訟によるべきか）という政策的判断に基礎を置いた制度である（note 17参照）。それゆえ，公訴事実の同一性の範囲も，論理必然的に定まるものではなく，その範囲を広くした場合と狭くした場合の利害得失を総合的に考慮して判断されるしかない。

　この点で，公訴事実の同一性が認められる範囲が広いと，訴因変更が広く認められ，被告人に不利益であるようにも見える。しかし，公訴事実の同一性が認められる範囲は，一事不再理の効力が働く範囲でもある（note 23参照）。公訴事実の同一性が認められる範囲をあまり狭く限定すると，その分，判決確定後に再訴が許される範囲が広がり，かえって被告人の地位を不安定にする恐れもある。その点も視野においた判断が必要とされる。

(note 24) 公訴事実の同一性の判断基準

　判例は，「基本的事実関係の同一」という定式を基準に判断している。そこでは，新旧各訴因に記載された事実の共通性に着目した判断がなされているが，一部には，両訴因の非両立性に着目しつつ基本的事実関係が同一であると認めた例もある（判例②③など）。同時に有罪となることがあってはならないという意味で非両立の関係にある2

つの訴因は，同時に有罪となる事態を防ぐため，別訴で審判することを許さず，1つの手続で審判するものとすることが合理的といえる。学説においても，訴因の非両立性（択一関係）に公訴事実の同一性の基準を求める見解が増えつつある。

<u>note 25</u> 単一性による同一性

実体法上一罪の関係にある事実は，1つの刑罰権の対象であり，別訴によることなく，一体として1つの手続で処理されなければならない。それ故，そのような事実を内容とする訴因の間では，公訴事実の同一性（単一性と呼ばれる）が認められ，訴因の変更等が許される。

〈参照判例〉
① 最決平成13年4月11日刑集55巻3号127頁・百選（8版）48事件
② 最決昭和53年3月6日刑集32巻2号218頁・百選（8版）49事件
③ 最決昭和63年10月25日刑集42巻8号1100頁・百選（8版）50事件

〈参考文献〉
① 松尾浩也「刑事訴訟法の基礎理論」法教86号22頁
② 佐藤文哉「訴因制度の意義」争点（新版）132頁

column⑩
職権主義・実体的真実主義

ドイツ刑訴法の基本理念　ドイツ刑訴法は，実体的真実の発見を訴訟の基本理念とし，そのための主導的役割を裁判所に与えている。このことは，たとえば，つぎのような諸規定に色濃くあらわれている。

> ドイツ刑事訴訟法155条　①　審理及び裁判の範囲は，訴えにおいて特定された所為（Tat）及び訴えによって罪ありとされた者に限る。
> ②　前項の範囲内においては，裁判所は，独立して活動する権限及び責務を有する。特に，刑罰法令の適用については，申立てに拘束されない。
> 同206条　裁判所は，公判開始に関する決定に際して，検察官の申立てに拘束されない。
> 同244条　②　裁判所は，真実を発見するため，職権で，裁判をするのに意義を有するすべての事実及び証拠について，証拠調べを及ぼさなければならない。
> 同264条　①　判決の対象は，公訴において特定された所為（Tat）であって，公判の結果明らかになったものである。
> ②　裁判所は，公判開始決定の基礎となった所為（Tat）の評価には，拘束されない。

職権主義の手続　ドイツ刑訴法も，弾劾主義を基礎とする。それゆえ，「裁判所の審理は，公訴の提起がなければ，開始することができない」（151条）。検察官の手になる起訴状には，「罪となるべき所為（Tat）」が，「犯行の日時及び場所，その法律的特徴並びに適用すべき刑罰法規」（200条1項1文）とともに記載され，裁判所の審判の範囲は，この「訴えにおいて特定された所為」によって枠付けられる（155条1項，264条1項）。

しかし，「所為」とは，社会通念上 1 個の「歴史的事象」であり，それは，公訴において，不動のものとして定まるのではなく，一定の範囲で変動の余地を残しているとされる。それゆえ，裁判所は，所為の同一性が保持される限り，検察官の申し立てた事実や法的評価に拘束されることなく審判を行う権限を有し，またその責務を負うものとされる（155 条 2 項）。

　たとえば，ドイツにおいては，検察官の起訴後，裁判所が，捜査記録に基づき，被告人が罪を犯したことについて十分な嫌疑が認められるかどうかを審査し，公判手続を開始するかどうかを決定するが（中間手続），その際，裁判所は，所為の同一性が認められる限り，検察官の申立てには拘束されない（206 条）。また，公判手続においては，裁判所は，訴訟関係人の申立てに拘束されることなく，真実発見のため，職権で証拠調べを行う（244 条 2 項）。そして，判決は，証拠調べの結果に基づき，所為の同一性が保持される限り，公訴あるいは公判開始決定に示された事実あるいは法的評価に拘束されることなく行われるのである（264 条）。

　防御の機会の保障　このように「所為」という枠の中であるにせよ，職権で自由に事案の真相探究が行われると，被告人は，不意打ち的に，防御を尽くしていない新しい犯罪事実について有罪判決を受けるおそれがある。このような危険に対しては，ドイツ刑訴法も決して無関心ではない。「裁判所は，公判開始が認められた起訴における罰条と異なる罰条で被告人を有罪とするときは，あらかじめ被告人に対し，法的見解の変更について特に告知し，防御の機会を与えなければならない」（265 条 1 項）との規定は，これに備えたものである。さらに，被告人に対する十分な防御の機会の保障，公正な手続が重視されるなか，上記の規定が直接定める場合のほか，重要な事実の変更がある場合にも，告知義務があると解されるようになっている。

　わが国への影響　わが国の旧刑訴法のもとでの審判対象の捉え方，およびそれを現行法のもとでも基本的に維持しようと試みた公訴事実対象説の考え方は，以上のようなドイツ刑訴法の議論を下敷きにして

いる。そこでの「公訴事実」は，ドイツの「所為」にほかならない。現行法の訴因制度を，被告人の防御の便宜を図るべく公訴事実の法的構成を示したものと捉え，法的評価に変化がある場合に，被告人への告知のために訴因変更が必要となると説いた公訴事実対象説は，訴因およびその変更制度を，ドイツにおける法的見解の変更告知の制度とパラレルに捉えようとした試みといえる。

　もっとも，職権主義を基本とするのであれば，告知義務を負うのは，ドイツのように裁判所自身であるのが自然である。現行法が定める訴因変更は検察官の権限である点で，ドイツの制度との並行的理解には，初めから若干の無理が伴っていたように見える。

IV 証拠法
──証拠に基づく事実認定の過程

CHAPTER 11 証拠調べの原則と証拠法の基礎
　　　　　　──立証・心証形成
CHAPTER 12 自白を証拠とすることができるか
　　　　　　──自白排除法則
CHAPTER 13 供述証拠と伝聞法則──伝聞証拠
　column⑪　違法収集証拠排除法則
　column⑫　アメリカの証拠規則

CHAPTER 11

証拠調べの原則と証拠法の基礎

立証・心証形成

lead　　裁判所は，証拠調べによって，公訴事実に記載された事実が認定できるか否かを判断する。証拠調べとは，どのようなものなのか。また，裁判所の心証はどのように形成されるのか。

いま，検察官が「被告人七尾こずえは，…平成 18 年 9 月 12 日午後 2 時ころ，東京都…番地メゾン一刻 5 号室（被害者宅）において，殺意を持って，所携の刺身包丁（刃体の長さ約 23 センチメートル）で五代裕作の胸部を数回にわたって突き刺し，もって胸部刺創による失血のために，その場で同人を死亡させた」という公訴事実で起訴したとしよう。

176 頁の図を見て欲しい。

立証と心証形成の過程を，おおまかに図解してみたものである。要証事実とは，下の図に掲げたような事実（要証事実 1〜4）を言う。もっとも，公訴事実（訴因）の主要な事実（被告人が被害者を殺意をもって殺した）を指すこともある。犯行の一部始終を見ていた目撃者がいるような場合を除けば，直接証拠だけで犯罪事実を認定することは，まず不可能である。したがって，情況証拠（間接事実）を積み重ね，それぞれの間接事実相互間の関連を論理的に整序することによって，最終的に公訴事実を証明するという立証方法が使われる。

176 頁の図で証人 A の供述によって証明される事実は，「犯行時刻に，被告人が被害者宅から出てきた」という事実である。これは，「犯行時刻ころに，被告人が被害者宅にいた（訪れた）」という事実

（要証事実1）を論理的に推認させる。

この要証事実について「合理的な疑いを容れる余地のない」証明がなければ，裁判所は犯罪成立要件としての事実を認定できない。「合理的な疑いを容れる余地がない」とは，簡単に言えば，「通常人が疑を差し挟まない程度に真実性の確信を持ちうる」こと（判例①）をさす。絶対に確実だと裁判所が確信する程度までは必要ないが，単に説得的だという程度では足りない。

公訴事実を証明するには，まず，要証事実1～4を証明しなければならない。1～4の各要証事実は互いに支え合い，補強しあって公訴事実を証明している。また，いくつかの証拠が複合して要証事実を証明する。たとえば，証拠物αについての鑑定書2と鑑定書3とによって〈兇器は証拠物αだ〉という事実が証明される。鑑定書1が〈被告人は証拠物αを持ったことがある〉という事実を証明し，検面調書は〈被告人が包丁を買った事実〉を証明するから，証人Aの供述などと相まって，被告人が兇器を買って被害者宅を訪問したであろうという推認が可能になる。このことから計画的な犯行だとの推認も可能である。被害者を殺す動機が判明し，秘密の暴露（被告人の自供に沿って包丁が出てきた，など）があれば，被告人の犯行だという推認は強まる。

一般人が抱くのももっともだと思わせる疑いを容れる余地がない程度の証明がなされて初めて，証人Aの証言で要証事実1を認定できる。ここで重要なことは，各証拠から要証事実を導く推認に限らず，各要証事実間の論理的な連関（要証事実3と4とで要証事実2を推認させる場合の，相互の論理的連関など）や，全体の論理的な連関についても，一般人が抱くのももっともだという疑念を排する必要があるということである。

証拠を取り調べるにあたっては，上で述べたような，さまざまな原則があり，証拠についての専門用語も正確に理解しておく必要がある。以下では，証拠調べに関する用語や原則の説明をしよう。

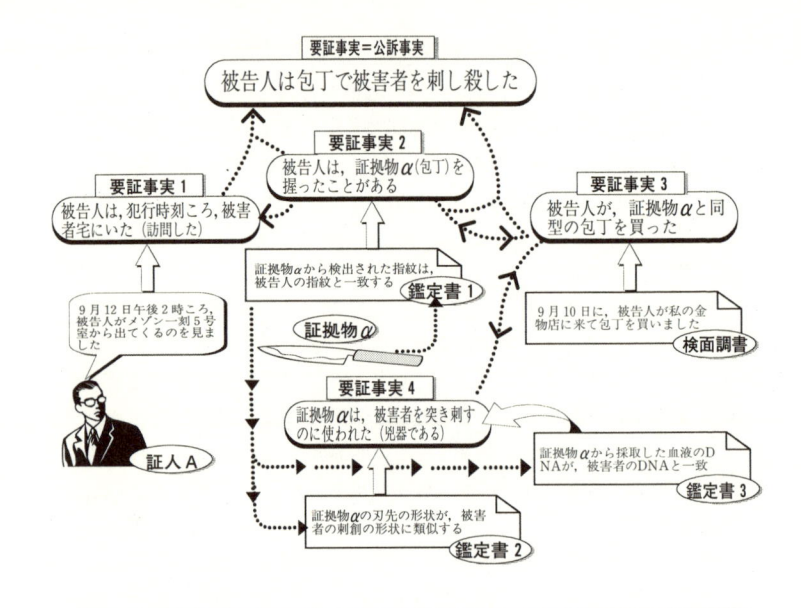

要証事実＝公訴事実
被告人は包丁で被害者を刺し殺した

要証事実1
被告人は、犯行時刻ころ、被害者宅にいた（訪問した）

要証事実2
被告人は、証拠物α（包丁）を握ったことがある

要証事実3
被告人が、証拠物αと同型の包丁を買った

9月12日午後2時ころ、被告人がメゾン一刻5号室から出てくるのを見ました

証人A

証拠物αから検出された指紋は、被告人の指紋と一致する
鑑定書1

証拠物α

9月10日に、被告人が私の金物店に来て包丁を買いました
検面調書

要証事実4
証拠物αは、被害者を突き刺すのに使われた（兇器である）

証拠物αから採取した血液のDNAが、被害者のDNAと一致
鑑定書3

証拠物αの刃先の形状が、被害者の刺創の形状に類似する
鑑定書2

1　証拠の分類

証拠とはなにか

　証拠とは，一定の事実を認定する根拠となる資料（証拠資料）のことである。具体的には，証人の公判廷での証言の内容や，捜査段階で検察官に対して述べた内容などが，「証拠」（証拠資料）にあたる。

　この証拠資料を法廷に持ち込む媒体も「証拠」と呼ばれることがあるが，証拠資料と区別するために，証拠方法という。証拠方法は人であったり（たとえば，目撃者が法廷に出頭して目撃した事実を供述する場合は，証人が証拠方法である），文書であったりする（たとえば，目撃者が検察官の前で述べたことが供述録取書として証拠となる場合は，その供述録取書が証拠方法である）。

直接証拠と間接証拠

証拠によって証明するべき事実を 要証事実 という。この要証事実を間接的に推認させる事実を 間接事実（または，情況証拠）と呼ぶ。
　要証事実を直接的に証明する証拠を 直接証拠 といい，間接事実を証明する証拠を間接証拠と呼んでいる。もっとも，leadで説明したように，直接事実と間接事実とは相対的なものである。leadで説明すると，「被告人が，犯行時刻ころ，被害者宅から出てきた」という事実が要証事実（要証事実1）であれば，証人Aの供述はまさしく直接証拠である。しかし，「被告人が被害者を殺した」という公訴事実を要証事実だと考えると，証人Aの供述は，間接事実（要証事実1）を証明する証拠，つまり間接証拠にすぎない。

供述証拠と非供述証拠

　人の供述を内容とする証拠を，供述証拠 という。人の発言だけでなく，その発言を記録した書面も供述証拠である。さらには，人は自分の言いたいことを動作で表現する場合もある。たとえば，法廷で「あなたが見た犯人はここにいますか？」と問われた証人が被告人を指さす場合，または質問に対して肯く場合などがそうである。このような動作もまた供述証拠である。これに対して，供述証拠以外の証拠を 非供述証拠 と呼ぶ。たとえば，被害者を刺した包丁，犯人が現場に忘れていった手袋などがそうである。

　なぜ，供述証拠と非供述証拠とを区別するのか。たとえば，伝聞法則（ch.13）は供述証拠にしか適用されないので，ビデオ・テープや写真は供述証拠なのか非供述証拠なのか，が問題になる（ビデオ映像の中でなされた供述の内容が問題になる場合は，ビデオテープの映像は供述証拠だと言うことができるから，伝聞法則の適用がある）。このように，供述証拠・非供述証拠の区別が重要な判断基準となる場合があるからである。

証人，証拠書類，証拠物

　証拠の取調べ方法の違いから，証人，証拠書類，証拠物 の3種類

に分けられる。①証人など（証人，鑑定人，通訳人，翻訳人）に対しては尋問がなされ，②証拠書類は朗読をし，③証拠物は展示をする。また，④証拠物のうち，書面の意義が証拠となるもの（証拠物たる書面という）は展示と朗読によって証拠調べがなされる（304条〜307条）。

　①尋問は，交互尋問による。交互尋問は，以下のような順序で行われる。まず，その証人などの取調べを請求した側（たとえば，検察官）が尋問をし（これを主尋問という），その後，主尋問でなされた事項やそれに関連する事項などについて，反対側（被告人・弁護人）が尋問する（これを反対尋問という）。その後，取調べを請求した側が，反対尋問がなされた事項やそれに関連する事項について，さらに尋問することもある（これを再主尋問という）。

　②裁判長は，証拠書類の取調べを請求した者に証拠書類を朗読させなければならない（305条1項）。裁判長は，自ら朗読し，または陪席の裁判官もしくは裁判所書記に朗読させることもできる。

　③展示というのは，公判廷で被告人や証人に証拠物を示すことをいう。裁判長は，その証拠物の取調べを請求した者に証拠物を示させなければならない（306条1項）。裁判長は，自ら示し，または陪席の裁判官もしくは裁判所書記に示させることもできる。

　④証拠物たる書面は朗読と展示をしなければならない。証拠物たる書面とは，どのようなものか。たとえば，名誉を毀損する手紙が証拠物たる書面にあたる。名誉を毀損する手紙を証拠調べする場合には，まず，その手紙が存在するという事実を証明しなければならない。その意味では証拠物であるから，展示をすることになる。また，手紙の内容（名誉を毀損する文面）が証拠となるわけだから，その手紙は証拠書類としての側面も持つ。したがって，朗読をすることになる。このような理由から，証拠物たる書面は，朗読するだけでなく展示をもしなければならないのである。

2 証拠裁判主義

心証

心証というのは、一定の事実関係があるか否かについて、裁判官が抱く主観的な意識・判断を意味する。犯罪事実に関する裁判所の判断は、はじめは不明確だが、審理が進むにつれて、しだいに明確なものとなり、ついには確信に至る。このとき、有罪判決（または、無罪判決）を言い渡す程度に「心証が熟した」と表現する。

証明と疎明

証明とは、争われている事実について、裁判所に確信を得させる程度に明らかにすることをいう。有罪判決を言い渡すためには、犯罪事実について、証拠能力のある証拠を用い、法定された証明の方式に従って証明（これを厳格な証明という）しなければならない。

これに対して、疎明とは、確信にまでは至らないが、裁判所に、一応確からしいという心証を得させることをいう。疎明をする資料や手続については、とくに制限がない。手続にかかわる事実については、疎明で足りる。

証拠裁判主義

犯罪事実は、証拠によって認定されなければならないという原則を、証拠裁判主義と呼ぶ。刑訴法は「事実の認定は、証拠による」と規定する（317条）。かつては、多くの国で、自白によって犯罪事実を認定していた。わが国でも、明治6（1873）年にできた「改定律例」には「犯罪を認定するには自白によらなければならない」という趣旨の規定があった。犯罪の認定は「自白によらなければならない」ということは、他に証拠があっても自白がなければ犯罪事実が認定できないということを意味する。別の角度から見ると、被疑者が自白しない場合には、あえて拷問をしても被疑者の口を割らせ

るしかない，つまり拷問をしても良いという意味である。

しかし，文明国家において拷問は許されない。この「改定律例」の規定は，明治9（1876）年に「犯罪事実を認定するには，証拠による」と改められた。そして，明治12（1879）年には，拷問に関する規定はすべて削除する旨の布告がなされた。

現行法が定める証拠裁判主義は，単に犯罪事実の認定は証拠によれば良いというだけではない。犯罪事実を認定するには，①その証拠に証拠能力がなければならない，そして，②適式な証拠調べ（法律で定められた証拠調べの方式によってなされる証拠調べ）を経なければならない，ということを意味している。

証拠能力

証拠能力とは，公判廷で証拠調べをすることができる適格性をさす。証拠能力のある証拠は，事実認定に用いることができ，判決書の証拠標目に掲げることができる。判決を言い渡した裁判所は，判決書を作成しなければならない。判決書には主文（たとえば，「被告人を懲役3年に処する」）と理由とが記載される。理由には，裁判所が認定した事実を書くが，その事実を認定した根拠（どのような証拠を用いたのか）を示すために，証拠標目（用いた証拠の一覧表）を付ける。証拠能力のない証拠，つまり事実認定の基礎にできない証拠を，この証拠標目に掲げることはできない。

伝聞証拠（ch.13），自白法則（ch.12）に反する証拠，違法収集証拠として排除された証拠などは証拠能力が認められない。

証明力と自由心証主義

証明力とは，裁判所に心証を形成させる証拠の力のことである。証拠の証明力は，裁判官の自由な判断にゆだねられている（318条）。この原則を自由心証主義という。

たとえば，証人Aが「私は，被告人が放火しているのを見ました」と証言したとしよう。弁護人が反対尋問をして，証人Aが本当

に被告人を見たのか、後ろ姿だったのではないか、見間違いではないのか、などAの証言に曖昧さがある点を突く。検察官は、再主尋問をして、Aの証言を補強するような供述を引き出す。このようなやりとりを見て、裁判官は、Aの供述が信用できるか否かを判断するわけだが、それは裁判官の自由な判断に任せられているのである。

証拠能力がいわば形式的な適格性の判断であるのに対して、証明力は個別具体的、実質的に判断される。たとえば、不当に長く拘禁された後に被疑者が自白した場合に、供述に信用性があれば証明力が認められると言えようが、証拠能力はない（もっとも、証拠能力がなければ、始めから証拠調べがなされないので、証明力は問題にならない）。他方で、適法になされた証人尋問で証人が偽証した場合には、証拠能力はあるが、証明力が認められない。

3 厳格な証明と自由な証明

証明力と提示方法

(1) 厳格な証明

さきほど説明したように、犯罪事実を認定するには、①証拠能力のある証拠を用いて、②適式な証拠調べを経なければならない。この2つの要件を満たす証明を、**厳格な証明**と呼ぶ。つまり、用いることのできる証拠（伝聞証拠など、証拠能力のない証拠は使えない）を使い、法定された証拠提出の方法（当事者が証拠の取調べを請求し、裁判所が証拠決定をする、など）や取調べの方法によって（公判廷において、証人、証拠書類などについて先に説明した方法で証拠調べがなされ）、一定の水準に達する証明（後で説明する、「合理的な疑いを容れる余地のない」証明）がなされなければならないのである。

(2) 自由な証明

確かに、犯罪事実を認定するためには、厳格な証明によらなけれ

ばならない。しかし，すべての事実について厳格な証明を要求するのは厳しすぎるし，その必要もない。そこで，訴訟上の事実については 自由な証明（適宜な証拠を用いて，適宜な証拠調べ手続によってなされる証明）で足りると考えられている。

(3) 適正な証明

もっとも，自由な証明というのは，証拠の証明力については裁判所の判断にゆだねる，という意味である。たしかに証拠能力のない証拠によって事実を認定できるが，それは適正な証拠による適正な証明でなければならない。たとえば，簡易公判手続において，証拠書類の朗読も証拠物の展示も必要ではない。適当と認める方法で行うことができる（307条の2，規203条の3）。しかし，なにも制限がないというわけではない。裁判所は公判廷で当事者に対して，証拠を検討し，その証明力を争う機会を与えなければならないし，裁判所はこのような証拠にのみ基づいて心証を形成することができるのである。このような証明は， 適正な証明 と呼ばれる（文献①）。

4 証明の必要のないもの

証明の対象とされる事項であっても，例外的に証明する必要がない場合がある。①公知の事実，②事実上推定される事実，③法律上推定される事実については，証明の必要がない。

(1) 公知の事実

通常人なら誰でも知っていて，わざわざ証明する必要がない事実を公知の事実という。判例は，被告人が市長選に立候補して当選した事実（判例②），東京都内では，普通自動車の最高速度を原則として毎時40 kmとする規制が，道路標識によってなされている事実（判例③）を公知の事実だと判示している。

(2) 事実上推定される事実

われわれは，日常の経験から一般的な法則を導き出して，この法則に沿って判断をしている。このような法則を経験則と呼ぶ。経験則は常識的な日常の法則（たとえば，期末試験間近になると受講生の出席率が高くなる，など）から自然科学の法則まで幅広いが，いずれにせよ，聞けば皆が納得するような法則である。

　ある前提事実から経験則によって事実を推定し，認定するにはその間の因果関係をわざわざ立証する必要はない。これを，事実上の推定という。たとえば，被疑者の尿から覚せい剤の成分が検出されたら，（覚せい剤の成分は人間の身体内部では作り出せないから），服用であれ注射であれ，なんらかの手段によって覚せい剤を外から体内に入れた事実が推認できる。このように事実上推認される事実については，立証する必要がない。

(3) 法律上の推定と挙証責任

　前提事実の存在が証明されれば，反証がない限り，裁判所は一定の推定事実を認定するように，法律上，義務付けられることがある。このような推定を，法律上の推定という。法律上の推定とは，要するに，**5**で説明する挙証責任の問題にほかならない。

5　挙証責任と証明の程度

形式的挙証責任と実質的挙証責任

　挙証責任は，形式的挙証責任と実質的挙証責任とに分けて説明される。

　形式的挙証責任とは，当事者がある事実を審理してほしいときに負う立証の負担のことである。たとえば，被告人を傷害罪で起訴した場合，検察官は「被告人は被害者を殴って傷害を負わせた」という事実を審理してほしいわけである。そこで，日時・場所・犯罪の方法などを特定して，犯罪構成要件に該当する事実が存在すること

を，まず，検察官が立証しなければならない。

これに対して，違法性阻却事由の存在（正当防衛だ，被害者の承諾があった，など），責任阻却事由の存在（犯行時に泥酔していた，など），刑の減免事由の存在（自首した，など）などについては，被告人が主張しなければならない。検察官は，違法性阻却事由などが争点になるまでは，証明する必要がない。このように，形式的挙証責任は，審理の進展に応じて，検察官が負ったり被告人が負ったりする（ただし，被告人は違法性阻却事由などを主張して争点化すれば済む。この場合，被告人は実質的挙証責任を負わない。しかし，被告人は根拠を示して，場合よっては一定の証拠を提出して，主張しなければならない）。

一方，実質的挙証責任とは，要証事実の真偽が不明なときに，不利益な判断を受ける当事者の負担をいう。いくら立証を尽くしても，事実が明らかにならない場合がある。しかし，刑事手続では，真偽不明のまま放置することが許されないから，裁判所は要証事実が存在するか・存在しないか，どちらかの判断をするよう迫られる。そこで，裁判所の判定について，あらかじめルールが決められているのである。

「疑わしいときは被告人の利益に」

刑事手続においては，犯罪の成立要件についての実質的挙証責任は，検察官が負うのがルールである。このルールを端的に示したのが「 疑わしいときは被告人の利益に 」という原則である。つまり，立証を尽くしても，ある事実が存在するか・存在しないかが判然としない場合には，被告人の利益に，つまり，被告人に不利益な事実が存在しない（利益な事実であれば，存在する）という判断をしなければならないのである。

この「疑わしいときは被告人の利益に」の原則は，犯罪の成立要件だけに限らず，再審事由の判断についても適用される。最高裁

（判例④）は以下のようにいう。「有罪の言渡を受けた者に対して無罪…を言い渡〔す〕…べき明らかな証拠をあらたに発見したとき」に再審請求ができる（435条6号）。そこで，最高裁は，「『無罪を言い渡すべき明らかな証拠』…であるかどうか…の判断に際しても，…『疑わしいときは被告人の利益に』…が適用される」と判示したのである。

「合理的な疑いを容れる余地のない」証明

犯罪成立の要件については，検察官に挙証責任がある。検察官が「合理的な疑いを容れる余地のない」程度に証明をしなければ，裁判所は，犯罪成立要件たる事実が存在しないという判定をしなければならない。この原則は，検察官がおこなうべき証明の程度を示したものである。訴因として掲げた事実について，証明がこの程度に達しなければ，被告人は無罪になる。このような意味での実質的挙証責任を無罪と推定と呼ぶ（有罪判決が確定するまでは，被疑者・被告人は無罪の者として取り扱われるという広い意味でも，「無罪の推定」という用語は使われる）。「合理的な疑いを容れる余地のない」程度の意味については，leadで示した。

挙証責任の転換

すでに述べたように，実質的挙証責任は検察官にある。ところが，場合によっては，被告人に実質的挙証責任が課される場合がある。

そのひとつの例として，名誉毀損罪における「真実であることの証明」がある。名誉毀損罪は，被害者の社会的評価を低下させる具体的事実（たとえば，「Aは会社の金を使い込んだ」など）を摘示することで成立する。名誉毀損罪について，刑法は，名誉毀損「行為が公共の利害に関する事実に係り，かつその目的が専ら公益を図ることにあったと認める場合には，事実の真否を判断し，真実であることの証明があったときは，これを罰しない」と規定する（刑230条の2第1項）。つまり，被告人が摘示した具体的事実が真実である

ことを「合理的な疑いを容れる余地のない」程度に証明できないときは、「真実であることの証明があった」とはいえず、名誉毀損罪で処罰されることになる。この「真実であること」は、被告人が立証しなければならない。一般的には、検察官が実質的挙証責任を負うのに対して、この場合は、逆に被告人が実質的挙証責任を負うので、挙証責任の転換と呼ばれる。

被告人Xは、宗教団体の会長Aと女性信者Bとの男女関係を記事にし、雑誌「月刊ペン」に掲載した。Xは、この記事によりAの名誉を毀損したとして、名誉毀損罪で起訴された。

被告人は、このような場合、「会長Aと女性信者Bとが男女関係にあった」事実を厳格な証明（前述3）によって、「合理的な疑いを容れる余地のない」程度に証明しなければならないのである。

そのほかにも、①同時傷害（刑207条）においては、傷害の軽重または自己が傷害を生じさせたものでないことについて挙証責任が転換されており、被告人が実質的挙証責任を負う。また、②児童を使用する者が児童の年齢を知らなかったことにつき過失がなかった（児福60条3項但書）という証明も被告人がしなければならない。なお、③公害に関しても推定規定がおかれている（公害犯罪5条）。公衆の生命・身体に危険が生じうる程度に人の健康を害する物質を工場などで排出した事実があれば、そのような危険が生じうる地域で同種の物質によって公衆の生命・身体に危険が生じている事実によって、その工場などから排出された物質が原因だと推定されるのである。

〈参照判例〉
① 最判昭和50年10月24日民集29巻9号1417頁
② 最判昭和31年5月17日刑集10巻5号685頁
③ 最決昭和41年6月10日刑集20巻5号365頁

④ 最決昭和 50 年 5 月 20 日刑集 29 巻 5 号 177 頁

〈参考文献〉
① 平野龍一『刑事訴訟法』（有斐閣, 1958 年）180 頁

CHAPTER 12

自白を証拠とすることができるか

自白排除法則

lead 　被疑者XはYに贈賄した容疑で勾留されていたが，犯罪事実について自供しなかった。Yの弁護人Aが検察官と話したところ，検察官は「一般論ではあるが，Xが自供して改悛の情を示せば，起訴猶予も十分考えられる案件である」旨を打ち明けた。そこで，AはXの弁護人Bを伴って，Xと接見し，「改悛の情を示せば起訴猶予にしてやる，と検察官が言っている」と述べ，Xに自白するよう勧告した。XはAの言葉を信じ，起訴猶予を期待して自白したが，検察官がXを起訴した（判例①を参照）。

このような事案で，裁判所はXの自白を証拠として有罪判決を言い渡すことができるのだろうか。自白とはそもそも何か，また，自白排除法則とは，どのような原則なのだろうか。

1　自白の証拠能力

自白排除法則とは何か

「自白は証拠の女王だ」という言葉を聞いたことがあるだろう。洋の東西を問わず，いつの時代も，自白は有力な証拠であった。かつては，法律で決まった一定の証拠，ことに自白がなければ被告人を有罪にすることができない法制度さえあった。そのような法制度のもとでは，人は，自白を得るために拷問をも厭わなかったのである（ヨーロッパでも，日本でも，さまざまな拷問用具や拷問の方法が開

発されてきた)。

　今日，以下のようにいう人もある。実際に犯罪を犯した人間なら，その犯行の情況を詳しく説明することができる。「科学捜査が叫ばれる今日においても，……密室で行われる……犯罪については，……被疑者の自白がなければ有罪の立証ができないので，捜査官は，真実の自白を獲得することに全力を傾注している」(田邊信好・警察学論集38巻7号48頁)，被疑者から自白を引き出すことは，捜査官にとって重要な仕事である，と。

　また，別の人は，被疑者が罪を悔いて反省するためには，自らが犯した犯罪行為を洗いざらい喋る必要があり，自白は本人の更正のためにもなる，ともいう。

　たしかに，本人が罪を悔い，自ら進んで自白するのであれば，必ずしも禁じる必要はない。むしろ，検察官の多くは，任意の自白を獲得すべく努力しなければならない，というかもしれない。しかし，捜査官が自白を強制し，ときには不当な方法を用いて自白を誘導するとすれば，これは重大な問題である。そこで，不任意になされた疑いのある自白には証拠能力がない（その自白を証拠として使って，犯罪事実を認定することができない）という原則が定められているのである。この原則を自白排除法則という（後で詳しく説明する）。

自白とは何か

　ところで**自白**とは何だろう。自白とは，「自己の犯罪事実の主要部分について，全部または一部を認める供述」だという(i)説が通説である。自白をどう理解するかについては，争いがある。たとえば，被告人が「私はAを殺しましたが，正当防衛です」と言ったとしよう。これは自白したと言えるのか。つまり，違法性阻却事由（正当防衛や緊急避難など）または責任阻却事由（心神喪失など）を主張して争う場合を自白と考えるのか，という問題である。(i)説では，この設例のような供述も自白である。

(i)説と異なり，(ii)説「犯罪事実の全部を承認するのが自白であって，違法性阻却事由を主張するときは自白でない」という(ii)説がある。(ii)説は，(i)説を批判して，①犯罪事実の一部を認める供述のみで補強証拠もなしに有罪とされるおそれはない，②(i)説は自白の概念を拡げすぎる，という。

自白とは何かを考えてみよう。自白に類似した言葉をそれぞれ比較すると，規定の文言から，下の図で示すような関係になる。

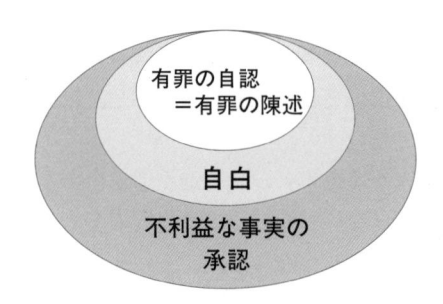

```
        有罪の自認
        ＝有罪の陳述

          自白

       不利益な事実の
           承認
```

上の図からわかるように，自白の概念についての争いは，違法性阻却事由や責任阻却事由を主張する場合（たとえば，正当防衛だった，心神喪失だったなど）を「自白」と解するか「不利益な事実の承認」と解するか，の違いである。「自白」ならば，自白だけでは有罪判決を言い渡すことができず，補強証拠が必要だが，「不利益な事実の承認」だと解すれば，補強証拠は必要ない。先に述べた例で，「私はAを殺しましたが，正当防衛です」という供述が自白ではない（不利益な事実の承認だ）と解すれば，（正当防衛が認められない場合）裁判所は，補強証拠なしに被告人に有罪判決を言い渡すことができることになる。

しかし，自白は補強証拠がなければ有罪判決を言い渡すことができないとした憲法や刑訴法の規定の趣旨を考えると，補強証拠が必要な範囲（つまり，「自白」の範囲）を広くとる通説が妥当であろう。

自白排除法則の法的根拠——憲法38条と刑訴法319条

自白排除法則 とは，(拷問や脅迫などによって引き出された)任意性のない自白には証拠能力を認めない原則をいう。原則の意味は簡単で，誰にでも分かる内容であろう。しかし，自白とは何か，任意性とは何か，と考えていくと，その背後には難しい問題が横たわっているのである。

ところで，憲法は「何人も，自己に不利益な供述を強要されない」，「強制，拷問若しくは脅迫による自白又は不当に長く抑留若しくは拘禁された後の自白は，これを証拠とすることができない」と規定する (憲38条1項・2項。なお，「抑留」とは，一時的な身体の拘束，「拘禁」とは，長期にわたる継続的な身体の拘束のことである)。

この憲法の規定と，刑訴法の規定とを比較してほしいのだが，刑訴法は「強制，拷問又は脅迫による自白，不当に長く抑留又は拘禁された後の自白その他任意にされたものでない疑のある自白は，これを証拠とすることができない」(319条1項)と定める。

これらの条文を見る限りでは，刑訴法は「任意にされたものでない疑のある自白」(以下，「不任意自白」と呼ぶ)という語句を，憲法の条文に付け加えた(趣旨を拡張した)に過ぎないように見える。

実際そのように考える人は少なくない。これを見解aと呼んでおこう。「任意性のない自白は証拠能力がない」という原則が自白排除法則だ，と解するのである(文献①)。「強制，拷問若しくは脅迫による自白」などは不任意自白の典型例である，憲法38条は不任意自白を禁じており，刑訴法の不任意自白の規定は(強制によって自白したという立証は困難だから，不任意の「疑い」がある自白をも含め，被告人の保護を図ったもので)，憲法38条の趣旨を明文で確認したに過ぎない，という。

見解aによれば，拷問や強制などは，不任意自白を引き出す典型的な手段である。この基本的な理解に立ったうえで，これらの自白

獲得の手段が禁じられる理由は何かについて，説が分かれる。

　拷問や強制，利益誘導や切り違え尋問（「切り違え尋問」は，あとで説明する）などによって引き出された自白には虚偽が含まれる可能性が類型的に高いので，これらの自白は証拠として使えないと考えるA-1説（虚偽排除説）がある。

　しかし，このような理解に従えば，自白が虚偽でなければ証拠として使えることになる。そこで，黙秘権（供述の自由）を中心とした人権（黙秘権の保障と自白排除法則とが必ずしも結びつくわけではないので，広く「人権」と表現される）を侵害して自白が引き出された場合，その自白は証拠として使えない，と主張するA-2説（人権擁護説）が主張された。虚偽排除説も人権擁護説も，共に見解aをベースにしていることに変わりはない。

自白獲得手段の違法——違法排除説の誕生

　その後，見解aに対する批判が出てきた。その代表が違法排除説である。違法排除説はいう。見解aでは，違法な手段で獲得された自白が排除されにくい。任意性を基準にすると，供述がなされた状況を総合的に判断しなければ，（不任意だとして）自白を排除できない。不任意かどうかを問題にするのではなく，取調べ方法の違法性を論じれば足りるのではないか。たとえば，偽計を使って（被疑者をだまして）自白を得たのであれば，自白の任意性を検討するまでもなく，その自白には証拠能力が与えられない，と。

　違法排除説が出てきた直接の理由は，(i)自白が不任意でなされたことの立証が困難であること，(ii)手錠をかけたままの取調べなど，常に不任意とは評価されにくい取調べにも自白排除法則を適用させたい，という点にある。そして，それを，いわば政策的な側面から理論化したものである。つまり，後で見る，「違法収集証拠排除」の自白バージョンだと評してよい（このような理解を 見解b と呼ぼう）。

したがって，見解bは，さきに述べた見解aとは異なった基盤に立つものである。(違法排除説は，そもそも憲法，刑訴法の解釈論から導き出されたものではないが)違法排除説によって条文を解釈するとすれば，自白採取過程で手続が適正に行われるべきだとする総括的規定が憲法31条であり，憲法38条2項は，その注意規定だと解することになろう(文献④)。

また，自白排除法則の内容を，(i)拷問，強制などによる自白を排除する(憲38条2項)，(ii)不任意の自白を排除する(319条)，(iii)(i)と(ii)ではカバーできない自白獲得の事例(たとえば別件逮捕・勾留中の自白など)，の3種類に分ける見解もある(文献③)。

たしかに，憲法38条が禁じる「強制，拷問若しくは脅迫による自白」と不任意の自白とは必ずしも同じではない。制定の経緯から見ても，憲法38条は，拷問の根絶を図った規定だと見るのが正しい(文献③，文献④)。したがって，拷問などによって獲得された自白である以上，それが任意かどうかは問題の核心ではない。不任意か否かにかかわりなく，拷問などによって獲得された自白は排除されなければならない。その意味では，上に書いた(i)の類型と(ii)の類型とは区別しなければならないだろう。しかしながら，(i)の類型は不任意自白の最たるもので，したがって，拷問などがあった以上は任意性がないと見なすのだ，と解釈することも可能である。

自白排除法則をどう見るのが妥当か

今日，学説は，見解a((i)と(ii)につき，虚偽排除と人権擁護とで説明する)と見解b(自白採取過程の違法性の問題，つまり違法排除で説明する)，さらに見解b-2((i)拷問などによる自白，(ii)不任意自白の排除だけでなく，違法収集証拠排除の原則が適用される(iii)類型なども認められる，という。文献③)，に分類できることになる。

さきに述べたように，違法排除説は，不任意性の立証は困難だから，見解aでは実効性が期待できないという。しかし，本当にそう

だろうか。自白が任意になされたか否かは，たしかに，取調べの状況（利益誘導，偽計，圧迫など），被疑者の体調（疲労，病気など）などさまざまな要因を総合的に判断しなければならない。しかし，他方で，取調べが違法だという判断もまた，さまざまな要因を総合的に判断しなければならないのであって，単に偽計があったという一事で取調べが違法だと判断することはできないのである。leadを読み返してほしい。検察官は「一般論として起訴猶予も可能だ」と，しかもXの弁護人ではない弁護士Aに対して言ったに過ぎない。被疑者はAの言葉を信じたのであって，検察官は被疑者に利益誘導したわけでもなく，自白を強要したわけでもない。確かに検察官の行為は軽率ではあるが，違法とまでいえるのだろうか。違法排除説に立ってleadの事例を解決しようとすれば，自白に証拠能力を認めるのが論理的である。

これに対して，不任意の自白に証拠能力を認めないという見解aによれば，Xの自白には証拠能力が認められない。なぜなら，Aの言うことを信じたにせよ，被疑者Xが起訴猶予を期待して自白したことに変わりはない。したがって，Xの自白は，不任意の自白だと評することができるからである。このように見てくると，違法排除説に立てば，自白排除法則が適用される範囲が必ず広くなるというわけではないことがわかるだろう。

取調べの方法という観点から，見解aを検討してみよう。見解aも，捜査官の自白獲得手段を全く考慮しないわけではない。捜査官の自白獲得手段が被疑者の任意性を奪う場合には，当然，不任意自白として排除される。取調べの態様は，任意性を判断する一つの要素だと考えているのである。

さらに，違法排除説は，違法収集証拠排除法則を自白に応用する説である。しかし，違法収集証拠排除法則は，本来は証拠物に適用される原則である。違法な手続で収集された証拠が排除されるとい

う法則を，物証に限らず，供述証拠ことに自白に対しても適用することは，そもそもの違法収集証拠排除法則のなりたち，経緯からして疑問がある。また，理論をあやふやなものにする。

　この批判は，見解b-2に対しても当てはまる。たしかに，別件逮捕・拘留中の自白や，弁護人選任権または接見交通権などが侵害された状態で獲得された自白などを排除すべきだという主張は理解できる。しかし，そのような場合も，自白の任意性を判断する要素として取調べの違法（弁護権の侵害など）を問題にすればすむと考えられるのである（ちなみに，判例は見解aである）。

自白が排除される例

(1) 拷問などによる自白

　令状によらずに留置し，取調べに際して警察が殴る蹴るの暴行を加え，その後検察官に対して被疑者が自白した事例について，最高裁は自白の任意性・信用性を否定した（判例②）。また，手錠をはめたまま午前2時頃まで取調べ，被疑者を殴るなどした事例についても，自白の証拠能力を否定している（判例③）。

(2) 不任意の自白

　最高裁は，被疑者に手錠をはめたままの取調べが直接，自白の証拠能力を否定するものと考えているのではなく，自白の任意性を疑わしめるひとつの要素と考えている（判例④。両手錠をかけた被疑者は「心身になんらかの圧迫を受け，任意の供述は期待できないものと推定せられ，反証のない限りその供述の任意性につき一応の疑いをさしはさむべきである」）。したがって，手錠をされたままの取調べであっても，任意性を認める証拠があれば，自白の証拠能力は認められる。

　約束や偽計によって得られた自白についても，任意性が認められなければ，証拠能力が否定される。約束（利益誘導）による自白の例は，leadを参照。

　最高裁は，被告人夫婦が共謀して拳銃などを不法に所持していた

事件で，いわゆる「切り違え尋問」につき判断を示した（判例⑤）。被告人は，当初「妻が勝手に買ったものだ」と述べ，共謀の事実を否認していた。また妻も「自分の一存で拳銃を買った」と述べ，共謀の事実を否認していたにもかかわらず，検察官が被告人に対し，「奥さんは自供している。誰がみても奥さんが独断で買わん。参考人の供述もある。こんな事で二人共処罰される事はない。男らしく云うたらどうか」と告げて説得した。すると，被告人は妻との共謀関係を認めた。そこで，被告人を妻と交替させ，妻に対して被告人が共謀を認めていると告げて，妻を説得し，共謀関係を認めさせた（このような取調べ方法を「切り違え尋問」と呼ぶ）。

最高裁は，本件の取調べが偽計（だます方法）を用いており，「もし被告人が共謀の点を認めれば被告人のみが処罰され妻は処罰を免れることがあるかも知れない旨を暗示した疑いがある」ので，「偽計によつて被疑者が心理的強制を受け，虚偽の自白が誘発されるおそれのある疑いが濃厚であり」，「任意性に疑いがある」という見解を示した。

2　自白には補強証拠が必要である

自由心証主義の例外

さきに述べた自白排除法則は，不任意の自白を証拠として使うことを禁じる法則である。しかし，たとえ任意に自白がなされても，自白だけで被告人を有罪とすることはできない（憲38条3項，319条2項）。

ところで，「証拠の証明力は，裁判官の自由な判断に委ね」られている。これを自由心証主義という。したがって，裁判所は，自白に十分な証明力があって有罪事実を認定すると判断したならば，その自白だけで有罪判決を言い渡してもよいはずである。しかし，自

白だけで有罪判決を言い渡すことができるとすると、場合によっては、自白を強要する傾向を強めかねない。そこで、自白だけでは有罪判決を言い渡すことができす、必ず補強証拠が必要だという規定を置いたのである。これは、一般に、自由心証主義の例外だと解されている。

補強証拠が必要な事実

犯罪事実のどの範囲にまで補強証拠が必要なのか。通説は、いわゆる罪体（犯罪を構成する基本的な事実）について、補強証拠が存在すれば良いと解している。たとえば、被害者Aの死体が崖の下で発見されたとしよう。Aが事故で死んだのか、誰かに殺されたのかが不明なのに、被告人Xの自白だけでXを有罪にするのでは、誤判の危険性が高い。したがって、少なくとも、Aの死亡は事故ではなく、誰かに殺されたのだ、ということまでは自白以外の証拠（補強証拠）によって証明されなければならない、と解されるのである。

罪体について補強証拠が必要だと解されるのは、上で述べたような理由によるから、たとえば、殺意や共犯者の意思の連絡など、主観的要件については補強証拠がいらない（自白だけで認定できる。通説・判例）。

補強証拠の程度

補強証拠には一定程度以上の証明力がなければならないという見解もある。しかし、自白に補強証拠を要求している法理の趣旨は、裁判所が自白のみで十分に有罪の心証を得たとしても、自由心証主義の例外として、自白だけでは有罪認定ができないという点にある。もし、裁判所が自白のみで有罪の心証を得られなければ、そもそも自由心証主義の「例外」の問題ではない。反対に、補強証拠（自白以外の証拠）だけで十分に有罪判決を言い渡すことができるのであれば、わざわざ自白を証拠とすることなく、自白以外の証拠で犯罪事実を認定すれば良いのである。このように考えると、補強証拠と

は，自白には，まさしく「補強」する程度の証明力さえあれば済むことになる。

補強証拠の取調べ時期

「証拠とすることができる被告人の供述が自白であるばあいには，犯罪事実に関する他の証拠が取り調べられた後でなければ」，自白調書を取り調べることができない（301条）。なぜなら，自白調書を先に取り調べると，裁判所に予断や偏見を与えかねないからである。実務では，証拠を甲号証（犯罪事実の存否にかかわる証拠で，乙号証以外のもの）と乙号証（被告人の供述調書など）とに分け，検察官が，まず甲号証を一括して取調べ請求し，その後，乙号証の取調べ請求をしている。

〈参照判例〉
① 最判昭和41年7月1日刑集20巻6号537頁・百選（8版）78事件
② 最判昭和32年7月19日刑集11巻7号1882頁
③ 最大判昭和26年8月1日刑集5巻9号1684頁
④ 最判昭和38年9月13日刑集17巻8号1703頁・百選（8版）A26事件
⑤ 最大判昭和45年11月25日刑集24巻12号1670頁

〈参考文献〉
① 松尾浩也編『刑事訴訟法II（有斐閣大学双書）』〔島田仁郎〕（有斐閣，1992年）296頁
② 藤永幸治ほか編『大コンメンタール刑事訴訟法 第5巻I』〔中山善房〕（青林書院，1999年）202頁
③ 松尾浩也『刑事訴訟法・下〔新版補正第2版〕』（弘文堂，1999年）42頁
④ 松尾浩也「刑事訴訟法を学ぶ〔第8回〕」法教16号63頁以下

column⑪
違法収集証拠排除法則

違法収集証拠排除法則の生成　違法収集証拠の排除法則は，〈警察官が被疑者の住居を無令状で捜索し押収した物を証拠に使うことは，合衆国連邦憲法修正第4条〔不合理な捜索・押収の禁止〕の趣旨から禁じられる〉というWeeks v. United States, 232 U.S. 383 (1914)に始まる（Cf. Boyd v.United States, 116 U.S. 616 ［1886］）。だが，この規制は州の刑事手続には及ばないと考えられた。州警察官が，連邦捜査官とは無関係に，連邦犯罪の証拠を違法に収集した場合は，証拠能力が認められるというのである。この考え方は，州警察官が違法に収集した証拠であっても「銀の皿」で差し出せば，連邦裁判所は，この証拠を使うことができるという意味から「銀の皿」法理（silver platter doctrine）と呼ばれた。

その後，Elkins v. United States, 364 U.S. 206 (1960)が，州・連邦を問わず警察官が違法に収集した証拠は，連邦の訴追手続には使えないと判示して，「銀の皿」法理は排斥された。さらに，（被疑者が飲み込んだカプセルを胃洗浄して取り出すなど）「良心に衝撃を与えるやり方」で押収された証拠は，州裁判所においても排除されると述べたRochin v. California, 342 U.S. 165 (1952)によって，州に適用される範囲が次第に広がった。そして，Mapp v. Ohio, 367 U.S. 643 (1961)が，修正第4条に違反して証拠を収集することは，州裁判所においても修正第14条〔適正手続の保障〕違反になると判示したことによって，ついに，排除法則は州をも含む規制原理となったのである。

違法収集証拠排除法則の意義　非供述証拠を収集する過程に違法な行為があっても，その証拠価値は変わらない。たとえば，捜索・差押え許可状なしに被疑者のアパートを捜索し，覚せい剤を押収したとしても，その覚せい剤が小麦粉に変わるわけではない。しかし，アメリカ連邦最高裁は，(i)証拠を排除し無罪を言い渡すことが，違法捜査により権利を侵害された者（被告人）にとって効果的な救済になる，

(ⅱ)違法な捜査によって得られた証拠を事実認定に用いることは，裁判所が違法な捜査に手を貸すことと同じであって，司法の廉潔性（integrity）に反する，(ⅲ)違法捜査は犯人の処罰が目的なのだから，将来の違法捜査を思いとどまらせるためにも違法収集証拠を排除する必要がある，という論拠の，1つまたはこれらの組合せによって排除法則を認めた。連邦最高裁は，その後，排除法則とは，将来警察が違法行為をしないよう抑制するための「政策的な」理論だとの認識を示すようになった（United States v. Calandra, 414 U.S. 338, 348 [1974]）。

違法収集証拠排除法則の展開（毒樹の果実論）　アメリカでは，違法な手続によって獲得された証拠そのものの証拠能力を否定するだけではなく，その証拠から2次的・派生的に得られた証拠もまた排斥するという理論が生まれ，毒樹の果実論（fruit of the poisonous tree doctrine）と呼ばれた。

しかし，毒樹の果実論によれば，証拠能力が否定される証拠の範囲が広がり過ぎることから，アメリカ合衆国の判例では，(ⅰ)独立源泉からの入手による例外〈違法な手続とは無関係な，独立した源泉から収集された証拠は排除されない〉（Independent Source Exception ; Silverthorne Lumber Co., v. U.S., 251 U.S. 385 [1920]），(ⅱ)稀釈による例外〈被告人が任意に行動して，最初の違法な手続による汚染状態が薄まった場合には，証拠は排除されない〉（Attenuation Exception ; Nardone v. United States, 308 U.S. 338 [1939]，Wong Sun v. U.S., 371 U.S. 471 [1963]），(ⅲ)不可避的発見による例外〈違法な手続がなくとも，別途なんらかの合法な行為によって不可避的に証拠が発見されたであろうとき，証拠は排除されない〉（Inevitable Discovery Exception ; Nix v. Williams, 467 U.S. 431 [1984]），が，重要な3つの例外になっている。アメリカにおける違法収集証拠排除法則の発展の詳細は，井上正仁『刑事訴訟における証拠排除』（弘文堂，1985年）61頁以下を参照。

CHAPTER 13

供述証拠と伝聞法則

伝聞証拠

lead　Bさんが、あなたに「『Xが地下鉄で女子高生に痴漢した』ってAさんが言ってたわよ」と伝えた場合、あなたなら、どうするだろうか。あなたがXと親しいなら、直接、Xに問いただすのが早道である。なぜなら、Bが嘘を言っているかも知れないし、嘘を言っているわけではなくとも、聞き違いや勘違いは、よくあることだからだ。他方で、あなたがXとは面識もなく無関係であれば、無責任なうわさ話がC、Dへと広がるかも知れない。

伝聞つまり「また聞き」は、日常でもよく見られることだ。しかし、裁判所が犯罪事実を認定する際に、その証拠として、伝聞を使うとすれば、これは重大な問題である。

犯罪事実を認定する証拠として、このような「また聞き」（伝聞証拠）を使うことは、原則としてできませんよ、というルールが伝聞法則である。

1　伝聞証拠とは何か──伝聞証拠の意義と根拠

伝聞証拠の3種類

まず、**伝聞証拠**とはなにかを説明しておこう。①供述書、②供述録取書、③伝聞証言、の3種類がある。XがYを殺すところを、Aが目撃したという設例で説明しよう。

①供述書とは、自分が述べる内容（供述内容）を、本人が自ら記

載した書面のことである。だから，たとえばAが殺人を目撃した情況を日記に書いていたとすれば，日記の該当部分は，供述書である。その他にも，被害届，告訴状，手紙などが供述書にあたる。

② 供述録取書 とは，もともとの話者（原供述者）から聞き取った内容（供述内容）を，第三者が記録した書面のことである。たとえば，Aは「参考人」（被疑者以外の者〔223条1項〕，つまり，目撃者，被害者など）として，警察で事情を聴取される（「取り調べ」られる〔223条1項〕）。このときにAがしゃべった（供述した）事柄は，司法警察員面前調書と呼ばれる「調書」に書きとめられる。この調書は「供述録取書」である。その他，検察官面前調書，証人尋問調書などが，「供述録取書」にあたる。供述録取書は，Aが述べた内容を第三者が書き取ったわけだから，正確には再伝聞（二重に伝聞）である。しかし，警察官や検察官が供述録取書を作成する場合には，Aに供述録取書を読んで聞かせて（「読み聞け」という），Aに署名・押印させるのが通例である。この場合には，供述書と同じく伝聞証拠として扱われる（321条1項）。

③伝聞証言とは，原供述者が言った内容を聞いた第三者が，公判廷でする証言のことである。たとえば，殺人を目撃した事実をAがBに話したとしよう。Bが公判期日に出廷して証言すれば，その証言は 伝聞証言 である。

2　伝聞証拠が使えない理由

伝聞証拠＝「また聞き」

このような伝聞証拠は，なぜ，証拠として使うことができないのだろうか。伝聞法則は，イギリスやアメリカで発達したものだが，アメリカの有力な学説は，伝聞証拠が原則として証拠として使えない根拠を，反対尋問との関係で説明する。

一般に，人の「また聞き」には，誤りが混入しやすいと考えられている。たとえば，殺人を目撃したAが証人として出廷できず，その代わりにAから情況を聞いたBが出廷し，証言をするとしよう。Aの目撃から，Bの証言までの経過を詳しくたどると，以下のようになる。

　まず，①知覚（XがYを殺すところを，Aが目撃する）から始まる。そして，②記憶（Aは自分が見聞きした事実を記憶する），③表現＝叙述（Aが目撃した内容をBに話す）という経過をたどって，Bが殺人の情況を知ることになるのである（④Bの知覚）。そして，BはAから聞いた内容を記憶する（⑤Bの記憶）。そして，Bが公判廷に出廷して証言することになるわけである（⑥Bの表現＝叙述）。

　このような経過を分析したうえで，アメリカの学者は，それぞれの過程（Aの①知覚→②記憶→③表現＝叙述→Bの④知覚→⑤記憶→⑥表現＝叙述）に，誤りが混じる可能性があると考えた。つまり，Aは①知覚の段階で，Yを殺した人物がXに似ていたためXだと見誤ったり，現場が暗かったので実際にはよく見ていないのにXだと思い込んだりすることが考えられる。Aの記憶が正しいとしても，時間が経ったために記憶が薄れ，あるいは他の記憶と混じったりして，不正確になることもある。実際に見たのはWだったけれども，警察で供述録取書が作成されるまでの間に記憶が不正確になっていて，よく似たXの写真を警察で見せられて「この人〔X〕が犯人です」と言うかも知れない。

　また，Aが嘘を言ったり（③表現），スラングや隠語を使うなど言葉の使い方が不適切なために（③叙述），聞く人（B）に誤った事実を認識させるかも知れない。

反対尋問の機会が与えられるか

　これらの誤りを除去するには，証人の証言が正しいかどうかを反対尋問によって吟味するほかない。しかし，Bに対して反対尋問を

行った場合，正しいかどうかを吟味することができるのは，Bの④知覚，⑤記憶，⑥表現＝叙述までだと考えられている。Aの①知覚，②記憶，③表現＝叙述に誤りが混入していないかどうかを確かめるためには，Aに反対尋問をするしかない。Aが出廷して証言しない限り，Aに反対尋問をしてAの供述の真偽を確かめることはできない。したがって，アメリカでは，反対尋問によるテストにさらされない，または反対尋問の機会が与えられないことが，伝聞証拠を証拠とすることができない理由だ，と説明されてきたのである。

3　わが国における伝聞法則の考え方

通説の考え方

上で述べたように，アメリカにおける通説は，反対尋問を経ない供述には虚偽が混じるおそれがあるので証拠として使えない，という原則が伝聞法則だと説明する。

わが国でも，同様の見解が通説だと言われている。供述証拠は，知覚・記憶・表現＝叙述という過程を経るが，この過程に誤りがないかどうかは反対尋問によってテストされなければならない。このテストを経ない供述証拠には，原則として証拠能力が認められない（つまり，犯罪事実を認定する証拠として使えない）。この原則が伝聞法則だ，と説明するのである（文献①）。

通説で説明できない場合

しかし，反対尋問を経ていない証拠＝伝聞証拠という理屈だけで，わが国の刑訴法の規定を説明するのは難しい。というのは，通説では説明しにくい，以下のような例外規定があるからである。

(1)　通説で説明しにくい例外1——反対尋問権が保障されている

被告人以外の者が公判準備または公判期日に供述した場合，その供述を録取した書面には，伝聞法則の例外として，証拠能力が認め

られる（321条2項前段）。しかしながら，公判準備または公判期日において証人を尋問する場合には，当事者に立会権・尋問権が保障されている（157条・158条・304条）。したがって，通説によれば，これは伝聞法則の例外ではなく，そもそも伝聞証拠ではないということになる。

また，裁判所・裁判官の検証調書も伝聞法則の例外である（321条2項後段）。しかし，裁判官を証人として喚問し，これに反対尋問をするなどということは常識的ではないし，そもそも当事者は立ち会うことができる（142条・113条）。これも通説では説明しにくい。

(2) 通説で説明しにくい例外2——反対尋問が無意味

被告人が作成した供述書や署名・押印のある供述録取書は，①その供述が被告人に不利益な事実の承認を内容とするもの，②とくに信用すべき情況のもとにされたもの，であれば伝聞法則の例外として，証拠とすることができる（322条1項）。

しかしながら，反対尋問を経ない証拠が伝聞証拠だという通説に従えば，被告人の供述書などは，そもそも伝聞証拠ではないと見るのが妥当なはずである。なぜなら，そもそも反対尋問が問題になり得ない証拠だからである。被告人が自分自身に反対尋問することはあり得ないし，反対に（被告人に不利益な事実の承認を内容とする供述書・供述録取書だから），検察官が被告人に対して反対尋問するのも無意味なのである。

このような例外があるため，通説は，①反対尋問が不可能な場合，②不完全ながら反対尋問の機会が与えられた場合（(a)供述時には反対尋問の機会が与えられなかったが事後的に公判で，または，(b)以前の供述のときに反対尋問の機会が与えられた），③反対尋問を必要としない場合，は例外だと解している。

しかし，「例外」と言うためには，そもそも当該証拠が伝聞証拠

である必要があるが，上で説明した通説で説明しにくい例外は，伝聞証拠（反対尋問を経ない証拠）といえるか否かが，まさしく疑問なのである。そこで，これらは，例外ではなく「伝聞不適用」（形態的には伝聞証拠ではあるが伝聞法則の趣旨からいって伝聞法則の適用の必要がない場合）だと見る人もいる（文献②）。

通説と異なる考え方

これに対して，通説の前提そのものに異を唱える説がある。つまり，伝聞法則には，反対尋問権の保障の側面だけでなく，直接主義の要請という側面もあるのだと主張する見解である（文献③）。考えてみると，陪審制度のもとでは陪審員が事実を認定するから，反対尋問は，（陪審員の前で尋問するという意味で）一種の直接主義の体現だとも言いうる。①偽証すれば犯罪に問われるという威嚇があるから，公判廷での証言は信用できると考えられるし，②裁判所は，証人の供述態度などを観察していて，嘘を言っているかどうかを判断する。そのような前提があって初めて，③知覚，記憶，表現＝叙述の吟味という反対尋問の意味があると言える。伝聞法則の根拠は，①～③を総合したものと考えるのが妥当であろう（文献④）。

4 伝聞証拠と非伝聞証拠の判断基準

要証事実との関係

証拠がそもそも伝聞証拠に当たらない場合，その証拠を非伝聞証拠と呼ぶ。ある証拠が伝聞証拠か非伝聞証拠かは，要証事実（立証しなければならない事実）との関係で決まる。一見すると伝聞証拠のように見えるが，要証事実との関係からすると，伝聞証拠とはいえない場合がある。

たとえば，「Xは『Aが地下鉄で女子高生に痴漢した』と言った」と証人Yが証言したとしよう。Aが強制猥褻罪で起訴された公判廷

で，Yが証言したのであれば，この証言は伝聞証言である。「Aが痴漢した」という事実が要証事実だからである。しかし，XがAに対する名誉毀損罪で起訴されている場合であれば，Yの証言は伝聞証拠ではない。

このようにして，①供述が要証事実の一部である場合（たとえば，「Xが『俺はいま人を殺してきた。お前なんか殺すのはわけない』と述べて，Yを脅迫した」というYの証言。この場合，Xが本当に人を殺してきたか否かは問題でなく，「人を殺した」と述べてYを脅した事実が要証事実だから，非伝聞である），②供述が行為の一部である場合（たとえば，「Xが国会議員に対して『国会追求をお手柔らかに』と述べて，金を渡していた」とのYの目撃証言。要証事実は，Xが国会議員に金を渡していた事実であり，「お手柔らかに」発言は，金の趣旨〔賄賂なのか借金の返済なのか等〕を明らかにする意味を持つから，非伝聞である），③供述が情況証拠となる場合（「私はローマ法王だ」というXの供述は，その内容が問題となるのでなく，Xの精神異常を推認するために使われるから，非伝聞である）などでは，これらの供述は非伝聞証拠である。

心理状態と要証事実の関係

これらの場合と同様に，心理状態の供述（感情や意思など自分の心理状態についての供述）もまた，非伝聞だと解されている。たとえば，被告人XがY女を強姦しようとして首を絞めて殺害した事件で，Y女の男友達Aが「Y女は生前，Xのことを『あの人はすかんわ，いやらしいことばっかりする人だ』と言っていた」と証言した場合に，この供述は伝聞なのか否か，が問題となる（判例①）。犯行の間接事実である動機を認定するために，Aの証言を用いるのであれば，伝聞証拠だと言える。しかし，Y女がXに対して嫌悪の感情を抱いていた事実が要証事実だとすれば，必ずしも伝聞とは言えない。

また，複数人が共謀し，実行犯人が警察官Sを殺害した事件で，実行正犯やその他の共謀共同正犯，幇助犯が逃走し，被告人が否認している事案でも，同じような点が問題となった（判例②）。「被告人は『共産党を名乗って堂々とSを襲撃しようか』と述べた」とAが証言した場合に，S襲撃の事実を要証事実とするのであれば，伝聞証拠である。しかし，Aは被告人の発言を直接聞いているわけだから，発言内容が要証事実であれば，伝聞とは言えない。つまり，Sに対する被告人の敵意を立証しようとするのであれば，これは心理状態の供述であって，伝聞ではないということになる。

　心理状態の供述は，なぜ伝聞ではないのか。この点については，先に **2** で説明したことを思い起こしてほしい。伝聞の過程（Aの①知覚→②記憶→③表現＝叙述→Bの④知覚→⑤記憶→⑥表現＝叙述）からして，Bに反対尋問をしても，④Bの知覚までしか吟味することができず，Aの①知覚，②記憶，③表現＝叙述の過程に誤りが混じる危険を除去できない。したがって，伝聞証拠に証拠能力が認められないのだ，と説明した。しかし，最近では，①知覚・②記憶と③表現＝叙述とは，同列に扱えないと考えられている。Aの①知覚・②記憶の真偽については，たしかにAに問いたださなければ明らかにならない。しかし，③表現＝叙述については，その内容の誠実さ（嘘をついていない），言葉の適切さは，Bを尋問し，またはその他の情況証拠を吟味することで，判明すると考えられるのである。

　したがって，心理状態の供述は非伝聞であって，あとは，証拠としての関連性があるか否かの問題だといえよう。

5　伝聞法則の例外——伝聞証拠に証拠能力を与える場合

必要性と特信状況

　伝聞証拠であっても，しかし，①証拠とする必要性が高いものに

ついては，例外的に証拠能力を与えるのが妥当な場合もある。また，伝聞証拠に証拠能力が認められない理由は，伝聞の過程で誤りが混じる危険があるからだと説明されているが，そうだとすれば，②その供述が「特に信用すべき情況」(「特信情況」と呼ばれる)のもとでなされた場合には，例外として許容してもよさそうである。

そこで，①証拠とする必要性と，②特信情況とから判断して，伝聞法則の例外が認められている (321〜328 条)。

供述不能を理由とするもの

まず，供述不能を理由として例外とされる書面として，裁判官面前調書 (321 条 1 項 1 号前段)，検察官面前調書 (321 条 1 項 2 号前段)，それ以外の書面 (いわゆる 3 号書面。321 条 1 項 3 号) がある。供述者が死亡したり，精神や身体の故障，所在不明や国外にいるために公判準備または公判期日に供述することができないなど供述不能であることを理由に，例外的に，書面に証拠能力が与えられる。

裁判官面前調書と検察官面前調書とは，供述不能の要件を満たせば証拠能力を与えられる。これに対して，それ以外の書面に，伝聞例外として証拠能力が与えられるためには，供述不能のほか，証拠としての不可欠性 (その供述が犯罪事実の存否の証明に欠くことができない)，特信情況が必要である。

相反性を理由とするもの

つぎに，相反性を理由に例外とされる書面として，裁判官面前調書 (321 条 1 項 1 号後段)，検察官面前調書 (321 条 1 項 2 号後段) がある。供述者が公判準備または公判期日において前の供述 (裁判官面前調書に録取された供述) と「異つた供述をしたとき」，裁判官面前調書に証拠能力が認められる。これと異なり，検察官面前調書の場合は，供述者が前の供述と「相反するか若しくは実質的に異つた供述をし」，しかも，公判準備または公判期日における供述よりも前の供述を信用すべき「特別の情況の存するとき」でなければなら

ない。

🌀 その他の例外

(1) 無条件に与えられるもの

すでに述べたように,被告人以外の者の公判準備調書・公判調書（321条2項前段）,裁判所・裁判官の検証調書（321条2項後段）には,無条件で証拠能力が与えられる。

(2) 書面の性質上認められるもの

捜査機関の検証調書（321条3項・4項）,鑑定書（321条4項）については,書面の性質から,その供述者が公判期日に証人として尋問を受け,「真正に作成された」ことを供述したときに,伝聞例外として証拠能力が与えられる。

(3) 類型的に特信事情が保障されるもの

また,戸籍謄本など公務員が職務上証明する書類（323条1項）,商業帳簿など業務文書（323条2項）,その他「特に信用すべき情況の下で作成された書面」（323条3項）は,類型的に 特信情況 が保障される文書と考えられるため,伝聞例外となっている。

(4) ビデオの証拠能力

ビデオリンク方式 でなされた（157条の4第1項）証人尋問・供述の情況を記録したビデオなどは,①宣誓のうえなされており,②ビデオを再生することで,裁判所は証人の供述態度などを実際に見るのと同様に観察できる。したがって,あとは③反対尋問の機会さえ与えれば,伝聞証拠の例外とすることができる（321条の2）。

(5) 当事者が証拠能力を付与したもの

同意書面 （326条）は,当事者が積極的に証拠能力を付与した書面であるから,伝聞証拠の例外として証拠能力が認められている（当事者による反対尋問権の放棄だと理論構成する説も有力）。合意書面（327条）もまた,文書の内容,証人などの供述の内容につき,当事者双方がわかったうえで,証拠能力を与えることに合意した書面で

あるから，伝聞例外である。

(6) 弾劾証拠で自己矛盾供述のあるもの

最後に，証明力を争う証拠（いわゆる弾劾証拠。328条）については，自己矛盾供述に限って提出できるという説が通説である。同じ供述者が自己矛盾する供述をしている場合には，その供述の信用性を減殺することができるという当然のことを規定したものだと解されている。

〈参照判例〉
① 最判昭和30年12月9日刑集9巻13号2699頁
② 最判昭和38年10月17日刑集17巻10号1795頁

〈参考文献〉
① 平野龍一『刑事訴訟法』（有斐閣，1958年）203頁
② 田口守一『基本論点刑事訴訟法』（法学書院，1989年）168頁
③ 光藤景皎『口述刑事訴訟法・中〔補訂版〕』（成文堂，2005年）195頁以下
④ 藤永幸治ほか編『大コンメンタール刑事訴訟法 第5巻Ⅰ』〔中山善房〕（青林書院，1999年）227頁～237頁
⑤ 松尾浩也『刑事訴訟法・下〔新版補正第2版〕』（弘文堂，1999年）51頁～76頁

column⑫
アメリカの証拠規則

アメリカ合衆国連邦証拠規則　イギリスやアメリカでは，もともと証拠法はコモン・ロー（Common Law）によっており，制定法で定められたものではなかった。しかし，統一的な連邦証拠規則を制定すべきだという声が次第に大きくなった（証拠法規則の制定を求める主張は，すでに1930年代になされている）。

1975年1月2日，連邦議会の審議を経た連邦証拠規則案が議決され，同年7月1日から施行された。連邦証拠規則（the Federal Rules of Evidence [Public Law 93-595; approved Jan.2, 1975, 88 Stat.1926]。以下で，たとえばRule 101.のように条数を掲げる）は，合衆国法典（the United States Code）を改正（28巻2075款［section 2075 of title 28］の次に「2076款［section 2076］証拠規則」を挿入〔以降，1991年4月30日までに，28巻2075款の前に§2072-§2074を挿入〕）したものである（Rule 1102.）。アメリカ（ことに連邦）では，訴訟手続をはじめ司法運営にかかわる事項については，裁判所の規則制定権（rule-making power）により，裁判所規則で規定することが多い。そこで，連邦証拠規則も最高裁規則の形式を採っており，連邦証拠規則の改正権は連邦最高裁が持っている（Rule 1103.Sec.2.(a)(1)〔1975年の規則〕。もっとも，この規則は連邦議会で審議されたのち議決されたから，単なる規則ではなく「制定法 statute」だといって間違いではない）。合衆国裁判所の訴訟手続における証拠規則について定めており，刑事手続に限らず，民事手続についても適用される（Rule 1101.(b)）。

その後，数次の改正を経ており，最終改正は，2000年4月17日（12月1日施行）である（Federal Rules of Evidence, Dec. 1, 2001, historical note IX）。

伝聞法則に関する日米比較　伝聞法則（ch.13）との関連でいうと，伝聞法則の規定は連邦証拠規則第8章に掲げられている（Article

Ⅷ; Rule 801.-807.)。わが国の刑訴法の規定（320〜328条）と比較して見ると，以下のような違いがあることが理解できるだろう。

(1) わが国の刑訴法が書面を伝聞例外として認めることに，いかに重きを置いているか，がわかる。たとえば，刑訴法は，裁判官面前調書（321条1項1号）や検察官面前調書（321条1項2号）を伝聞例外としているが，連邦証拠規則にはそのような規定がない。

(2) 連邦証拠規則では，興奮時に発した言葉（Rule803.(2)），精神状態の供述など（Rule 803.(3)）が規定されているが，わが国では解釈によっている。

(3) 刑訴法では自由な証明で足りると考えられているもの（公的な記録・報告書［Rule 803.(8)］，国勢調査（人口動態統計）の記録［Rule 803.(9)］，定期刊行物など［Rule 803.(14)］）が，連邦証拠規則では規定されている。また，公的記録やその記載の不存在（Rule 803.(10)］）もわが国では，自由な証明で足りると解されている（最決昭和58年12月19日刑集37巻10号1753頁〔逆探知結果の記録がないという証明〕）が，連邦証拠規則では伝聞例外になっている。

(4) わが国にも，メモの理論（当時の記憶を思い出せない証人が，「今メモを見ても思い出せないが，経験した事実の記憶が鮮明な時に，その事実を正確にメモに記載した」と供述する場合に，そのメモを伝聞例外〔323条3号〕として採用しようという理論）の主張がある。連邦証拠規則は，（メモを証拠採用することで不利益を受ける相手方当事者［adverse party］によって提出された場合を除き）メモ自体の証拠採用まで認めているわけではない（Rule 803.(5)）。

このように見てくると，わが国の刑訴法320条以下の規定は「伝聞法則」の規定だと解されているが，必ずしも英米法における伝聞法則をそのまま移入したものではなく，かなりの程度「日本化」したものであることが判明するのである。

中村悳「米国における連邦証拠規則の制定について」警察学論集28巻8号（1975年）143頁以下，法務大臣官房司法法制調査部『アメリカ合衆国連邦証拠規則』法務資料425号（1975年）を参照。

V 裁判から執行に至るまで

CHAPTER 14 事実認定と裁判の効力
　　　　　　　──実体裁判と形式裁判
CHAPTER 15 裁判の誤りを正す手段──上訴と再審
CHAPTER 16 裁判の執行と受刑者の処遇──刑罰制度
CHAPTER 17 少年審判手続──少年法の考え方
　column⑬　無罪判決に対する上訴・再訴追の禁止
　column⑭　民営刑務所
　column⑮　少年犯罪対策チーム（Young Offending Team)

CHAPTER 14

事実認定と裁判の効力

実体裁判と形式裁判

> **lead**　次のような事案を想定しよう。
> 「ある駅のホームで，意味不明のことをつぶやいたり，大声で怒鳴ったりしている者がいた。警察に通報があり，警察官が到着してみると，顔色は悪く，腕にも注射痕が認められたので，警察署に任意同行し，尿検査を実施した。その結果，尿から覚せい剤の成分が検出されたので，その者は逮捕され，やがて覚せい剤使用罪で起訴された。本人も覚せい剤を使用したことを認めてはいるが，常用者であるため，いつ，どこで，何回覚せい剤を使用したのかは正確に覚えておらず，共犯者，目撃者もいない。」
>
> 現代の裁判では，証拠による事実認定が当然とされるが，裁判によっても過去の犯罪事実をありのままに再現することはできない。場合によっては，この事案のように，事実が100％明らかにならないこともある。そんなときは，どのように事件を解決すればよいのだろうか。また，その裁判で何らかの決着がついたとして，それを後にさらに争うことはできるのだろうか。

1　事実認定はどのように行われるのだろうか

密行する覚せい剤使用

覚せい剤には強い依存作用があり，中毒となると健康を害するばかりか，家族や他の人びと，ひいては社会全体にも大きな影響が及ぶので，とくに許される場合を除いて，その使用が犯罪となること

をおそらく誰もが承知しているだろう（覚せい剤30条の11・41条の4第1項5号参照）。覚せい剤は，水溶液を注射して使用するのが一般的とされるが，火であぶって煙を吸ったり，ストローで吸引したりするほか，粉末を飲み物に入れて飲むといった方法で使用されることもある。そして，どのような方法によっても，体内に吸収されると5～6日間は成分が尿中に検出されるので，被疑者の尿検査をすれば，覚せい剤を使用したことは明らかになる。ただし，多くの場合，覚せい剤は人目につかないところで使用され，それに直接関わった者以外に事実を知る者は少ない。

裁判官は神様ではない

かつては，世界的に「神判」という裁判が行なわれていた。文字通り「神（超自然的権威）の裁判」である。たとえば，日本では，熱湯に手を入れさせて火傷の有無で罪の有無を判断する盟神探湯（くかたち）があったし，魔女狩りには，疑わしい者の手足を縛って水に投げ込み，浮かべば有罪，沈めば無罪とするという水神判が用いられたといい，毒を飲ませて罪を判定するといった方法も洋の東西を問わず用いられていた。

しかし，現代の裁判官は，証拠により事実を認定し（317条），事件について「犯罪の証明があったときは」刑を言い渡し（333条1項），「犯罪の証明がないときは」無罪を言い渡す（336条）。そして，「有罪の言渡をするには，罪となるべき事実，証拠の標目及び法令の適用を示さなければならない。」（335条1項）こととされている。

ところが，leadのように，証拠（覚せい剤成分が被告人の体内から検出されたという鑑定書）によれば，被告人が覚せい剤を使用したことは間違いないが，目撃者もいないので，いつ，どこで，何回使用したのかといったことはいくら審理しても明らかにならない，といった事態が起こることがある。

このほかにも，たとえば，①被告人が盗品を所持していたことは

明白だが，自分で盗んだのか（窃盗罪。刑235条），他人が盗んだものを譲り受けて持っていたのか（盗品譲受等。刑256条1項）ははっきりしないとか，上述の例のように②被告人が覚せい剤を使用したことは明らかだが，いつ，どこで，どのようにして，何回使用したのかは判断できない，といったことが裁判の世界では時として起こる。

裁判で「真実」が解明されると考えている人々には，こうしたことは意外かもしれない。しかし，過去に起こったできごとは，録画でもされていない限りそのまま再現することはできないし，裁判官は神様ではない。結局のところ，裁判では証拠によって罪とされる事実を再構成することしかできないから，いくら審理を尽くしても，検察官が主張する事実の存否を裁判所が詳細に認定することができないこともある。

検察官の証明責任と無罪推定の原則

ch.10で学んだように，裁判は，検察官が「日時・場所・方法」によって具体的に特定した「訴因」の有無をめぐって争われる。民事裁判と異なって，刑事裁判で被告人が有罪判決を受ければ，その者は罪を犯した者として非難され，刑を科されて財産や自由，場合によっては生命までも奪われる。そこで，有罪の証明責任は個人に刑罰を科すことを求める検察側が負い，検察官が犯罪の成立要件すべてを「合理的な疑いを超えて」立証してはじめて被告人を有罪とすることができるという原則が採用される。言い換えれば，裁判は検察官の主張する事実は存在しないという前提で開始され，検察官が有罪の立証に失敗したときは，被告人は当然に無罪とされる，ということである。これを 無罪推定の原則 という。

被告人が犯人であるかどうかの確からしさは，被告人が単に疑わしいという段階から，たとえば，逮捕の要件となる「罪を犯したことを疑うに足りる相当な理由」（199条1項）があるという段階，犯

人であることは一応確からしい、といった段階があると思われるが、「合理的な疑いを超える程度」とは、普通の人びと誰もが有罪とすることに疑いをもたない程度であるといわれ、これは、非常に高い証明程度であるということができる。これは、なんとなく疑わしいとか、世間から嫌われている人物だというだけで被告人に刑を科すことで、無実の者が処罰されたり、刑事裁判が個人を迫害する道具となったりすることを防ぐためのきわめて重要な原則である。

このように、裁判では、犯罪成立要件の存否が問われるのであって、それを超えて歴史的・社会的真実が問われるわけではない。

2　有罪判決と概括的認定・択一的認定

概括的認定・択一的認定とはなにか

さて、被告人が何らかの罪を犯したことは認定できるが、罪名や共犯の有無、犯行の詳細な経緯などについて詳細で明確な事実認定ができない場合には、どのような裁判をすべきなのだろうか。すでに述べたように、裁判所は、有罪判決の言渡しに際して「罪となるべき事実」を示さなければならない。そこで、罪となるべき事実について詳細かつ明確な事実認定ができなければ、いずれの犯罪事実も認定することができない（つまり無罪）とするのか、それとも、被告人がなんらかの罪を犯したことは明白なのだから、被告人は「A罪またはB罪」を犯した、または、被告人は「覚せい剤を注射してまたは飲用して」使用した、という大まかな認定をすることができるのか、ということが問われる。

A罪かB罪どちらかは確実に成立するが、どちらが成立するのか明確にできないときに、被告人を「A罪またはB罪」で有罪と認定することを 択一的認定 といい、A罪が成立することは間違いなく認定できるが、罪となる行為の具体的で詳細な内容までは明らかにで

きないときに，上のように「注射してまたは飲用して」覚せい剤を使用したというような，ある程度幅のある認定をすることを**概括的認定**という。

犯罪の成立要件と概括的認定・択一的認定

　ある行為を犯罪として処罰する権限は，主権者の代表＝議会にある。つまり，犯罪を成立させる要件は議会が法律で定めるもので，裁判所は，法律を解釈する権限は有するが，新たな犯罪類型をつくり出す権限はもたない。

　そうすると，検察官が「被告人は財物を窃取した」として公訴提起した事件で，被告人が盗品にかかわったことは明白でも，自分で盗んだのか，他人が盗んだものを譲り受けたのかについて，いずれも合理的な疑いを超えて立証されていないと裁判所が判断したときには，裁判所はどのような裁判を言い渡すべきなのだろうか。検察官は，法律に定められた罪となる事実を訴因の形式で起訴状に記載し，罰条を示して起訴する義務があり，裁判所は，その犯罪成立要件のすべてが立証されたと判断できなければ有罪認定をすることは許されない。そして，刑法は「他人の財物を窃取」する行為を窃盗罪とし，「盗品を譲り受ける」行為を盗品譲受罪として処罰することとしているが（刑235条・256条1項参照），「盗品を所持していた者は，窃盗または盗品譲受罪で処罰する」，という定めをおいてはいない。したがって，どちらか判明しないので「窃盗または盗品譲受」で有罪，という裁判をすることは，検察官に課せられた証明責任が果たされていないし，また，裁判所が法律に定めのない罪について有罪判決をすることになるので許されないだろう。

　つぎに，覚せい剤の例を考えてみよう。前述のように，刑事裁判で検察官が立証する義務を負うのは，犯罪が成立していること，言い換えれば，議会が定めた犯罪の成立要件が存在することである。覚せい剤使用罪は，法律で使用を許される場合ではないのに覚せい

剤を使用することで成立する（前出の覚せい剤取締法参照）。だから，常習者であることが分っている被告人の体内から覚せい剤が検出されれば，被告人が，その日から遡って一定の期間内に，立ち回っていた場所のどこかで，証拠から推論できる何らかの方法により覚せい剤を使用したと認定することは合理的であり，覚せい剤使用に関する検察官の証明責任は果たされているとみることができる。このような場合は，使用の具体的日時や場所，方法が詳細に認定できないまま有罪認定をしたとしても，無罪推定に反しない。したがって，たとえば，被告人は覚せい剤を「注射して，または服用して」使用した，という認定も許されるのである。

　このように，裁判所の事実認定とは，過去のできごとをすべてありのまま再現することを要求するものではなく，犯罪の成立要件を検察官が合理的疑いを超えて立証しているかどうかを問うものなのである。犯罪の成立要件が異なる罪の間で，どちらが成立しているか判明しないときは，検察官の立証責任が果たされているとはいえないので，先に挙げたような択一認定をすることは許されない。一方，犯罪の詳細な事実までは明らかにできなくとも，その成立要件が立証されているときには，概括認定をすることも許される場合があると解される（判例①②参照）。

3　裁判の種類と効力にはどのようなものがあるか

実体裁判と形式裁判

　ここからは，サッカーの試合を例にとって，それと比べながら話を進めよう。

　サッカーのゲームは，試合開始前に選手が11人ずつそろっていなければ始められない。使用されるボールが公式のものでなければボールは取り替えられなければならないし，ゲーム中にファウルが

あれば，審判の判断でその都度試合を中断し，違反を正してゲームを続ける。そして，最終的にどちらが多くゴールを決めたかでゲームの勝敗が決まる。

さて，裁判は，最終的には被告人の有罪・無罪，言い換えれば，被告人を処罰する根拠の有無をめぐって争われる。そこで，一般にもっともなじみの深い裁判は，有罪・無罪の判決であり，これを実体裁判という（サッカーなら試合の勝ち負け）。しかし，すでに学んだように，時効が完成するなど訴訟条件が整っていなかったり，公訴提起が法律に定めた手続に従ってなされなかったりした場合には，実体判断（有罪・無罪の判断）をしないでその裁判手続は打ち切られる（337条・338条・339条参照）。このようなときに下される裁判を，実体裁判に対して形式裁判という。

裁判の効力

サッカーのルールでは，PK戦を別とすれば，前半・後半各45分とロスタイムを含めた時間内に，どちらがゴールを多く決めたかで勝敗を決する。AチームとBチームが試合をして，Aチームが3点，Bチームが1点で制限時間が切れればAチームの勝利で，ゲームが終わってからその結果が覆されることはない。もし，それがトーナメントの予選であれば，次に進むのは勝ったAチームで，それが後からBチームに変更されることはない。硬い言い方をすれば，ゲームの結果には，一度決まった勝敗の結果を覆すことはできず，また，勝った方が次の試合に進む，という効果・効力が伴うことになる。

試合中にファウルの判断があったり，イエロー・カードが出たりしたときも，選手がそれに多少抗議することはあっても，その判断は覆らない。試合途中でファウルについて長々と争われたのでは，スピーディに試合が進まないからである。試合中のルールに関する審判の判断には，その判断内容を争うことは許されないという効果が伴っている，といってよいだろう。

このことは，裁判でも同じである。裁判は，何らかの紛争を解決し，区切りをつけるために行なわれるのだから，同じ事実について当事者が際限なく争いを続けることができるとすれば，裁判をする意味がない。まして，犯罪の解明や被告人への処罰の正当性が争点となる刑事裁判では，1度下された裁判が後々覆るようなことがあれば，被告人の負担は大きく，人々の裁判への信頼も損なわれる。したがって，実体裁判にしろ，形式裁判にしろ，言い渡された裁判はある時点でそれ以上争うことができなくなる必要がある。そこで，刑事手続では，ある裁判を通常の不服申立て手段で争うことができなくなった時点で，その裁判は「確定」することとして，それに伴って発生する効力を「確定力」と呼ぶ。

再訴遮断の効力

　トーナメントの試合に勝てば次の試合に進む資格ができるのと同じように，有罪の言渡しが確定すれば，刑の執行をすることができるようになる（これを執行力という。471条参照）。これは裁判確定の1つの効力である。このほかにも，確定力は「拘束力」や「既判力」などいくつかの内容に分類されるが，そのなかで最も重要なのは，裁判が下されれば再び同じ事実で裁判をすることは許されないという再訴遮断（一事不再理）の効力である。

　憲法39条は，「……既に無罪とされた行為については，刑事上の責任を問はれない。」と定める。たとえば，殺人罪で起訴された者が無罪判決を受けると，後に実はやはりその者が有罪であったことが判明したとしても，その罪について再びその者を裁判にかけることは許されないというのである。ワールド・カップならば，定められた期日内に優勝者を決めなければならないから，予選や決勝を際限なく繰り返すわけにはいかないのは，誰でも納得するだろう。しかし，罪を犯した者を処罰する根拠があるかないかの判断は，一定期間内に最優秀者を決めなければならないゲームとは話が違うよう

に思われる。

　では，なぜ，1度裁判をすると，後に真実が明らかになったとしても再び裁判をしてはならないと定められているのだろうか。

　この理由は，日本では2つの観点から説明されてきた。これは，日本の憲法と刑事訴訟法が，第2次世界大戦をはさんで，刑事裁判の目的についてのとらえ方が大きく異なる大陸法とアメリカ法の影響を相次いで受けたことと密接にかかわっている。そのことを，①形式裁判，②窃盗目的で住居に侵入して現金を盗んだという事例，③事実誤認を理由とした検察官上訴，を例にみよう。

4　一事不再理と二重危険禁止

一事不再理

　この立場は，大陸法の影響を受けて，刑事裁判は裁判所による真実解明が目的であるという理解を基礎とし，以下のような理由で再訴遮断を説明する。

　「裁判は，真実解明＝有罪・無罪の判断を目的として行われる。実体裁判が下され，それを上訴で争うことができなくなれば，その事件について示された裁判所の判断は確定する（真実が解明される）。これはいわば，刑罰法規が具体的なできごとに適用されることで，抽象的なルールが法として具現化したものであり，裁判所が発見し，確定した真実＝具現化した法が覆されては法としての意味をなさないので，同じ事実について再び裁判をすることは許されない。」

　裁判所が特定の事件について実体判断をすれば，それに伴う効力（「既判力」ともいわれる）として，それを覆すことが許されなくなるというのだから，これは，まさに一度裁判所が判断した事実は再び判断され得ないという意味で「一事不再理」と呼ばれるに相応し

いルールである。

この考え方によって①～③を検討してみよう。

裁判所の実体裁判（有罪・無罪の判断）を覆さないために再訴を禁ずるのだから，再び裁判をすることができないのは，実体裁判が下された事実についてである。

そうすると，①の形式裁判は，手続上の理由により被告人の有罪・無罪を判断しないでその裁判手続を打ち切るのだから，既判力は発生せず，いったん裁判が終わっても同じ事実について再び裁判をすることが許される。

つぎに，②の窃盗目的で住居に侵入し，現金を盗んだ場合には，住居侵入罪（刑130条）と窃盗罪（刑235条）の2つの罪が成立する。ただ，住居への侵入は窃盗という目的の手段だから，このような関係にある犯罪を牽連犯といい，日本の刑法典はこれを別々の犯罪としては扱わず，一罪として扱う（刑54条1項）。

このとき，検察官は窃盗だけを処罰すれば足りると考え，あえて窃盗の事実のみを起訴したが（ch.8参照），審理の結果，無罪判決が言い渡され，これが確定したとしよう。裁判所の判断の対象は，訴因として記載された窃盗の事実の有無だけだから（ch.10-2参照），それが証明されなかったという裁判所の判断の既判力は当然ながら窃盗の事実にしか及ばない。したがって，窃盗について再び裁判することは許されないが，住居侵入について裁判所は未だ判断していないのだから，検察官は同じ被告人に対して今度は住居侵入罪で公判請求をすることができるはずである。

ところが，多くの見解は，一事不再理の効果が住居侵入にまで及び，住居侵入で新たに訴追することはできないという。裁判所が実際に判断していない事実であるにもかかわらず訴追ができなくなるのは，検察官が訴因の追加・変更を請求できる範囲（公訴事実が同一の範囲）までは（ch.10参照），「裁判所の判断が下される可能性が

あった」からであると説明される。このように考えると，上の例では，窃盗の訴因にそれと牽連犯の関係にある住居侵入の訴因を追加することは許されるだろうから，窃盗で無罪判決が下されれば，住居侵入罪での起訴も許されないことになる。

　一見もっともなようだが，裁判所が最終的に下した判断が覆されてはならないことを一事不再理の根拠としながら，裁判所が判断していない事実についても「既に下された裁判の効力＝既判力」を及ぼすというのは，筋が通らない。それにもかかわらず，このような説明がされるのは，実は，そこに裁判の効力とは別の理由が隠されていると推測される。では，その理由とはなんだろうか。

　この答えは，もう少し後にでるだろう。

　最後の③では，確定力（既判力）を基礎とした一事不再理効は，裁判が確定してはじめて発生するのだから，第１審で無罪判決があり，それに対して事実誤認を理由として検察官が上訴しても，一事不再理の問題は生じないことになる。

　このような，裁判所の実体判断の確定を再訴遮断の根拠とするのは，裁判所（国家機関）の側から裁判をみる姿勢の現れである。

二重危険の禁止

　Ｏ・Ｊ・シンプソン事件をご存知だろうか。アメリカン・フットボールのスーパースターが，元妻を含む２人を殺害したとして起訴され，アメリカ国民のみならず世界中が注目したアメリカ刑事裁判史上に残る大事件である。有罪か無罪かで全米の議論が沸騰したこの事件で，シンプソン被告は無罪を勝ちとった。アメリカ合衆国では，被告人が１審で無罪になると，検察官が事実誤認（有罪）を主張して上訴することは許されない。なぜだろうか。

　故なく人を傷つけたり，人の犠牲で利益を得たりする犯罪行為を解明し，処罰するのは人びとの利益にかなうことだから，国には罪を犯した者を訴追する機会が与えられなければならない。

しかし，訴追される側の立場でものをみると，被告人として裁判にかけられるということだけで，実に大変なことである。世間からは犯罪者として扱われるし，当人の人間関係や仕事だけでなく家族も巻き込んでさまざまな方面に大きな影響がでる。勾留されていれば自由はないし，保釈中であっても公判期日には出頭しなければならない。無論，有罪になれば刑罰を受けなければならない。被告人の心的・物的な負担は非常に大きなものだから，もし，無罪判決があったのに，繰り返し同じ罪で訴追されることがあるとすれば，刑事裁判が個人を弾圧する手段となってしまうかもしれない。

　そこで，国側には一度の訴追機会を与えるが，もし国側がそれを利用しなかったり，失敗したりしたときには，再び国に訴追の機会を与えないというルールを設けることで，犯人処罰の必要性と個人の自由のバランスをとろうとするのが，英米法の二重危険禁止という法理である。

　この法理による再訴遮断は，裁判所が下した判断だからそれを覆すことは許されない，というのではない。国側が利用できる訴追の機会を自分の都合で逸したにもかかわらず，後に再び個人を被告人の地位におくことが許さるとすれば，それはちょうど将棋で熟考の後に一手を指したのに，相手の指し手を見てから「まった。」をかけるようなものだから許されない，というのである。このような視点の背景には，刑事裁判を，裁判所による真実解明の場ではなく，被告人が有罪であるという国側の主張を慎重に吟味する場であるとみて，「犯罪処罰」と「個人の自由」の間に適正なバランスをとるためのルールとして一事不再理を考える，という思想がある。

　この二重危険禁止の考え方によると，前記の①〜③はどうなるだろうか。

　①の形式裁判で手続を終了させる場合はいくつかの類型に分かれるが，そのなかには，一事不再理の効力を及ぼしてよいと思われる

ものがある。たとえば，公訴事実に罪となるべき事実が含まれていなかった場合には，形式裁判である公訴棄却で手続が終わることになる（339条1項2号）。検察官は，社会的な事実の中から訴追に値すると考える事実を抽出して起訴するが，この場合は，起訴しても犯罪ではなかったというのだから，検察官が訴追に失敗していることになるだろう。二重危険禁止法理によれば，こうした場合は，有罪・無罪の判断がなくとも，同じ事実を再び訴追するのは許されないはずである。

つぎに，②では，窃盗目的の住居侵入の事実が判明しているとき，検察官が窃盗だけを処罰すれば足りると考えて，住居侵入の事実を起訴しなかったのであれば，検察官は住居侵入については訴追の機会を放棄していることになる。このとき，窃盗が無罪になったからといって，すでに放棄した住居侵入の処罰要求を蒸し返すのは，まさに二重危険の禁止に触れることになる。

ここで思い出してほしいのは，既判力に基づく一事不再理効を裁判所が判断しない事実についてまで及ぼすという前述の考え方である。実は，その考え方の背景には，検察官が訴追しなかった事実を後で蒸し返すのは，被告人にとって酷であるという配慮が働いているのである。これはまさに二重危険禁止の関心であり，したがって現在では，大陸法の影響を受けた既判力にもとづく一事不再理法理は，実質的に二重危険禁止法理にとってかわられているといってよいだろう。

ところが，そうは言っても一筋縄ではいかないのが③である。検察官は，1審で被告人の有罪を立証する機会を与えられている。そこで犯罪事実が存在しないとか，被告人が犯人とは認められないという理由で無罪判決が下されたのなら，検察官は立証に失敗したことになる。このとき，やはり被告人が犯人であるとして検察官が控訴することが許され，控訴審で再び事実が争われるならば，検察官

は2度目のチャンスを得ていることになるのではないだろうか。

　純粋な二重危険禁止法理をとるならば，事実誤認を理由とする検察官の控訴は上に示した理由で許されない。無罪判決を受けたO.J.シンプソンが，その殺人に関して二度と再び裁かれることがないのは，そのためである。

　ただ，日本の最高裁判所は，憲法39条が二重危険禁止法理を採用したものであるとの立場をとりつつ，裁判が確定するまでは「危険が継続している」として，事実誤認を理由とした検察官上訴（382条・351条）を合憲と解している（判例③）。

　一事不再理の問題には，大陸法と英米法という異なった法の影響を相次いで受けた日本法の特殊な事情がよく現れている。

〈参照判例〉
① 　最決平成13年4月11日刑集55巻3号127頁・百選（8版）48事件
② 　札幌高判昭和61年3月24日高刑集39巻1号8頁・百選（8版）96事件
③ 　最判昭和25年9月27日刑集4巻9号1805頁

〈参考文献〉
① 　大澤裕「殺人及び死体遺棄の共同正犯において，実行行為者，殺害の方法等につき択一的ないし厳密な特定をしない認定が是認された事例」現代刑事法2巻8号64頁
② 　川出敏裕「裁判の確定と一事不再理の効力」法教245号43頁
③ 　渥美東洋「二重危険禁止・一事不再理の法理」『刑事訴訟を考える』（日本評論社，1988年）298頁

column⑬
無罪判決に対する上訴・再訴追の禁止

無罪判決と二重危険禁止 ch.14に記したO.J.シンプソンは刑事裁判で無罪評決を勝ち取ったが，実は，彼は被害者の遺族が起こした民事訴訟では敗訴して，損害賠償の支払いを命じられた。いわば同じ事実をめぐって刑事裁判と民事裁判の結果が食い違ったわけだが，裁判が証明の成否を争う制度である以上，こうしたことはまれとはいえ起こり得ないことではない。より高い証明基準が適用される刑事裁判では検察側の証明が成功せず被告人は無罪となったが，それより証明基準が低い民事裁判では原告（被害者）が勝訴する，ということはあり得るからである。そして無論，民事裁判で争われるのは民事責任の有無だから，刑事裁判の無罪判決の後で同じ事実について民事裁判が行われても，二重危険禁止法理には触れない。

すでに示したとおり，英米では無罪判決に対する事実誤認を理由とした検察官上訴は許されない。細かくみると，二重危険の類型は①無罪判決のあとの同一事実の再訴追，②有罪判決のあとの同一事実の再訴追，③同一事実の二重処罰の３つに分かれるが，事実誤認を理由とした検察官上訴は①の類型に含まれる（無罪評決を上訴で争うことができないのは，陪審制度の帰結でもある。地域の良識を反映する陪審が理由を示さずに下した評決を上訴で争うことができるとすれば，陪審制度の意味が失われるからである。なお，有罪判決に対する被告人側からの上訴についてはアメリカ合衆国では州によって法制が異なる。）。

イギリスの2003年法（Criminal Justice Act 2003） この二重危険禁止法理は英米刑事法の極めて重要な原則として，アメリカ合衆国憲法では修正第５条に，それを受け継いだ日本国憲法では第39条にそれぞれ謳われており，次のch.15で触れるように日本では不利益再審（無罪判決確定後の裁判のやり直し）を許さないところにもこの考え方が表れている。

ところが，明文憲法をもたないイギリスでは2003年に不利益再審を認める法改正が行われた。これは，殺人事件の裁判で，被告人が犯人だとする証言の信頼性が低いなどとして無罪判決が言い渡された後，その被告人が自白したり，被告人が犯人であることを示す新たな証拠が発見されたりする事件が相次いだことを契機に，そのような場合であっても二重危険禁止法理ゆえに無罪判決を覆すことができないのは正義に反するとの声が世上に高まったことによる。この背景には，たとえば，1980年代前半には鑑定技術の確立されていなかったDNAによる個人識別技術が現在では確立されているといった，科学的証明方法の進歩もある。現在では用いることのできる技術が当時はなかったために，真犯人が刑罰を免れることを許すべきではないというわけである。

改正された法律が定める手続は，日本の再審に関する規定によく似ている。殺人や強姦など一定の重大犯罪に限って，無罪判決の後に被告人が真犯人であることを示す「新規かつ明白な証拠（new and compelling evidence）」（DNA鑑定や新たな目撃証人など）が発見された場合は，検察側が上訴裁判所（Court of Appeal）に無罪判決の破棄を請求することができる。同裁判所は提出された証拠の新規・明白性を審査のうえ，これを認めれば無罪判決を破棄し，これを認めないか，裁判のやり直しが正義に反すると判断したときは請求を棄却する。無罪判決が破棄されたときには，検察側は同一犯罪について再び訴追をすることが許され，再審裁判所はそれまでに提出されたあらゆる証拠を勘案して審理をやり直す。

男女の性別を逆にする以外のことは何でもできるというイギリス議会制民主主義の面目躍如，なのである。

CHAPTER 15

裁判の誤りを正す手段

上訴と再審

lead 1961年3月28日，三重県名張市のある住民集会で農薬の入った一升瓶入りぶどう酒を飲んだ5名が急性中毒で死亡した。三角関係の清算のために犯行に及んだとして起訴されたO氏は1審で無罪とされたが，控訴審は，1969年，一升瓶に農薬を混入する機会のあったのは被告人以外にいないという状況証拠，瓶の替栓についていた歯型が被告人のものと一致するという鑑定，捜査段階の自白を証拠として死刑を言い渡し，この裁判が確定した。以来，O氏は無罪を訴えて再審請求を繰り返してきたが，2005年4月5日名古屋高裁は，他の者にも犯行機会があった疑いがあること，替栓が問題の一升瓶についていたものではない疑いがあること，自白の任意性にも重大な疑問があることなどを理由として，第7次再審請求に理由があると認め，再審開始決定とともに，死刑執行を停止する決定を下した（なお，この決定は，検察側の異議申立てにより2006年12月に取り消された）。

1 上訴とはなにか

裁判と自然科学や歴史学・考古学の違い

かつての小・中学校の歴史教科書には，縄文時代は狩猟・採集時代であり，日本で農耕が本格的に開始されたのは弥生時代であったと記されていた。おそらく，日本人のほとんどがそれを「歴史的事実」として受けとめていただろう。ところが，植物の細胞にたまる

プラント・オパールという物質によって過去の植生や植物の種類が判定できるようになると、縄文時代の地層から稲のプラント・オパールが次々に検出されるようになり、1990年代には、縄文時代にすでに稲作があったことが考古学会でも認められるに至った。また、青森県の三内丸山遺跡の発掘では、DNA分析により縄文時代に栗の栽培が行なわれていたことが明らかになった。こうした新しい発見の結果、従来常識とされてきた縄文土器＝狩猟・採集生活というイメージや、考古学が常識としてきた事実は一変したのである。

　唯一・究極の真実発見を目指す歴史学・考古学や自然科学の分野にも絶対はない。そこでは、仮説と検証が繰り返され、新事実が発見されれば、それによって「真実」を見直し、つねに新たな「真実」に書きかえてゆくことが正しいとされる。

　ここで唐突にプラント・オパールの話をしたのには理由がある。それは、考古学や歴史上の真実追求も裁判での真実追求も、過去に起こったできごとを証拠によって再構成する作業だという点では同じだが、両者の真実追求のあり方には少なからぬ違いがあるからである。

裁判によって発見される「真実」とは

　考古学にしろ、裁判にしろ、過去に起きたできごとを完全に正しく再現することはおそらく不可能に近い。一般的に言って、時が遡るにつれ証拠から推論できる事実の多様性が増すだろうから、考古学の分野では、新証拠の発見や証拠の新解釈による事実の見直しがつきものである。すでに歴史的・科学的に証明されたと考えられていた事実に関する再発見ないし新発見は、裏を返せば、それ以前に正しいとされていた事実が誤りであることを指摘するに等しい。しかし、考古学の目的は、かつての世界のありようをどこまでも探求することなのだから、新事実の発見＝それ以前の説が誤りであることを指摘し、いつでもどこでも発表して、それを世に問うことは正

しいことである。

これに対して，裁判で明らかにされる「真実」はどうだろうか。

これまでに学んだように，裁判では，検察官が訴因の形式で主張した公訴事実の存在だけが争われ，検察官の立証が成功したと判断されれば有罪判決が，失敗したと判断されれば無罪判決が言い渡される。そして，裁判が確定した後は，同じ事実について再び裁判し直さないというのが一事不再理の原則であった。つまり，いったん確定した事実の書きかえを許さないことが，考古学や自然科学と比べたときの裁判の重要な特徴なのである。

しかし，裁判は神ならぬ人がするものだから，そこに何らかの誤りがないということはあり得ない。被告人が真に有罪であることを認めたとしても，それとつり合う刑の重さがどれくらいなのかについて，裁判所と被告人，検察官の意見が異なることもある。有罪判決を受けた者は，財産や自由，ときには生命まで奪われるのだから，ある裁判官がいったん判断を下せば，当事者に不満があってもただちにそれが確定し，以後一切争うことができなくなるとすれば，それはいかにも不当なことである。それでは，人々の裁判への信頼も失われてしまうだろう。裁判は，当事者やその社会に生きる人々がその結果を受け入れてこそ裁判としての意味をもつ。そこで，当事者がある裁判に不服な場合には，それを主張する機会を設ける必要がある（ただし，ch.14で述べた二重危険禁止に触れる場合は別である）。これは救済制度とも表現されるが，以下では，裁判の誤りを正す手段を学ぶことにしよう。

2　誤りの種類

事実問題に関するもの

当事者が裁判に不服だといっても，ただ「判決が気に入らない」

というのでは救済は受けられない。後に見るように，救済を申し立てるにはあらかじめ法律に定められた類型の理由を示さなければならないが，それは「事実問題」に関するものと「法律問題」に関するものに大別される。ひとつ例をあげよう。

ある空手の有段者Aが，夜間，酩酊している女性を男性がなだめながら揉み合っているところに出くわし，男が女性に暴行しているものと思い込んで，女性を救おうと近づいた。ところが，この男性がファイティング・ポーズのような格好を見せたため，Aは彼が自分に殴りかかってくるものと思い，回し蹴りで男性を攻撃したところ，相手男性が転倒して死亡し，Aは殺人罪で起訴された，という事件がある。

このとき，被害者男性がAに向かっていったのかとか，本当にAが男性を蹴ったのか，あるいは，男性の死因がAの回し蹴りによるものなのか，といったことが上述の「事実問題」である。つまり，そのような事実が実際にあったのかどうかということである。裁判所はこれを証拠によって判断するのだが，そのような事実があったと判断されれば無実を訴える被告人に，そのような事実はなかったと判断されれば有罪を主張する検察官に，それぞれ「事実」に関する不服が残る。そこで，このようなときには「事実誤認」を主張することができる。

法律問題に関するもの

ここで，本当は男性がAに向かっていったわけではないのに，Aの方では男性が襲ってくると信じ込み，自分と女性を救うためだと考えて回し蹴りをし，その結果男性が死亡したことが証拠によって証明されたとしよう。その場合，Aは有罪なのだろうか，無罪なのだろうか。

刑法36条は，「急迫不正の侵害に対して，自己又は他人の権利を防衛するため，やむを得ずにした行為は，罰しない。」として正当

防衛を定める。男性が真実Aを襲ったものなら，正当防衛の成立に疑いはなさそうだが，この場合は，男性が実際は襲いかかっていないのに，Aの方で襲われていると誤解して攻撃してしまったのである。このときには，正当防衛が成立すると考えるべきなのだろうか，それとも，成立しないと考えるべきなのだろうか。これは，事実がどうだったかではなく，認定された事実を法律に照らしてどう扱うか，言い換えれば，事実への法律のあてはめの問題だから，これを「法律問題」という。この事案では，正当防衛が成立するかどうかで，地方裁判所の解釈と，控訴審および上告審の判断が分かれた（最終的には，Aは傷害致死罪で有罪だが，「誤想過剰防衛」にあたるとして刑が減軽され，懲役1年6月執行猶予3年が言い渡された。判例①）。このときにも，自らの解釈と異なる判断が示された当事者には不服が残るが，これは法律問題についての不服である。

このようなときのための，確定前の裁判に対する救済申立てを「上訴」と呼ぶ。

3　上訴の種類・ルールと上訴審の役割

上訴の種類

上訴をすることができるのは，基本的に検察官または被告人である（351条・353条〜356条）。上訴には，不服申立ての対象となる裁判の種類によっていくつかの種類がある。「裁判所」の「決定」に対するものは「抗告」と呼ばれ（419条以下），「地方裁判所，家庭裁判所，簡易裁判所」がした「第1審の判決」に対する上訴は「控訴」，「高等裁判所がした第1審または第2審の判決」に対する上訴は「上告」と呼ばれる（372条・405条）。このほか，「裁判所」ではなく「裁判官」がした裁判（命令）への不服申立手段として「準抗告」が（429条），「高等裁判所の決定」に対しては「異議申立」が

用意されている（428条）が，ここでは，とくに重要な控訴と上告について学んでおこう。

上訴のルール

控訴と上告に共通する重要なルールとしては，以下のようなものがある。

まず，言い渡された裁判を無期限に争わせるわけにはいかないので，控訴と上告の提起期間は，裁判が告知された日から14日と定められている（358条・373条・414条）。

被告人側が上訴した事件については，上訴の対象となった判決の刑より重い刑を言い渡すことは許されない（不利益変更の禁止。402条）。刑を言い渡された被告人がその判決に不服でも，上訴審で刑が重くなるおそれがあるとすれば，被告人は上訴をためらうかも知れない。それでは，法律で救済手段を用意する意味がなくなってしまうので，これを防ぐための制度である。

最後に，すでに記したように上訴には法定の理由が要る。闇雲に理由をつけて上訴できるとすれば，自らに不利な判決の確定を妨げるためだけの上訴申立てを許すおそれがあるので，上訴を申し立てる側は法定された理由のいずれかがあることを示さなければならないことになっている。この理由を少し詳しくみてみよう。

控訴・上告の理由はどのように認められるか

(1) 絶対的控訴理由

たとえば，ある犯罪の被害に遭った裁判官がその事件の裁判に関与していたとすれば，公正な裁判の前提そのものが疑われる（20条1号参照）。告訴がないのに告訴があるものとして裁判したり，裁判に理由を付さなかったりといった基本的な裁判のルール違反も同様で，そのような事情があれば無条件で控訴が認められる。そうした事情を **絶対的控訴理由** という（377条・378条）。

(2) 相対的控訴理由

これに対して，事実認定の誤りがあったと主張する場合には，その事実誤認が判決に影響することが明らかなこと，つまり，その誤りを正せば有罪・無罪の判断に変化が生じることが明らかであることを示さなければならない（382条）。

　また，前述のように実体法の解釈を誤って，犯罪が成立するとし，あるいは成立しないと判断したような場合（法令適用の誤り。380条）のほか，排除されるべき自白や証言，証拠物を排除せずに有罪，無罪の言渡しをしたというような，自白法則や伝聞法則，排除法則など裁判のルール違反（これを訴訟手続の法令違反という。379条）も法律問題の誤りであり，この場合も事実誤認と同様に，その誤りや違反が裁判の結論に影響を及ぼすことが明らかな場合に限って上訴が認められる。

　これに加えて，量刑が不当である場合にも上訴が認められる（381条）。

　このように，裁判に何らかの誤りや違反があっても，それが結論に影響を及ぼさない限り，上級の裁判所による審査が予定されないような事情を　相対的控訴理由　という。

　控訴理由の存在は，第１審で調べられた証拠から示される事実のうちから，控訴を申し立てる側が指摘しなければならない（377条〜382条）。

　控訴審は，控訴がもっともな理由に支えられていないと判断するときには控訴を認めず（控訴を棄却する），もっともな理由があると判断するときには原判決を取り消す（破棄する）。後者の場合，控訴裁判所は原則として事件を原裁判所に差し戻して審理をやり直させるが，場合によっては自ら判決をすることもできる。（これを自判という。386条１項３号・396条・400条）。差し戻しを受けた裁判所は，控訴審が誤りとした部分を正して判断をやり直すことになる。

　(3)　上告の性格

上告理由は，憲法違反と最高裁判所の判例違反と定められており（405条各号），事実誤認や，単なる法令違反，法令の解釈・適用の誤りは上告理由にならない。最高裁判所は，法令解釈の統一を図る役割を負う最終の裁判所として，その職務に専念しなければならないからである。ただし，被告人に刑罰が科される刑事裁判では，憲法違反や判例違反がなくとも，法令違反や量刑，事実誤認があって，もとの判決を破棄しなければ「著しく」正義に反する場合には，最高裁判所が例外的に原判決を破棄することができることになっている（411条）。

上訴審の役割

　このように見てくると，ありとあらゆる誤りが上訴で救済されるわけではないということが判るだろう。裁判は公正でなければならないが，完璧であることを求められているわけではない，と表現してもよい。

　また，上訴審では，それぞれの裁判所が事件をはじめからすべて審理し直すわけではない。上述のように控訴理由が判決に影響を及ぼすものに限られていることや，控訴を申し立てる側が，すでに原裁判所で調べられた証拠のうちから，判決に影響を及ぼすものだけを取りあげて指摘して，はじめて上訴が認められることからもそのことがうかがえるだろう。

　控訴審の審理には，原審とは無関係に再び審理をやり直す覆審，原審の資料・心証に新しい資料を加えてさらに審理する続審，原審判断の誤りの有無のみ審査する事後審（審査審）という3つのタイプがあるが，上述の定めからみて，日本の控訴審は続審や覆審ではなく，事後審（審査審）であることに疑いはない。そして，このような上訴の役割は，当事者・論争主義を採用して，公判での攻防を重視する刑事訴訟の構造と一致している。

4　再審とはどのようなものだろうか

誤りのある裁判をやり直す方法

1で、裁判所の判断は、確定すれば書きかえが許されないと述べた。しかし、繰り返し述べるように、裁判官は神様ではなく、絶対に誤りのない裁判はあり得ない。たとえば、いくら慎重に裁判を重ね、それ以上上訴の余地がなくなって裁判が確定したとしても、その確定した裁判の基礎となった証拠が捏造されたものだとすれば、無実の被告人が誤って刑罰を受けるおそれがある。

そこで、確定した裁判に誤りがあることが明らかになったとき、その裁判をやり直すのが再審である。すでに充分に争う機会を与えたうえで下され、確定した裁判をやり直すのだから、このようなことは例外的な事態でなければならない。そのため、再審は非常救済手続とも呼ばれる。

再審の手続

まず、再審は有罪の言渡しを受けた者のためにのみ請求することができる。つまり、再審は有罪判決が誤りだった場合にだけ請求することができる制度で、無罪判決が誤りだったとしても請求することは許されない（435条）。二重危険禁止法理はここでも生きている。

裁判所は再審の請求があると、再審を開始すべき理由があるかどうかについて審理し、理由があると判断するときには再審開始の決定をする（448条）。再審請求だけで刑の執行が停止されることはないが、再審開始が決定されたときは、裁判所は刑の執行を停止することができる（442条・448条）。そして、再審開始決定があったときには、事件について裁判がやり直されることになる（451条1項）。再審は確定判決の証拠に誤りがあったときに開始されるものだから、再審開始決定があったときには、無罪の判決が言い渡される場合が多い。再審で無罪の言渡しがあったときは、そのことを官

報と新聞に掲載して公示する（453条参照）。このような場合，再審で無罪判決を受けるまで刑務所等に身柄を拘束されていた者は，刑事補償法による補償を受けることができる。

どのような再審理由が認められるのか

再審請求は，確定判決の証拠に種々の誤りがあったことを理由として申し立てることが許されているが（435条各号参照），再審請求でもっとも頻繁に用いられるのは，435条6号である。

同号は，「有罪の言渡を受けた者に対して無罪若しくは免訴を言い渡し，刑の言渡を受けた者に対して刑の免除を言い渡し，又は原判決において認めた罪より軽い罪を認めるべき明らかな証拠をあらたに発見したとき。」と定める。この「明らかな証拠をあらたに発見したとき」という再審開始要件を，「明白性」と「新規性」の要件という。再審は，上訴まで経て確定した裁判をやり直す手続だから，確定した裁判ですでに用いられた証拠を用いることは許されない。そして，その証拠は，確定判決が誤っていたことを明らかに示すことのできる証拠でなければならない。

この要件をみると，再審が容易なことでは開始されないことがわかるだろう。かつて，「再審は開かずの門」だと言われた所以である。しかし，当事者が存分に主張・立証を尽くしたのち，さらに上訴で誤りを正す機会が設けられたうえで裁判が確定することを考えれば，容易に裁判をやり直すことができないのは，むしろ当たり前なのである。

新規性・明白性の要件

それでは，具体的にどのような証拠が「新規かつ明白」なのだろうか。ここでは，再審事件として著名な財田川事件を例にとってみることにしよう。

これは，昭和25（1950）年に香川県の財田村で起こった強盗殺人の犯人として被告人が起訴され，有罪判決を受けたという事件で

ある。捜査段階で自白したとされる被告人は，第1審で自白を翻して無実を主張したが，裁判所は有罪・死刑判決を下し，控訴，上告を経て昭和32 (1957) 年1月にこの判決が確定した。被告人は，同年3月に再審請求を申し立てて棄却されたが，昭和44 (1969) 年4月に再び再審請求した。請求理由のうち最も重要なものは，被告人が作成したとされる犯行の様子を記した手記が警察官により偽造されたものである，ということであった。

再審請求を受けた地方裁判所は，手記の筆跡鑑定を命じて，手記が被告人の筆跡であると認めるのは困難であるという鑑定結果を得た。また，確定判決の事実認定には種々の疑念があるとの判断も示したが，それでも同裁判所は，「被告人の筆跡であると認めるのは困難」という鑑定だけでは，手記が偽造されたものであるとまでは断定できず，請求には理由がないとして申立てを棄却し，即時抗告を受けた高等裁判所もこれを支持した（昭和49年）。

しかし，特別抗告を受けた最高裁判所は，自白の任意性など他の証拠にもまったく疑いがないわけではなく，その場合，「手記が被告人の筆跡であると認めるのは困難」であるという新証拠である鑑定をすでに調べられた他の証拠とあわせて総合的に評価すれば，確定判決の証拠判断の当否に影響を及ぼすことは明らかであるから，下級審はさらに審理を尽くすべきであると判示して，事件を差し戻した（昭和51年）。（判例②）

差戻しを受けた地方裁判所は再審開始決定を下し（昭和54年），これに対する検察側の即時抗告は棄却されて（昭和58年），再審が開かれ，被告人には最終的に無罪判決が言い渡されたのである（昭和59年）。

新規性・明白性の判断をめぐって

最高裁判所と，下級審の新規かつ明白な証拠の要件に関する判断の相違はどこから生じたのだろうか。それは，下級審は，再審開始

要件の新証拠は，それひとつだけで確定判決が誤りであったことを明らかにするような強力なものでなければならないと解釈したが，最高裁判所は，その証拠がそこまで強力なものでなくとも，その証拠とすでに提出されている他の証拠をあわせてみたときに，有罪判決に疑いが生ずるようなものであれば足りる，と判断した点にあるとみられる。単純な例をあげよう。

被告人の指紋の付いた凶器が有罪判決の決定的証拠とされた事件があるとする。無実を訴える被告人は，その指紋の真正さに疑問を投げかける鑑定書を新証拠として提出した。財田川事件の下級審の判断によれば，その鑑定書は，「凶器の指紋は被告人のものではない」ことを示す内容でなければ **新規・明白な証拠** とは認められない。しかし，最高裁判所の判断に従えば，その鑑定書が「凶器の指紋が被告人のものと断定することは困難である」という程度の内容であったとしても，他の証拠と一緒にしてもう一度総合的に判断し直せば有罪判決に影響がでるかもしれない場合には，それを新規・明白な証拠と解してよいのである。

無罪推定の原則に立ち戻って考えれば，新たに発見された証拠が確定判決の裁判で提出されていたとしたら，被告人が有罪であることに合理的な疑いが生じる場合には，被告人を有罪にすることは許されないことになるだろう。白鳥決定として有名な事件で最高裁判所は，このことを「再審手続においても『疑わしきは被告人の利益に』の鉄則が適用される」（原文のままではない）と表現したのである（判例③）。

〈参照判例〉
① 最決昭和62年3月26日刑集41巻2号182頁
② 最決昭和51年10月12日刑集30巻9号1673頁
③ 最決昭和50年5月20日刑集29巻5号177頁

〈参考文献〉
① 宮城啓子「裁判員制度の導入と上訴」現代刑事法 3 巻 12 号 57 頁
② 加藤克佳「再審」争点（3 版）93 頁

CHAPTER 16

裁判の執行と受刑者の処遇

刑罰制度

lead 　平成18年版犯罪白書によると，平成17年中に第1審で判決を受けたのは7万7,893人，うち死刑の言渡しを受けたのは13人，無期懲役が119人，有期懲役7万6,588人（うち執行猶予付き4万6,175人），罰金・科料960人，無罪は65人であった。一方，年末の収容人員数でみる日本の刑務所人口は，4万人を割っていた平成7年以降増加が顕著になりはじめ，平成15年には7万6,043人となった。また，受刑者の収容率は，昭和47年以降長らく100％以下で推移していたが，平成12年に100％を超え，17年には116.0％となった。つまり，定員を16％超えた受刑者が収容されているのである。これに対処するため，刑務所では，定員6名の雑居房に2段ベッドを設置して8名を収容したり，独居房に2名を収容したりするだけでなく，倉庫，教室，集会室等を改修し居房として利用するなどしている。

　定員以上に受刑者が収容されている状態を過剰拘禁というが，これは，受刑者にとっても職員にとっても大きなストレスとなり，適切な刑務所運営に大きな障害をもたらす。平成13年に起きた刑務所の看守による受刑者への暴行致死事件の原因には，そうした事情もあったとされている。

　犯罪が増加したり凶悪化したりすると，刑務所人口の増加や刑の長期化という余波が伴い，それに対処するためには，刑事司法だけではなく，たとえば，国家予算まで視野に入れたさまざまな政策判断が必要になる。ここでは，裁判確定後の刑の執行について種々の問題をみていくことにしよう。

1　刑罰は何のために科されるのか

1 刑罰は何のために科されるのか

「悪い人」は必ず「処罰」されるのか

テレビや新聞では、毎日のように事件・事故の報道がある。大きな事件のニュースに接するたび、おそらく多くの人びとが、犯人が「逮捕」され、「起訴」され、「罰せられる」ことを期待しているのではないだろうか。

しかし、すでに読者は、全検挙事件を対象にすると、逮捕率は3割程度であることや、検察官にはディヴァージョンという考え方に支えられた起訴猶予権限があり、受理する事件の3割程度は不起訴処分となって、裁判は開始されないまま終わることなどを学んだ。

このディヴァージョンの考え方は、犯人が起訴されて有罪判決を受ける段階になっても採り入れられている。「執行猶予」がそれで、ある者が有罪の言渡しを受けても、科される刑罰が3年以下の懲役であるときには、以前に禁錮以上の刑を受けたことがないことなどを条件として、情状により刑の執行が1年以上5年以下の間猶予される制度である。たとえば懲役2年の言渡しを受けても、実際に刑務所に入れられることはなく、定められた猶予期間を大過なく過ごしたときは、刑の言渡しは効力を失い、もはや刑務所に収容されることはないのである（刑25条～27条）。これは、裁判で事件を解明し、被告人の刑事責任を明らかにする必要はあるが、有罪になった者に実際に刑を科さなくとも、刑事司法制度の目的は達成されると考えられるときに用いられる制度である。

では、刑を科さなくとも達成できる刑事司法制度の目的、とは何だろうか。われわれは、直感的に「悪いことをすれば処罰される。」と考える。しかし、「悪いこと」をしても「処罰」されない場合もある。とすると、そもそも罪を犯した者に刑罰を科す目的はどこに

あるのだろうか。

　刑法 39 条と 41 条を見てみよう。

　刑法 39 条 1 項は，「心神喪失者の行為は，罰しない。」とし，41 条は，「十四歳に満たない者の行為は，罰しない。」と定める。日本でも外国でも，ときおり子供が重大な事件を起こしたり，通り魔が人を襲い，捕まえてみると心神喪失者だったといったことがあるが，刑法は子供や心神喪失者が一般的には犯罪とみられる行為をしても刑罰を科さない，つまり，犯罪として扱わないと定めている。法律上は，こうした場合，行為者に「責任能力」がないと言うが，被害者の側から見れば，責任能力があろうがなかろうが犯人に対する憤りは同じことで，相手が相応の報いを受けてほしいと考えるのは自然な感情だろう。しかし，刑法は責任能力のない者には刑罰を科さない。なぜだろうか。

刑罰の目的——民事責任と刑事責任の違い

　自動車を購入したときには保険に加入することが義務付けられている（強制保険）。誰でも車を運転すれば，いくら注意していても事故を起こす危険は皆無ではなく，万が一の事故のときには，運転者は被害者の損害を賠償する責任を負うことになる。その賠償額は普通の人の資力を超える場合がほとんどだから，それに備えるため，加入者皆が少しずつ保険料を支払って大きな資金を作っておき，不幸にして加入者の誰かが事故を起こして損害を賠償する責任を負うことになったときには，その資金から保険金を支払うという相互扶助の仕組みが保険である。故意にせよ過失にせよ，他の人々に何らかの損害を発生させる行為は民法上不法行為と呼ばれ，それによって発生した損害を賠償する責任が加害者に生ずるが，これは賠償金が支払われるなどして被害者と加害者の間で納得のいくように解決されればそれで果たされる責任である。

　一方，刑法上は交通事故で人を死傷させると 211 条の業務上過失

致死傷で刑事責任が問われることが多い。ところが、『犯罪白書』を開いて「被疑事件の処理」の項を見るとわかるとおり、現在では「交通関係業過」の起訴猶予率は8割を超えている（起訴猶予の意義については、ch.8参照）。これは、上に述べたとおり、不注意による交通事故はある程度誰でもが起こす危険をもつもので、事故の責任者に大なり小なり非難されるべきところがあるとはいえ、とくに強い非難に値する場合を除けば、運転者に裁判を通じて刑罰を科すまでの必要はないと考えられているためである。

しかし、同じ交通事故でも、多量に飲酒すれば正常な運転ができないのは誰でもわかっているのに、あえてそのような状態で車を運転し、人を死傷させた場合はどうだろうか。家族や友人の命が奪われたり、障害が残るような傷を負うことになったりした原因が、うっかりよそ見したとか、アクセルとブレーキを踏み間違えたというような誰にでもありそうな不注意ではなく、加害者が泥酔状態なのにあえて車を運転したためだとしたら、その者が賠償金を支払ったからそれでいい、と人びとは思うだろうか。おそらく、すべての人がそれでは納得しないだろう。それは、通常の不注意による事故よりもその行為や行為者をよりいっそう「悪い」と考える、言い換えれば、行為と行為者に向けられる社会の非難の程度が強いからである。刑法にはこうした区別に応えるため、アルコールなどの影響下で正常な運転ができないことが明らかな状態で車を運転し、人を死傷させた者を業務上過失致死傷よりも重く処罰する危険運転致死傷罪という罪が設けられている（平成13年に新設。刑208条の2・211条）。

このように、殺人や強盗を犯しても被害者に賠償金を支払えばそれで済むとか、あらかじめ賠償金を渡しておけば人に傷害を加えてよいといった法はない。同じように法律上の責任ではあるが、民事責任は発生した損害の物的・金銭的な補塡をする責任であるのに対

し，刑事責任はそれとは性質の異なる責任なのである。では，その責任とは何だろうか。私たちは，行為者が処罰されること（刑罰）に何を求めるのだろうか。それを考える前に，まず，現在の日本で用いられている刑罰の種類とその執行手続を簡単に見てみよう。

刑罰の種類と執行手続

日本には，死刑，懲役，禁錮，罰金，拘留，科料の6種類の刑罰がある（刑9条）。

懲役も禁錮も有期（20年以下）と無期に分かれ，受刑者を刑事施設（いわゆる刑務所）に拘置して自由を奪う刑なので，自由刑とも呼ばれる。懲役は受刑者に一定の作業を義務付けるが，禁錮では作業は義務付けられない（刑12条・13条）。拘留は，30日未満の自由刑である（刑16条）。

罰金は1万円以上の金銭を納付させるので，財産刑と呼ばれる。科料は1,000円以上1万円未満の財産刑である（刑15条・17条）。

こうした刑が言い渡されたとき，たとえば，犯罪の実行に用いた凶器や所持が禁じられている薬物，あるいは犯罪で得た報酬などは，有罪の言渡しを受けた者から剥奪する。これを没収という（刑19条）。

裁判が確定すると，確定した裁判をした裁判所に対応する検察庁の検察官が刑の執行を指揮する（472条）。自由刑であれば身柄を収監し，財産刑であれば取り立てるわけだが，有罪の言渡しを受けた者が取立てに応じなければ，国は強制執行をすることができる（484条〜490条）。

死刑は，絞首により執行する（刑11条）。執行命令は，法務大臣が死刑判決確定の日から6ヵ月以内にすることとされているが，再審請求や恩赦が出願され，その手続が終了するまでの間は，この期間に含まれない。また，死刑の言渡しを受けた者が心神喪失の状態にあったり，女子で妊娠していたりする場合には，法務大臣の命令

で執行は停止される。そういった事情もあって，判決が確定しても刑が暦どおり6ヵ月以内に執行されることはきわめて少なく，判決確定から数年経ってもいわゆる死刑囚が刑事施設に拘置されているケースはまれではない。ただ，法務大臣の執行命令があったときには5日以内に死刑が執行される（475条・476条・479条）。

刑罰の目的はどこにあるか

さて，なぜ社会は罪を犯した者にこのような刑罰を科すのだろうか。

刑罰の目的・正当性の根拠は，行為者は刑罰＝苦痛に値するゆえに処罰されなければならないとか，行為者は自らの行為の報いを受けるべきだからとする考え方と，刑罰は個人に苦痛＝害悪を与えるものだから，単なる苦痛以外の何らかの有益な目的に資するからこそ正しいとする考え方に大別できる。刑罰という苦痛の正当性を，その者が過去に罪を犯したことに求める前者は **応報刑論** といわれる。これに対して，将来期待できる何らかの利益（効果）が刑罰という害悪を上回ることにその正当性を求める後者のような考え方は功利主義の刑罰論といえる。

note 26 功利主義

> ものごとの目的や正邪を，社会の成員の最大多数に最大の幸福がもたらされるかどうかを基準として判断する哲学上の立場。刑罰に関しては，罪を犯した者に刑罰を科せば，社会一般の人々に罪を犯すと罰せられるという警告となって将来の犯罪を防ぐことができるとか，刑を通じて犯罪者が更生することによって社会全体の利益（幸福）が増大すると考える。

応報刑思想は，犯罪は何らかの意味で自らの利益・満足のために他者を犠牲にする行為だから，刑罰という苦痛を通じて行為者に道義上の非難を加えてその責任を糺し，「けじめ」とすることで，法を遵守している一般社会の構成員との間でも，その罪によって具体

的に害を被った被害者との間でも，利益や感情のバランスを回復することを刑罰の目的ととらえる。

これに対して，刑罰という苦痛・害悪を個人に科すのは，それを上回る利益があるからこそ正しいとする功利主義の刑罰論は，行為者の過去の行為に道義上の非難を加えるよりもむしろ，ある犯罪をきっかけとして刑罰を科すことで，行為者の反社会性を改善したり将来の犯罪を抑止したりするという効果や利益を刑罰に期待する。その効果としてあげられるのは，社会全体への警告（一般予防）であったり，行為者の教育・改善（特別予防），さらには行為者が一定期間収監されることで社会に対する脅威とならないこと（無害化）であったりするが，この思想は，刑罰に期待されるそうした効果が個人に科される刑罰という害・不利益を上回ることを科刑の正当性の根拠とする。

個人がそれぞれに生き方や価値観を尊重しつつ信頼しあって生きることが正しいとされるなら，そこには人は互いに尊重し合わなければならないとか，ある目的のために設けられた規則を破ってはならないといったルールが必要だろう。そこでは，ある者が自分の都合や利益のために他者の尊厳や利益を害したり，社会全体の利益を害したりする行為をすれば，それはルール違反とみなされる。社会はこの行為に何らかの方法で対処しなければならず，ルール違反のうち，刑罰という不利益を科してでも維持しなければならないものだけが犯罪として処罰されることになる。

しかし，犯罪とされる行為も，種類によってそれに向けられる非難の内容や目的は異なるように思われる。たとえば，殺人や強盗など洋の東西や時代を問わず「悪い」とみなされる行為（自然犯）には強い道義的非難が加えられる。しかし，道路交通法の速度超過のように，法律で定めてあるから違反してはいけないとみなされる行為（法定犯）は，その行為が見過ごされれば社会のさまざまなシス

テムが機能しなかったり，人びとに危険が及んだりするためにそれが禁止されるだけで，その行為自体（たとえば時速140キロメートルで走る行為自体）に道義的非難が加えられることは少ない。こうした場合に科される反則金や罰金は，金銭的な負担を避けようとする人の心理を利用して違反行為を予防するためのものである。

立法者からすれば，たとえば危険運転致死傷罪のような新たな犯罪類型を作ってそれを重く処罰するのは，そのような行為には重い刑罰をもって対処するという社会の意思（行為への評価）を示すと同時に，これを将来的に可能な限り防止しようとするからに他ならない。他方，行為者の側からすれば，法定犯のように利益と不利益をバランスにかけてある行為を思いとどまることもあれば，そのような利害計算とは無関係に処罰を承知で罪を犯す場合もある。

そこで，刑罰制度の意味は，もっぱら苦痛を科すこと自体に求められるとか，将来の犯罪抑止のためだけにあると解することはできないように思われる。現代の刑罰は，死刑の場合を除いてルールの違反者を社会から追放するのではなく，一定の贖罪が終わると再び社会に復帰させることを前提として運用されている。犯罪は予防できればそれに越したことはないが，罪が犯されれば，行為者がそれに見合う不利益を受けることで被害者との利益バランスが図られるべきだろうし，それによって社会の人々の正義感が充たされることも必要だろう。しかし，刑罰を科しても，科された者がまた罪を犯すのでは，同じことの繰り返しである。やはり，刑事手続を通じて社会の非難が行為者に伝えられ，行為者が自らの行為を反省し，ルールを自発的に尊重するような態度が養われることも，刑事手続には期待できなければならないのである。

2　受刑者の処遇

医療モデルと公正モデル

　上記のような刑罰の目的を実現するには、どのように刑罰を執行すればよいのだろうか。

　アメリカ合衆国の例をあげよう。犯罪も体の病気と同じで、病原を特定して処方箋を書き、それに従って治療すれば健康を回復できる（更生する）として、刑罰にこのような「治療」効果を期待する考え方にもとづき、不定期刑やパロール（parole）と呼ばれる仮釈放制度を多用する行刑政策があった（これを医療モデルという）。これは、前述の犯罪予防効果を期待する刑罰論をその背景とする。ところが、いくら刑罰を科してみても再犯防止という「治療」効果は上がらないことが経験されるようになると、治療（すなわち受刑者のためにもなる）の名の下に受刑者に刑罰という不利益を科すのは正しくない、と指摘されるようになった。そうすると、結局、刑罰の目的は、罪に見合った報いを犯罪者に受けさせることにあり、行刑は個々人に応じた治療としてのそれではなく、罪の重さに見合った客観的に公正なものあるべきで、かつそれで足りると主張されるようになった（これを公正モデルという）。こうして、医療モデルに代わって公正モデルが採用され、さらに、3回目の有罪判決を受けると長期の収監刑が自動的に科される、いわゆる三振アウト法や、性犯罪前歴者の所在情報の登録を義務付け、これを公開するメーガン法（column③参照）などが制定されて、アメリカでは犯罪者の社会からの隔離と犯罪防止に刑事政策の重点が移っていった。しかし、自由刑の長期化は刑務所を慢性的に過剰拘禁状態におくという副産物をもたらした。

自由刑のあり方

　日本では上述のアメリカでの経験に学びながらも、受刑者の社会

復帰を目指した刑事政策が維持されている。明治41 (1908) 年に制定された監獄法という法律が長きにわたって日本の行刑の基本法となってきたが，2005年に①被収容者の権利・義務を明確にし，適正な生活条件を保障すること，②処遇の目的が受刑者の改善更生・社会復帰にあることを明らかにすることなどを柱とした「**刑事収容施設及び被収容者等の処遇に関する法律**」が制定された。

日本の主な自由刑は懲役であり，刑務所で刑務作業と呼ばれる作業をすることが義務付けられ，これが受刑者の日常生活の主な部分を占める。下にある刑務所の日課を示そう。

受刑者の動作時限（平日）

区　　　分	時　　　間	区　　　分	時　　　間
起　　　床	6：45	休　　　息	14：30～14：45
洗面・点検	6：45～ 7：05	作 業 終 了	16：40
朝　　　食	7：05～ 7：35	還　　　房	16：40～16：55
出　　　房	7：35～ 8：00	閉 房 点 検	16：55～17：00
作 業 開 始	8：00	夕　　　食	17：00～17：30
休　　　息	9：45～10：00	仮 就 寝	18：00
昼　　　食	12：00～12：40	就　　　寝	21：00

ところで，受刑者に作業が義務付けられるのは一見あたりまえのように思われるかもしれないが，これも刑罰の目的との関係を考えてみなければならない。というのは，本来「自由刑」は自由を奪う刑罰なのだから刑務所に拘置すれば足りるはずで，本人の意に反して作業を強いる理由とはならないからである。

そこで，作業の目的は，①刑罰としての苦痛を科すこと，②国家予算の節約（刑務所内の自給自足），③社会での一般的な労働と同じもの，④社会復帰策の一環などと説明されている。しかし，前述の

とおり，刑罰の目的が罪に見合った苦痛を科すことだけにあるとすれば，罪の重さに応じた期間だけ自由を奪えばよいはずだし，国家予算の節約のために作業させることは受刑者をいわば道具として利用することになって正当とは思われない。外部社会での普通の労働であれば，それに見合った賃金を支給しなければならないが，これは現実的でない。

一方，自由刑に社会復帰効果を求めるならば，作業を通じた勤労生活習慣の獲得とか，職業技能の養成といった効果を期待することになる。しかし，本人の意思によるのではない作業を義務付けたり，単純な作業をさせたりするだけでそうした効果がどの程度上がるのかといった批判はつねにある。また，作業は外部企業からの注文を受けて行われるので，たとえば不景気時には仕事が確保できず，定められた作業時間をこなすためだけにできあがった製品の点検を繰り返すといった方策がとられることもあり，そうしたことが社会復帰目的にかなうのかとの疑問もある。

さらには，冒頭に記したように日本でも受刑者人口の増加に伴う施設や職員の不足が深刻になる一方で，たとえば性犯罪の前歴がある者の同種犯罪による犠牲者もでる事態となっており，こうしたことは，犯罪に刑罰だけで対処することの限界を示しているようにも思われる。

ただし，受刑者の自殺率が高かったり，大規模な刑務所暴動が起こったりする諸外国と比較して日本の刑務所ではそうした事故が多くないことや，なによりも日本の刑務所で刑務官が武器を持たず，いわゆる「丸腰」で受刑者と向かい合っていることが諸外国に驚きの目をもって見られていることなどは同時に指摘しておかなければならない。

すでにみたように，すべての犯罪者に刑罰が科されるわけではない。人が罪を犯すにはさまざまな理由があり，罪を犯す人の性格も

さまざまである。起訴猶予処分を一度受ければ二度と罪に手を染めないであろう人がいる一方で、何らかの継続的な対策をとらなければ罪を重ねる人もいる。刑罰制度は、犯罪へのけじめであると同時に社会復帰へのきっかけとなることが望ましいが、刑務所内での処遇だけでその目的が達成できるとは限らないし、そもそもディヴァージョンによって手続から外れた人びとは処遇を受けることはない。そこで、刑務所の中だけでなく出所後も継続して再犯を防止するための工夫も必要とされるのである。性犯罪の前歴のある者に対する処遇プログラムの開発や出所後の就労支援、少年非行の予防策（ch.17参照）などはその例である。

3　死刑制度

死刑選択の基準はどのようなものか

　日本で死刑を法定刑とする犯罪は、刑法典のほか爆発物取締罰則、航空機の強取等の処罰に関する法律などに定めがある。平成18年版犯罪白書によると、直近5年間に第1審で死刑判決が言い渡されたのは、平成13年10人、14年18人、15年13人、16年14人、17年13人で、14年の言渡しは殺人と強盗致死罪に限られている。

　たとえば殺人罪という同じ罪を犯しても、死刑の言渡しを受ける被告人とそうでない被告人がいる。この差はどこで生じるのだろうか。これについて最高裁判所はつぎのように述べている。

　これは、出生以来人格の形成期として重要な時期を非常に劣悪な環境で育ち、集団就職でやってきた都会でも孤独な生活を送っていた当時19歳の被告人が、盗んだ拳銃で1ヵ月弱の間に4つの都市で4人を次々と射殺して金品を奪ったという事件である。

　最高裁判所は、死刑が憲法36条の禁ずる残虐な刑罰にあたるものではないとしたうえで、「死刑が人間存在の根元である生命その

ものを永遠に奪い去る冷厳な極刑であり，誠にやむをえない場合における窮極の刑罰であることにかんがみると，その適用（は）慎重に行われなければならない……死刑制度を存置する現行法制の下では，犯行の罪質，動機，態様ことに殺害の手段方法の執拗性・残虐性，結果の重大性ことに殺害された被害者の数，遺族の被害感情，社会的影響，犯人の年齢，前科，犯行後の情状等各般の情状を併せ考察したとき，その罪責が誠に重大であって，罪刑の均衡の見地からも一般予防の見地からも極刑がやむをえないと認められる場合には，死刑の選択も許されるものといわなければならない」（判例①）と述べた。

死刑存廃論の根拠

それでは，死刑の存置・廃止をめぐってどのような議論がされてきたかを見てみよう。

まず，国家が犯罪者を処罰する手段としてその者の生命を奪うことは許されない，という倫理的な理由にもとづく死刑反対の主張がある。たとえ犯罪者であっても生きる権利を全く奪ってしまうことは，その者のあらゆる可能性を奪うことであり，死刑はどのような執行方法によるにせよ残虐かつ非人道的な刑罰で，人倫に反し，応報刑思想の立場に立つとしても，殺人等の犯罪を否定する国家がその手で人の生命を奪うことは矛盾だというのである。刑罰の中心的な目的を犯罪者の教育・改善（特別予防）であるととらえる立場に立てば，死刑は教育・改善の余地を与えないから目的に反する制度だということになるだろう。

これに対しては，応報刑主義の立場から，そもそも死刑を科されるような罪を犯した者は，被害者の命を意図的・利己的に奪い，その人の人生を奪うのみならず，その家族などの将来に甚大な影響を与えているのだから，その行為に見合った刑罰として行為者の生命を奪うことは決して非人道的でも，倫理にもとるともいえないとい

う反論がある。また，さまざまな事情があって犯罪に走ってしまったという情状は，当然に量刑の際に検討され，そうした事情を考慮しても死刑が相当である場合にだけ死刑が選択されるのだから，死刑自体が残虐であるとはいえないともいわれる。特別予防を刑罰の目的と考えても，改善の余地のない犯罪者は例外だということもできる。

　死刑を廃止すると，被害者遺族の被害感情や社会の正義感が満足されないという主張もある。これについては，行為者を死刑にしても被害者が生き返るわけではないとか，被害感情の満足は被害者支援制度が担うべきものであると反論される。

　死刑に犯罪の抑止力があるのかないのかということもよく議論される。死刑があっても凶悪な犯罪は起こるし，罪を犯すときそのような損得を計算する者はいない，死刑を廃止した国で廃止後に凶悪犯罪が増加したという事実はない，などというのが死刑廃止論者の主張である。ただ，死刑の存在が人の心理にどのような影響を与えるか，死刑に犯罪を思いとどまらせる威嚇力があるかないかを検証するには，文化や社会背景など多くの共通要素をもつ地域でかなり長期にわたる比較検証が必要で，このような実験が実現困難なことを考えると，この論争には客観的な資料が伴わない。廃止論は，効果があてにならないのに払う代償（生命）が不釣り合いに大きいというのであろうが，抑止力の有無が判然としないのは死刑に限ったことではない。威嚇力を問題にすればすべての刑の存在が疑問視されることになるし，なによりも刑罰はその者の過去の行為に対して科されるもので，将来の犯罪者に対して抑止力があるかないかだけで刑罰の意義が決まるわけではないともいえる。

　つぎに，いわば手続的な観点からの反対もある。裁判には絶対正しいということはなく，誤判があることは否定できないから，もしも無実の人が処刑されてしまっては取返しがつかないというのであ

る。もっともな主張で,事実わが国の裁判の歴史には,死刑が確定した人が再審で無罪判決を得た例が一度ならずある。事実に争いがない場合にこの主張は当たらないが,廃止論は,裁判に誤りがないことはありえないことを強調するのである。

　このように,人の命を奪う究極の刑罰である死刑を存続させておくべきかについては,洋の東西を問わず長いこと議論が重ねられており,世界には死刑を全面廃止したり,国家に対する罪を除いて廃止したりしている国が多くみられるが,存置している国も少なくはない。日本は現在のところ廃止の選択をしていないが,これは立法者,最終的には国民の選択にゆだねられる問題であろう。

〈参照判例〉
① 　最判昭和58年7月8日刑集37巻6号609頁〔永山事件〕

〈参考文献〉
① 　北村篤「監獄法改正―刑事施設及び受刑者の処遇等に関する法律の成立―」法律のひろば58巻8号4頁
② 　渥美東洋『罪と罰を考える』(有斐閣,1993年) 第9章,第10章

column⑭

民営刑務所

自由刑の誕生　「パピヨン」という映画を観たことがあるだろうか。無実の罪で投獄された男が，流刑地からの脱獄に成功するまでを実話をもとに描いた今や古典的な名作で，波の大きさの周期を読む終盤のシーンなどはとりわけ印象的だ。

自由を奪うこと自体を内容とする刑罰＝自由刑の歴史は16世紀中ごろのヨーロッパまで遡るとされている。それまで刑罰とは死刑と身体刑（笞打ちなど）であり，監獄はおもにその言渡しを受けた者を執行まで収容しておく場所であったが，人口集中に伴い浮浪者や売春婦などが都市部で増加すると，そうした人びとを収容して規律と勤労精神を学ばせようとする施設が建設されるようになった。その歴史から想像できるように，当時の監獄の環境は相当に劣悪なものだったが，非人道的な刑罰の正当性への疑問，ジョン・ハワード（John Howard）らの刑務所改革運動，さらには教育・改善刑の思想など種々の事情があいまって，一定期間自由を奪うことを主な内容とする刑罰が生まれ，同時に刑罰の目的に即した行刑政策の模索や処遇環境改善の努力が始まったのである（日本では，時代劇で有名な長谷川平蔵の建言にかかる石川島の人足寄場が1790年に設置され，無宿人などに職業訓練を施した。これが現在の東京・府中刑務所の前身である。）。

「小さな政府」と刑務所の民営化　刑事司法の運営が国にゆだねられている以上，刑務所の運営も国家が公務員を通じて行うのはごく自然なことであった。しかし，1970年代から80年代に，アメリカではレーガン大統領，イギリスではサッチャー首相の政権下で「小さな政府」が志向されるようになると，それまで基本的に利潤追求を目的とする民間企業にゆだねることは適切でないと考えられてきた政府の所管事業への民間の参入を積極的に認める政策がとられるようになった。そして，そのなかには刑務所を含む刑事施設の運営も含まれてい

たのである。

　刑務所の民営化は、政府が自ら刑務所を管理・運営するのではなく、民間企業から刑務所運営というサービスを購入する、つまり政府が民間企業と刑務所運営の委託契約を結ぶ方法で実施される。たとえば、アメリカで1997年にG社に運営が委託されたカリフォルニアにある連邦刑務所（収容人員約2000名）について、連邦政府は1998年から2002年までの5年間に契約金として1億3950万ドル（プラス220万ドルの報奨金）をG社に支払い、さらにその運営を監視するための費用として280万ドルを支出する一方、G社から240万ドルの法人税収入を得た。したがって、政府の支出は差引き1億4210万ドルとなるが、これは同じ期間この施設を政府が運営した際に想定される支出約1億5500万ドルよりも1000万ドルあまり安く、その効率性が証明された結果になった。ちなみにこのG社は、2003年にはアメリカ合衆国、カナダ、ニュージーランド、オーストラリア、南アフリカで41の刑事施設（収容人員総数3万6000人）を運営する世界最大規模の刑事施設運営会社である（2005年10月にアメリカ合衆国司法省に提出された報告書による）。

　日本でも、山口県に建設され2007年から受刑者を収容する予定の刑務所ではいわゆるPFI（Private Finance Initiative）方式が採用され、警備会社や建設会社が構成する企業グループがこの事業を落札して、電子機器を用いた監視方法など効率的な管理・運営方式が採用されると報道されている。

　刑務所運営という公的な色彩の強い事業であっても、民間の活力・工夫によって安価で良質なサービスが提供されればそれに越したことはないように思われるが、そこには同時に、行刑目的の実現や行刑の公正さ・職員の規律の維持・確保、さらには職員の労働基本権（たとえばストライキ権）の扱いなど、動向を注視していかなければならない問題が多々含まれている。

CHAPTER 17

少年審判手続

少年法の考え方

lead 　平成9年に起きた神戸の児童連続殺傷事件は世間に衝撃を与えたが，犯人が14歳の少年であったことでそのショックはより一層強いものとなった。また，平成12年は17歳の少年達による殺人事件が国民を驚かせた。人を殺す経験をしてみたかったという動機で65歳の主婦を殺害した高校生，バスジャックをしたうえ牛刀で乗客を殺傷した少年，いじめの仕返しに後輩の野球部員を金属バットで殴った後，母親を犯罪者の親にすることに耐えられないとの気持から母親を殺害し，1000キロを自転車で逃走した高校生がいた。また同年，大分で，下着の窃盗が発覚することを恐れて，付き合いのあった隣家の家族6人を殺傷したのは高校1年生であった。さらに，最近では，平成16年長崎県佐世保市で小学6年生の女生徒が同級生を殺害する事件が発生した。

　少年犯罪は長いスパンで見ると近年増加している訳ではないが，短期的にみると最近強盗など一部の罪種において増加傾向がみられるし，何よりも，一部の凶悪犯罪が「いきなり型」とか「キレ」たからとか，その動機や原因が，一般の国民からみると不可解で理解し難いという特徴があり，そのことが国民を不安にさせているのである。

　もちろん，少年犯罪の多くは，ごく一部の凶悪犯罪に比べて，より軽微であり，単純である。それらを含めて，各々の犯罪少年にいかに対処していくのが適切で効果的であるのかを真剣に考える必要がある。

　犯罪少年への対応の仕方は国によってさまざまなものがあり，司

法的対応と福祉的対応に大きくわかれるが，困難な事態に適切に対応するためにはさらに具体的に，教育的・心理学的・精神医療的視点を含めた総合的な対処が必要とされよう。また，少年の真の更生がなされるためには，犯罪の他方の当事者である被害者（少年である場合もある）の立直りをどう実現するかを考えなければならないし，さらには，少年の更生と被害者の立直りのためには地域社会の人々の協力が欠かせないため，その人々にいかにかかわってもらうかの検討も必要である。近年，世界的に広がっているリストラティブ・ジャスティスの動向をも視野に入れるべきであろう。

以上のようなことを背景に考えながら，以下で，いままで学んできた成人の刑事手続と少年の刑事手続の違いを述べた後，わが国の少年法の成立とその特徴，その後の運用と改正の内容について紹介と解説をしてみよう。

1　成人事件と少年事件との違い

少年事件の処理手続

成人の事件，とくに軽微でない事件を処理する手続は，刑事裁判の典型である。そこでは，たとえば法執行機関の捜査に対する厳しい規律（強制捜査についてはそれを正当化する実体要件と実体要件が存在することを公平な立場にある裁判官が確認する手続である令状要件が求められ，また，任意捜査においても，その捜査にふさわしい要件が求められている），検察官の主張に対して，被告人・弁護人が徹底して防御権を行使する公判のあり方，公判で使える証拠の証拠能力の制限（自白法則，伝聞法則など），裁判官が証拠能力のある証拠にもとづいて適式な証拠調べを行い，経験則，論理則に従った合理的な事実認定をすることが求められていることなどの特徴を有している。それというのも，刑事手続は制裁中でも最も峻厳な刑罰を科すために踏むべきプロセスであるから，厳格な手続きが求められるのであ

る。すなわち，典型的な成人事件の裁判は基本的に，犯罪に見合った刑罰を科すための手続である。そこで，刑罰を受ける可能性のある被告人は弁護人の助力をうけて検察官の主張に対して徹底的に防御する機会が与えられなければならないし，また，刑事手続の進行は，デュー・プロセスに従って行われなければならないのである。

　成人事件の刑事手続の特徴は，当事者主義と適正手続の保障といってよいだろう。それに対して，少年事件を処理する手続は特別手続と位置付けられる。少年の非行・犯罪は少年の身体と精神の発達のアンバランスの状態で行われるものであるため，成人と比較すると少年のほうが可塑性に富んでいるといわれている。また，成人の場合は，その犯罪行為に見合った刑罰を問うのが基本であるが，少年の場合は，非行・犯罪行為よりも，犯罪に表れた少年自身の問題性にいかに対処していくかに重点が置かれている。少年に対する処遇は，刑罰，制裁というよりは，保護・教育・改善・更正という性格を帯びることとされている。そうであれば，少年非行・犯罪を処理する手続である調査（捜査），事実認定，処遇の内容も少年法の目的・理念にふさわしい，より非公式で柔軟で福祉的な性格をもったものになるべきだと考えられたのである。ひとことでいえば，国親思想（パレンス・パトリエ）にもとづく職権主義的な手続構造が基本とされたのである。

　もっとも，理念と現実は必ずしも一致しないし，また，少年をめぐる環境の変化とともに，少年非行・犯罪の状況も大きな変更を余儀なくされている。少年法の理念と現実はなぜ乖離し，その乖離を埋めるためにはどのような努力がなされてきたのであろうか。

2　少年法の基本的性格――昭和23年少年法から平成12年改正へ

昭和23年少年法の性格

　第2次大戦後，日本の法制度はアメリカの影響を強く受けた。憲法，刑事訴訟法，民法（身分法），そして少年法が代表例である。

　昭和23年少年法は，非行のある少年に対して，性格の矯正および環境の調整という教育的性格を持つ処遇（保護処分）と刑事手続による措置とによって，少年を健全に育成すること，つまり少年の再非行を防止し，責任を自覚し自立した健全な国民として社会に復帰させることを目的としている（昭和23年法1条参照）。この少年法は，犯罪少年，遺棄された少年，扶助を要する少年等，親や保護者による適切な保護・教育を受けられない少年を国が親に代わって保護・教育するという国親思想（パレンス・パトリエ）を最も強く受けて成立したこともあって，保護主義の理念が前面に出ている。保護主義の考え方によれば，精神の発達の成長過程で環境の影響を受けやすいなかで行われた少年の非行に対しては少年が一般的に可塑性に富み，したがって教育による立直りの効果も期待できることから，刑罰よりも保護・教育処分が優先された。

　また，その前提となる非行事実の認定も通常の刑事手続とは違って，平服の裁判官が少年と1対1で同じ目線で対座し，少年の心を開いて，非行事実と少年の問題性を解明して，少年の更生にふさわしい処分を決定するという職権主義構造を採用している。この手続には少年の利益を守るために付添人が関与することが認められているが，検察官の関与は認められていない。また，少年のプライバシーを保護し，社会復帰の妨げにならないように，少年審判手続を非公開にしているだけでなく，報道との関係でも少年のアイデンティティが判明しないよう定められている。

　さらに，少年に対する処分は非行事実の重大性には必ずしも対応

するものではなく，健全育成の理念の下に，再非行の危険性や矯正の可能性等で構成される要保護性に従って決定されるのである。

昭和23年少年法の運用

少年法の運用は年を追うごとに保護主義に傾斜し，近年では一般保護事件終局処分総数の中，審判不開始と不処分があわせて70数％，保護処分が10数％であるが，保護処分のうち保護観察がほとんどを占め，少年院と児童自立支援施設への送致は2％程度であり，刑事処分が相当であるとして検察官送致されるのは1％に満たないほど極端に保護主義にもとづく運用の実施を示していた。立法当初の保護主義の理念に加えて，保護処分であっても何らかの自由の制限を伴うため少年にとっては不利益な処分であるとの認識が高まったことで，保護処分ましてや刑事処分を科すことに対しますます慎重な姿勢をとらせた結果であろう。この間，少年の利益を守るための付添人とくに弁護士が関与する件数は確実に増加している。

少年犯罪をめぐる最近の情勢

他方で，少年犯罪をめぐる最近の情勢は憂慮すべき事態となっている。刑法犯罪検挙人員の半数は少年が占めており，また，少年の検挙人員，検挙人員率は上昇している。とくに強盗罪，恐喝罪等の増加は軽視できないし，また，leadでみたように最近の少年犯罪の特徴として「いきなり型」といわれるだけでなく，神戸の連続殺人事件，栃木のリンチ殺人事件，5000万円恐喝事件，人を殺す経験がしてみたかったというのが動機の愛知の金槌による主婦殺人事件，バスジャック殺人事件など，今までの常識からすると理解が困難な殺人事件が多発している。加えて，「いじめ」が全国の多くの小・中学校，高校で効果的な対策がとられないまま発生し続けていることは周知の通りであるが，悪質な「いじめ」は市民社会においては殺人，傷害，暴行，恐喝，窃盗に当たることは明らかである。そして，非行を行っている少年に適切な処遇や保護を与えないと，将来

彼らがより悪質な犯罪を引き起こすおそれがある。また，少年犯罪に起因する社会の不安感は増大している。

昭和23年少年法の評価と問題点

このような状況の中で，非行少年に対する 家庭裁判所 の対応（審判・処遇）は，肯定的な評価が相当ある一方，①非行少年に対する処遇は犯罪事実に比して軽すぎないか，果たして再非行を予防する効果を持っているのか，②審判や報道の公開禁止の原則は国民の知る権利，なかんずく被害者の知る権利を無視するものではないか，③争いのある共犯事件においては1人の裁判官による審判では適正な事実認定は期待できないのではないか，などの批判がなされてきたことも事実である。

3　平成12年の少年法改正

前述のような昭和23年少年法に対する批判のなかで，少年法改正の動きがあったが，平成12年11月に 少年法 の改正が実現した。実に半世紀ぶりの大きな改正であった。以下では，改正少年法の概要と施行後の4年間の運用状況をみてみよう。

改正少年法は大きく分けて，(1)少年事件の処分のあり方の見直し，(2)少年審判の事実認定手続の適正化，(3)被害者への配慮の充実の3つの柱からなっている。

少年事件の処分のあり方の見直し

(1)　年齢区分の見直し

①　改正前の少年法においては，14歳，15歳の少年が凶悪重大な犯罪を犯しても刑事処分に付されなかったが，罪質および情状に照らして刑事処分が相当と認めるときは，刑事処分を可能として，刑事責任年齢と一致させるとともに，少年に責任と自覚を促すことにした（少20条1項）。

改正少年法施行後 4 年間（平成 13 年 4 月 1 日から平成 17 年 3 月 31 日まで）の運用をみると，16 歳未満の少年について事件を送検した例は傷害致死で 2 人，強盗強姦で 1 人ある。

② 懲役または禁錮の言渡しを受けた少年は，刑罰の教育的側面を重視して，16 歳に達するまで少年院に収容することができる（少 56 条 3 項）。

(2) 凶悪重大犯罪を犯した少年に対する処分の見直し

犯行時 16 歳以上の少年が故意の犯罪行為によって人を死亡させた場合には原則として検察官に送致する決定をしなければならない（少 20 条 2 項）。従来に比べると原則と例外が逆転されている。もっとも，家庭裁判所の調査の結果，保護処分が相当と認めるときは検察送致決定をしなくてもよい。

同法施行 4 年間の運用によれば，原則検送の対象となった少年は 90 人であり，施行以前の 10 年間の平均検送率よりも相当に高くなっている。

少年法 51 条により死刑を軽減して無期刑を科した場合においては，同法 58 条 1 号の少年に対する仮出獄可能期間の特則（7 年）は適用しないものとした（少 58 条 2 項）。罪刑の均衡，被害者感情，国民感情の観点から，二重の刑の緩和（死刑を軽減して無期刑としたうえ，さらに仮出獄期間についても緩和する）は適当でないと考えたからである。

犯行時 18 歳未満の少年に対し無期刑で処断すべきとき，改正前は必ず 10 年以上 15 年以下の有期刑を科すこととされていたが，改正により，無期刑を科すか有期刑を科すかを裁判所が裁量によって選択できるようにした（少 51 条 2 項）。

(3) 保護者の責任の明確化

少年の再非行を防止し，その健全育成を図るために保護者の果たす役割は重要である。そこで，家庭裁判所などは必要があるときは，

保護者に対し，訓戒，指導その他の適当な措置をとることができるものとした（少25条の2）。従来から実務上行われていた措置を明文化したものである。

改正後はその趣旨を踏まえ，保護者に被害者に対する謝罪や弁償を指導したり，少年の非行や被害者の痛みなどについての理解を深めさせるなど，より積極的な働きかけがなされている。

(4) 裁判の方式

改正前は「審判は，懇切を旨として，なごやかに，これを行わなければならない」と定められているが，少年に十分な反省が見られない場合には毅然とした態度でその点を指摘するなどの必要があるところから，「審判は，懇切を旨として，和やかに行うとともに，非行のある少年に対し自己の非行について内省を促すものとしなければならない」（少22条1項）とされた。

少年審判の事実認定手続の適正化

(1) 裁定合議制度の導入

改正前は，家庭裁判所の少年審判は1人の裁判官が取り扱っていたが，共犯事件など複雑，困難な事件に適切に対処するために，合議体の審判の長所も採り入れて，**裁定合議制度**を導入することとした（裁31条の4第2項）。裁定合議制度の導入の目的は争いのある事件において，少年と裁判官との対峙的状況の回避と3人の裁判官により多角的な視点で事件を審理して，より適正な審判・決定をするというものである。改正後4年間の運用で，143人について裁定合議決定があった。

(2) 検察官，付添人の関与

家庭裁判所は，故意の犯罪行為により被害者を死亡させた罪および死刑または無期もしくは短期2年以上の懲役または禁錮にあたる罪の事件の事実認定手続に，検察官が関与する必要があると認めるときは少年審判に検察官を関与させることができる（少22条の2第

1項)。検察官は処罰を求める訴追官としてではなく，審判協力者として手続に関与することが求められている。

家庭裁判所は，検察官関与を決定した場合に，少年に弁護士である付添人がないときは，検察官との均衡上，少年に国選付添人を付さなければならない（少22条の3）。

改正後の4年間で検察官関与決定があったのは92人であり，また，国選付添人が付されたのは21人である。

かつて，草加事件，山形マット事件，調布駅前事件など事実認定に困難が生じた事件があったが，改正法下においては，そのような事実認定が問題となるような事件は起きていない。

(3) 観護措置期間の延長

改正前は，少年を少年鑑別所に収容する観護措置期間は原則2週間，最長でも4週間とされていたが，改正により最長8週間まで延長できることとされた（少17条4項）。多数の証拠調べを要する事件において，少年の逃亡，証拠隠滅や自殺自傷行為を防止しつつ，適正な事実認定と少年にふさわしい処遇を決定するために観護措置期間の延長が必要と考えられたのである。

改正後の4年間で特別更新が行われた人数は207人であり，平均期間は約43日（6週間と1日）である。

(4) 保護処分終了後における救済手段の整備

保護処分終了後に，審判に付すべき事由の存在が認められないにもかかわらず保護処分をしたことを認めうる明らかな資料を新たに発見したときは家庭裁判所はその保護処分を取り消さなければならないこととした（少27条の2第2項）。従来は，保護処分の取消しは「保護処分が現に継続中」に限り許されているが，誤りがあればそれは訂正されなければならないのである。

被害者への配慮の充実

(1) 事件記録の閲覧および謄写（少5条の2）

被害者等の申出により、審判の係属中も含め、一定の範囲で非行事実に係る事件記録の閲覧および謄写が認められることとなった。

改正後の4年間で申出人数2,318人中2,286人が閲覧または謄写を認められている。

(2) 被害者からの意見の聴取（少9条の2）

被害者等の申出により、裁判官または家庭裁判所調査官が被害者に関する心情その他の事件に関する意見を聴取することとされた。

申出人数672人中653人につき、意見聴取が実施された。意見聴取の方法は裁判官が審判期日外で聴取する（306人）、家裁調査官が聴取する（279人）、裁判官が審判期日で聴取する（68人）という3つの方法がある。

(3) 審判結果の通知（少31条の2）

家庭裁判所は、被害者等の申出により、審判の結果等を通知することとされた。通知内容は、少年および法定代理人の氏名および住居、法定の年月日、主文および理由の要旨である。

改正後の4年間で申出人数2,595人中2,571人につき通知がなされている。

(4) 評　価

これらの数字をみると、事件記録の閲覧・謄写、意見の聴取、審判の結果などの通知のいずれについても被害者が事件の真相を知りたい、事件について、犯罪の当事者として意見を述べたいという要望が強くあることの表れであるといえよう。記録の閲覧・謄写は審判継続中であっても要件を充たせば認められ、損害賠償請求のためだけではなく、意見陳述の前提として閲覧・謄写することも可能である。意見聴取の方法は、被害者の希望に添って選択されているという。

少年法改正の動向

平成16（2004）年6月に長崎県佐世保市で起きた小学校6年の女

児による同級生殺害事件など，14歳未満の少年による凶悪事件が多発したことを背景に，少年法の改正案が国会で審議される動きがある。

改正案の骨子は，①14歳未満の少年による触法行為を解明するために警察に調査の権限を認めている。この調査権限には，捜索・押収・鑑定などが含まれるが，身柄拘束は認められない。②家庭裁判所が「特に必要と認める場合」に限定して，14歳未満の少年を少年院に収容することを可能とする。深刻な問題を抱え，児童養護施設または児童自立支援施設では対応しきれず，しかも，早期に矯正教育を授けることが必要な場合が想定されている。③保護観察中で遵守事項を守らない少年に対しては，保護観察所の長が警告を発し，それでも遵守事項を守らなかった場合は，保護観察所の長の申請により，家庭裁判所が遵守事項の重大な違反があり，保護観察における指導監督によっては少年の改善更正を図ることができないと認めるときは，少年院送致の決定をもすることができるものとしている。

この改正案がどうなるか今後の動向を見守りたい。

〈参考文献〉
① 甲斐行夫ほか『Q＆A改正少年法』（有斐閣，2001年）
② 法務省法務総合研究所編『平成18年版犯罪白書』
③ 「改正少年法の運用の現状」現代刑事法52巻5頁以下

column⑮
少年犯罪対策チーム（Young Offending Team）

少年犯罪抑止のプロジェクト　少年犯罪の増加に悩んだイギリスは，本来犯罪に対してはソフトな路線であったはずの労働党政権の下でハードともみえる（評価はことほど単純ではないが）少年犯罪対策（それは1997年の内務省の白書「もはや言い訳はきかない（No More Excuses）」とのスローガンに端的に表現されている）を採用した。

1998年の犯罪及び秩序違反法（Crime and Disorder Act）は少年の犯罪の抑止，そのための早期の効果的な介入，再犯の防止とその有効な処置の確立，両親や地域社会に少年犯罪防止のために責任を負わせること，被害者・地域社会への謝罪，損害回復を実現することなどを目的としており，その具体的な内容として，10歳から13歳までの児童の責任無能力推定規定を廃止し，効果の少なかった警告（注意）「caution」に替えて譴責「reprimand」と最終警告「final warning」を設け，犯罪の手前の反社会的行動を禁止する命令を下すことができるほか，児童に対して親権者命令，児童保護命令，児童外出禁止計画を出すことにより効果的な処遇が企図されている。

他方，損害回復命令や行動計画命令によって，被害者や地域社会に対する謝罪の気持ちを表現し，その理解が得られるような取組みも内容とされている。

地域の中のYOT　これらの目的を実現するための重要な機関として国のレベルでは少年司法委員会（Youth Justice Board YJB）があり，地方の機関として少年犯罪対策チーム（Youth Offending Team YOT）が設けられた。YJBはYOTの活動を含む少年司法システムの運営と実務に関して内務大臣へ助言・報告するなどの役割を果たす。調査や革新的プログラムに財政的援助をする権限をも有する。約450のプロジェクトがYJBの援助を受けて活動している。

YOT（少年犯罪対策チーム）は保護監察官，ソーシャルワーカー，警察官，保健機関の代表，教育長に指名された者等多分野の専門家を

構成員とする独立の機関であり，各々の技能を結集して，協働して少年司法計画で定められた役割を実行するのである。2000年4月現在，イングランドとウェイルズにおいて，2500人からなる155のYOTが少年の問題に対してさまざまな活動を展開している。YOTの活動の評価はなお慎重を要するが，たとえば，少年の多くはYOTの犯罪抑止プロジェクトから受けたサービスに満足し，また，被害者の感情移入や犯罪に対する著しい変化も報告されているといい，さらに，プロジェクトに参加した学校において，犯罪，無断欠席，退学が改善されたとの報告もある。

　イングランドとウェイルズの少年司法にはリストラティブ・ジャスティスの考え方が強く表われているといわれる。リストラティブ・ジャスティスの捉え方はさまざまであるが，犯罪対策として，被害者や地域社会の人びととの関与を重視する点では共通するといえよう。この考え方を具体化した例として，少年犯罪対策パネル（Youth Offending Panel YOP）を挙げることができる。一定の非行を犯した少年をYOPに送致して，少年が履行すべき契約を結び，契約が履行されたときはその非行は前歴とされない。地域住民とYOTのスタッフはYOPの構成員であり，パネルのミーティングには少年と保護者のほか被害者の参加も考えられている（もっとも，被害者が参加する例は少ないという）。また，契約の履行状況を確認するのはYOTのスタッフである。ここでもYOTは重要な役割を果たしている。

おわりに

刑事裁判を学ぶ意義

1 今日、人、物、金は速いスピードで国境を越えて移動する。犯罪現象も例外ではない。

　刑事法は民事法に比べれば各国特有の土着性を多く帯有するという特色があるが、世界に共通して適用される普遍性をより多く要求される時代になってきているといえよう。刑事法は犯罪者に犯罪に対応する刑罰を科して社会の安全を回復することを目的としている。そして、社会の安全を確保するためには犯罪が発生してから犯人の発見、証拠の収集に努めるだけでは不十分であり、とくに発生してからでは取り返しのつかないテロ犯罪などについてはその予防活動が重要だといわれている。他方、刑事法とりわけ刑事手続は個人が自由に活動できる領域を保障する役割も担っている。個人の自由は刑事手続上の権利の発展とともに拡大し、強固なものとなってきている。

　刑事法はまた、民事法のシステムが健全に機能することを外側から支える役割を有している。民事上の取引や行政府の活動はそれぞれ刑事法のルールとは違ったルールに従って規律されている。しかし、それらのルールからはみ出した違法な行動をした場合は刑事法の規制が及ばないと収拾がつかなくなってしまう。民事法のルールの外側に刑事法のルールがあってこそ民事法の領域での活発な取引の展開が可能になるのである。

2 社会の安全の維持と個人の自由保障とは微妙なバランスをとるべき関係にある。前者のみを強調する社会は警察国家、全体主義の方向に傾く。後者のみを強調すると犯罪の多い無秩序な社会となる危険が大きい。両者は一面では互いに衝突する契機を持ちながらも、併存しなければならない関係にある。両者のバランスが適度に保たれている状態が望ましい社会のあり方である。実は社会の安全が保たれている中でこそ人々の活動が社会の至る所で最大限に発揮されるのである。社会が安全で、民主主義の成熟度が高く、寛容性の度合が深まり、そして一定の経済的な発展がある状態の社会において、憲法が保障しているさまざまな基本権が最大限に享受されるのである。

刑事裁判は刑事手続における基本権を保障しつつ社会の安全を確保するという役割を果たしながら社会の発展に寄与するのである。

本書において読者は刑事裁判の原理とその適用について学んだ。ひと口に刑事裁判といっても、捜査、訴追、公判、上訴などの各段階においてその手続を支配する原理が違うことが理解されたであろうし、また、成人と少年とでは、また、重大事件と軽微な事件とでは事件処理の仕方が違うことも理解されたであろう。法律家の仕事は各事案を丹念に読み、各事案の違いを発見し、事案に即した理論の適用を考えるという地味ではあるが興味のつきない作業である。新しい事案には新しい理論を発展させなければならない。法律家の仕事はやり甲斐のあるものである。そのことを視野に入れて基礎的勉強に励んでいただきたいと願うばかりである。

3 アメリカのロースクールにおいて多数の学生は2、3年次に多く配置されている臨床的科目の一つとして国選弁護の事件を弁護士でもある教師の指導を受けつつ担当する。彼らの弁護活動は熱心で弁護士の活動に劣らないという。彼らはロースクールでの実務教育

を受けつつ、弁護士というプロフェッションに必要な心構え、倫理を会得していくのである。公共的性格を持っている国選弁護活動など多くの科目を法律家の卵に用意しているアメリカのロースクールに懐の深さを感じる。

4 法律学においては、答えは1つとは限らない。世の中にはさまざまな考え方の人がおり、また、紛争も人々の利害関係が錯綜し、単純ではない。ましてや、世界に目を広げれば多くの国民が各自の文化、伝統、習俗、道徳、倫理を有している。法律や刑事裁判も各国によって多様である。コラムで諸外国のトピックを取り上げたのも、ある問題を比較法的にみることが出来るように考えたからである。もっとも、同様の事案の解釈が積み重なり、その理由に合理性が見いだされると、共通の理解が醸成され、次の同種の事案の解決の予測が相当程度つくようになる。そこでは、事案解決の理由付けをいかに読み取るかが重要である。そして、グローバリゼーションの進展に伴って法文化の交流が盛んになり、一定範囲の共通化も実現されている。読者は、紛争解決方法の多様性、法解釈の重要性を念頭に置きつつ、本書において刑事裁判の基礎を学ぶことによって、着実に法律学の世界に入り、法曹への第一歩を踏み始めることを期待したい。

事項索引

〔あ行〕

異議申立 ……………………236
一事不再理 …………………224
一般令状 ………………………86
違法排除説 …………………192
医療モデル …………………253
疑わしいときは被告人の利益に …184
応報刑論 ……………………256

〔か行〕

概括的認定 …………………220
確定力 ………………………223
可視化（取調べの）…………107
可塑性 ………………………264
家庭裁判所 …………………267
観護措置 ……………………270
間接事実 ……………………177
起訴状 ………………………129
起訴状一本主義 ……………130
起訴独占主義 ………………120
起訴便宜主義 ………………122
起訴法定主義 ………………122
起訴猶予 ……………………122
糾問主義 ………………………4
供述証拠 ……………………177
供述録取書 …………………202
行政警察 ………………………44
強制採血 ………………………94
強制採尿 ………………………93
強制処分法定主義 ……………63
強制捜査 ………………………62

虚偽排除説 …………………192
挙証責任 ……………………183
緊急逮捕 ………………………71
具体的防御説 ………………162
国親思想 ……………………264
警察庁 …………………………31
警察比例の原則 ………………62
形式裁判 ……………………222
刑事施設 ………………………75
刑事施設及び受刑者の処遇等に関
　する法律 …………………254
厳格な証明 …………………181
検　挙 …………………………43
現行犯逮捕 ……………………70
検察官 …………………………28
検察官同一体の原則 …………29
検察官面前調書 ……………209
検察審査会 …………………126
検　証 …………………………84
合議制 …………………………26
抗　告 ………………………236
公正モデル …………………253
控　訴 ………………………236
公訴権濫用論 ………………127
公訴事実 ……………………155
公訴事実の同一性 …………165
公知の事実 …………………182
合理的な疑いを容れる余地のな
　い(証明) …………………185
勾　留 ……………………67,73
勾留理由の開示 ………………76
国選付添人 …………………270

国選弁護人 …………………32	修復（回復）的司法（正義）……3
告　訴 ……………………55	縮小認定 ……………………163
告　発 ……………………55	受託裁判官 …………………27
国家訴追主義 ……………120	受命裁判官 …………………27
	準抗告 …………………76,236
〔さ行〕	情況証拠 ……………………177
罪刑法定主義 ………………13	上　告 ………………………236
財産刑 ………………………249	証拠裁判主義 ………………179
最終弁論手続 ………………139	証拠書類 ……………………177
再　審 ………………………240	証拠調べ ……………………138
再逮捕 ………………………77	証拠資料 ……………………176
裁定合議制度 ………………269	証拠能力 …………………179,180
裁判員制度 …………………149	証拠物 ………………………177
裁判官面前調書 ……………209	証拠方法 ……………………176
裁判所 ………………………25	上　訴 ………………………236
差押え ………………………84	証　人 ………………………177
資金洗浄（money lounderling） 42	少年法 ………………………267
死　刑 ………………………249	証　明 ………………………179
事件単位の原則 ……………77	証明力 ………………………180
事後審 ………………………239	職務質問 ……………………58
自己負罪拒否特権 …………103	所持品検査 …………………60
自然犯 ………………………251	職権主義 ……………………5
実体的デュー・プロセス ……13	新規・明白な証拠 …………243
実体裁判 ……………………222	審級管轄 ……………………25
自動車検問 …………………61	人権擁護説 …………………192
自　白 ………………………189	親告罪 ………………………56
自白排除法則 ………………191	迅速な裁判 …………………143
自　判 ………………………238	身体検査 ……………………85
事物管轄 ……………………25	神　判 ………………………217
司法（刑事）警察 …………44	請　求 …………………55,57
司法警察員 …………………31	精密司法 ……………………7
司法巡査 ……………………31	接見交通権 …………………110
写真撮影 ……………………94	接見指定 ……………………110
自由刑 ………………………249	絶対的控訴理由 ……………237
自由な証明 …………………182	訴　因 ………………………156

事項索引

279

訴因変更 …………………161
訴因変更命令 ………………164
捜索 …………………………84
捜査の端緒 …………………55
相対的控訴理由 ……………238
続審 …………………………239
疎明 …………………………179

〔た行〕

逮捕 …………………………67
逮捕に伴う捜索 ……………90
択一的認定 …………………219
弾劾主義 ……………………4
弾劾証拠 ……………………211
単独制 ………………………26
抽象的防御説 ………………162
直接証拠 ……………………177
通常逮捕 ……………………68
通信傍受 ……………………95
付添人 ………………………270
適正手続 ……………………12
適正な証明 …………………182
伝聞証言 ……………………202
伝聞証拠 ……………………201
同意書面 ……………………210
当事者主義 …………………5
特信情況 ……………………210
都道府県警察 ………………31
取調べ ………………………103
取調受忍義務 ………………104

〔な行〕

二重危険禁止 ………………227
任意捜査 ……………………62
認知件数 ……………………42

〔は行〕

犯罪被害者給付金制度 ……19
反対尋問 ……………………203
被害者対策要綱 ……………17
被害者等通知制度 …………18
被害者の権利 ………………16
被疑者のための国選弁護制度 …108
非供述証拠 …………………177
必要な処分 …………………88
ビデオリンク方式 …………210
不起訴 ………………………121
覆審 …………………………239
付審判の請求 ………………127
別件逮捕・勾留 ……………77
弁護士 ………………………32
弁護人 ………………………32
弁護人選任権 ………………108
法定犯 ………………………251
冒頭手続 ……………………138
補強証拠 ……………………197
保護主義 ……………………265
保護処分 ……………………270

〔ま行〕

無罪推定の原則 ……………185,218
黙秘権 ………………………103

〔や・ら行〕

破れ窓理論 …………………48
要証事実 ……………………177,206
令状主義 ……………………63

〈編者紹介〉

椎　橋　隆　幸（しいばし・たかゆき）
　中央大学法学部・法科大学院教授

ブリッジブック刑事裁判法　〈ブリッジブックシリーズ〉

2007（平成19）年3月15日　第1版第1刷発行　2319-0101

編　者	椎　橋　隆　幸
発行者	今　井　　　貴
	渡　辺　左　近
発行所	信山社出版株式会社

〒113-0033　東京都文京区本郷6-2-9-102
電　話　03（3818）1019
ＦＡＸ　03（3818）0344

Printed in Japan.　　　印刷・製本／暁印刷・和田製本

Ⓒ椎橋隆幸，2007．
ISBN978-4-7972-2319-4　C3332
NDC　327.60　刑事訴訟法

さあ，法律学を勉強しよう！

　サッカーの基本。ボールを運ぶドリブル，送るパス，受け取るトラッピング，あやつるリフティング。これがうまくできるようになって，チームプレーとしてのスルーパス，センタリング，ヘディングシュート，フォーメーションプレーが可能になる。プロにはさらに高度な「戦略的」アイディアや「独創性」のあるプレーが要求される。頭脳プレーの世界である。

　これからの社会のなかで職業人＝プロとして生きるためには基本の修得と応用能力の進化が常に要求される。高校までに学んできたことはサッカーの「基本の基本」のようなものだ。これから大学で学ぶ法律学は，プロの法律家や企業人からみればほんの「基本」にすぎない。しかし，この「基本」の修得が職業人の応用能力の基礎となる。応用能力の高さは基本能力の正確さに比例する。

　これから法学部で学ぶのは「理論」である。これには２つある。ひとつは「基礎理論」。これは，政治・経済・社会・世界の見方を与えてくれる。もうひとつは「解釈理論」。これは，社会問題の実践的な解決の方法を教えてくれる。いずれも正確で緻密な「理論」の世界だ。この「理論」は法律の「ことば」で組み立てられている。この「ことば」はたいへん柔軟かつ精密につくられているハイテク機器の部品のようなものだ。しかしこの部品は設計図＝理論の体系がわからなければ組み立てられない。

　この本は，法律の専門課程で学ぶ「理論」の基本部分を教えようとするものだ。いきなりスルーパスを修得はできない。努力が必要。高校までに学んだ「基本の基本」を法律学の「基本」に架橋（ブリッジ）しようというのがブリッジブックシリーズのねらいである。正確な基本技術を身につけた「周りがよく見える」プレーヤーになるための第一歩として，この本を読んでほしい。そして法律学のイメージをつかみとってほしい。

　さあ，21世紀のプロを目指して，法律学を勉強しよう！

2002年9月

信山社『ブリッジブックシリーズ』編集室

裁判員制度手続の流れ

裁判員候補者名簿の作成
毎年、裁判所ごとに選挙人名簿から抽選し作成

起 訴
法定刑に死刑または無期の懲役・禁錮があるものなど一定の重大事件が対象

裁判員の選任手続
裁判員候補者名簿から、事件ごとに無作為抽出
質問手続を経て、除外事由等を検討の上選任

第1回公判期日前の準備手続

裁判員の選任決定
裁判官3人・裁判員6人
（一定の場合裁判官1人・裁判員4人）

公判前整理手続

公判審理
連日的に開廷

期日間整理手続

評議・評決
有罪・無罪および刑の決定は合議体全員の過半数が必要
（ただし、裁判官・裁判員各1名以上の賛成が必要）

判決宣言・裁判員の任務終了